广播电视创新规划教材

广播新闻学

黎炯宗　编著

WUHAN UNIVERSITY PRESS
武汉大学出版社

图书在版编目(CIP)数据

广播新闻学/黎炯宗编著. —武汉：武汉大学出版社,2014.10
广播电视创新规划教材
ISBN 978-7-307-13715-8

Ⅰ.广…　Ⅱ.黎…　Ⅲ.广播工作—新闻工作—教材　Ⅳ.G222

中国版本图书馆 CIP 数据核字(2014)第 150047 号

责任编辑:韩秋婷　　　责任校对:汪欣怡　　　版式设计：马　佳

出版发行:**武汉大学出版社**　　(430072　武昌　珞珈山)
　　　　　(电子邮件：cbs22@whu.edu.cn　网址：www.wdp.com.cn)
印刷:湖北恒泰印务有限公司
开本：787×1092　1/16　印张：15.25　字数：363 千字　　插页：1
版次：2014 年 10 月第 1 版　　2014 年 10 月第 1 次印刷
ISBN 978-7-307-13715-8　　定价：32.00 元

序

  自 1906 年 12 月 25 日无线电广播诞生至今，广播这一传媒工具问世已有一个多世纪。屈指数来，从源于兴趣而开始给广播电台写稿，本人在广播新闻学领域断断续续进行的探索，迄今已是 45 个年头有余。

  对于广播新闻业务，业内已有许多前辈作过十分深入的研究，并且，他们的研究所得也早就用于广播新闻业务的实践上了，但由于许多前辈都没把他们的研究所得撰写成书而多是以短小文章或口口相传的方式来零零星星地传给后人，以至于本人 1998 年初在学校给学生开这门课时，查遍了全国所有的出版社都没能找到一本适合广播新闻学这门课的教科书，实在迫不得已，只好不揣冒昧，斗胆提笔，忙里偷闲地将自己近 30 年间在这一领域里的涉猎所得及实践体会进行梳理以应教学急需。

  此书最初完稿是 1998 年 12 月 21 日，本人原来所在的学校于 1999 年 1 月 28 日将该书首次印行并用于教学，之后还曾做过 5 次较大篇幅的修订。窃以为，经过这么多次的修订之后，书稿内容已比原来充实和严谨了许多，于是便想到"瓜熟"就该"蒂落"。十分感谢武汉大学出版社在收到这本书的书稿后很快就将它列入了出版选题，使它有了能在更大的范围内与更多的读者见面的机会。

  在本书临出版前的再次修订中，本来是想除了一些属于业界公认的经典之作的例文继续保留之外，原书稿中的其余例文全都换下。然而遗憾的是，由于有的体裁的广播节目较长时间以来已很少有人采制，甚至有的体裁的广播节目现在都几近成了"非物质文化遗产"了，因而好些年代稍远的例文也只得留着。不过，既然附上例文的目的也仅仅是为了让读者能够知道该种文体的样式，而不是要给予读者什么最新的新闻信息，因而例文的新或不新，也就不是很重要了。

本书所举的例文，凡未注明出处的均是本人根据报纸上的相关报道改写而成。另外，有些广播节目文体（例如"配音通讯"、"配音特写"等）由于在近一二十年来的文献资料中都找不出适合的文稿来将原有的过于陈旧的例文替换，因而只好不附算了。

本书虽然是一本较为全面、系统地介绍广播新闻业务的书作，但这并不意味着我是这个领域的先行者，书中所介绍的各种业务知识，其实都是我从散见于各种业务学习资料上的文章或从广播行业的许多前辈那里，通过他们的口口相传而学来，再通过自己的梳理归纳总结而成的。在本书从列入出版选题到最后能与读者见面的过程中，武汉大学出版社的胡国民、韩秋婷等编辑老师都付出了大量的劳动。值本书即将付梓之际，谨此向我为写作本书而参阅的各种文献资料的作者和以前曾通过口口相传指导过我的各方业界前辈以及出版社的各位编辑老师们，一并表示我最衷心的感谢。

2014 年 7 月 28 日 5 时 52 分书毕

目录
CONTENTS

第一章　广播传媒的内涵及广播新闻的定义
001　第一节　广播传媒的内涵
002　第二节　广播新闻的定义

第二章　广播事业发展简史
004　第一节　广播的诞生和发展
006　第二节　我国广播事业的创建和发展

第三章　广播新闻学的研究对象及广播传媒的特点
011　第一节　广播新闻学的研究对象、内容及方法
013　第二节　广播传媒的特点

第四章　广播新闻工作对从业人员的素质要求
018　第一节　广播新闻工作对从业人员的思想素质要求
020　第二节　广播新闻工作对从业人员的业务素质要求

第五章　广播宣传的宣传思想、方针及决策
022　第一节　广播宣传的宣传思想和宣传方针
024　第二节　广播宣传的宣传决策

第六章　广播新闻文体的分类及文稿写作概要

026　第一节　广播新闻文体的分类
027　第二节　广播新闻文稿写作的一般原则要求
042　第三节　广播新闻文稿写作的主题定位

第七章　广播新闻的采访

044　第一节　广播新闻采访的准备工作
047　第二节　广播新闻的采访方法

第八章　广播新闻题材的取舍与新闻价值的发掘

052　第一节　广播新闻题材的取舍考量
053　第二节　报道题材新闻价值的发掘

第九章　广播清播新闻文稿的写作

056　第一节　广播快讯的写作
063　第二节　广播消息的写作
095　第三节　广播谈话的写作
099　第四节　广播对话的写作
104　第五节　广播通讯的写作
120　第六节　广播特写的写作
127　第七节　广播专访的写作

目录
CONTENTS

第十章 广播录音报道与配音报道
133 第一节 广播录音报道概说
144 第二节 广播录音新闻
154 第三节 广播录音讲话
159 第四节 广播访谈
162 第五节 广播录音通讯
173 第六节 广播录音特写
184 第七节 广播录音访问记
190 第八节 广播采访实录与新闻现场直击
194 第九节 广播配音报道概说

第十一章 广播新闻的编辑工作
197 第一节 广播新闻编辑工作中的稿源组织
198 第二节 广播新闻编辑工作中的稿件取舍与审处
205 第三节 广播新闻编辑工作中的稿件修改
213 第四节 广播新闻编辑工作中的节目编排
219 第五节 广播电台的呼号及新闻节目的前后缀

第十二章 广播新闻的现场实况直播与录播
226 第一节 新闻现场实况直播
229 第二节 新闻现场实况录播

第十三章　广播主持人节目

230　第一节　广播主持人节目的出现

232　第二节　广播主持人节目的种类

234　第三节　广播主持人节目的运用

参考文献

第一章 广播传媒的内涵及广播新闻的定义

第一节 广播传媒的内涵

迄今为止，人类对各种信息的传播，大致可以分为口头传播、文字传播和电讯传播三种类型。

"广播"一词，从广义上来说，就字面的内涵而言，指的是对某种信息所作的广泛传播。

据此，有人认为，人类自有语言始，就存在人们用语言来对信息进行广泛传播的现象，既然有此现象的存在，那么，广播的出现，最早可以追溯到人类语言形成之时。那种面对大庭广众说话乃至在集市上的叫卖等行为，都可称之为"广播"。

到了近代，"广播"一词的内涵逐渐缩小，人们认为只有借助某种传播工具来对信息进行语言传播的行为才叫"广播"。在拥有电声器材之前，人们为了增强语言的传播效果，用铁皮做成一种圆锥形的传声筒，把嘴对着它来向大众讲话就叫"广播"，铁皮做的圆锥形传声筒就叫做"广播筒"。

随着电信设备的逐渐普及，"广播"一词的含义又进一步缩小，并产生了些许变异，现今人们所说的"广播"，已约定俗成地特指通过电信设备来对信息进行广泛传播。通过电信设备对声响信息进行广泛传播和对声画结合的信息进行广泛传播都通称为广播，而为了便于与电视区分，人们往往又习惯于仅把通过电讯设备来对声响信息所作的广泛传播称为"广播"。

本书所说的"广播"，指的就是这种狭义的"广播"，而书中所要探讨的广播新闻业务，则是专指各级党委政府或各种企事业单位所开办的广播电台（站）所开展的新闻报道业务。

第二节　广播新闻的定义

什么叫做广播新闻？要弄清这个问题，首先就得要弄清"新闻"到底是什么。而对于"新闻"一词的含义，至今为止还没有人能给它作出圆满而又为整个新闻界所公认的贴切的解释。因而关于广播新闻的定义，目前在新闻界还不可能达成共识。

"新闻"一词的含义，到底怎样解释才合乎科学呢？

有人说："新闻是最近发生的、能引人兴味的事实。"

也有人说："新闻就是广大群众欲知、应知而未知的重要事实。"

还有人说："新闻是一种令人惊叫的事情。"

甚至有人干脆说："只有人咬狗才是新闻。"

……

这些观点，均是从名词的角度来对"新闻"一词进行解释，另外，也有把"新闻"一词视为动词来对它进行解释的。如：

"新闻就是把最新的现象在最短的时间距离内，连续介绍给最广泛的公众。"

"新闻是新近变动的事实的传播。"

"新闻是新近发生和发现的事实的传播。"

……

以上各家之言，有的注重了"新"而忽略了"闻"；有的注重了"闻"却忽略了"新"；有的虽然"新"和"闻"都兼顾到了，但对"新"的认定又未免失之肤浅。如："最近发生"和"新近发生"虽强调了消息必须"新鲜"，却把"新近才有可能获悉其发生"的事件排除在外了；又如"新近变动的事实"、"新近发生和发现的事实"，虽强调了必须有"闻"，但却忽略了这种"闻"是否能引起人们的关注而使其愿意"闻"之。

那么，究竟"新闻"是什么呢？

笔者认为，如从名词的角度来看，所谓"新"，当属"出现不久"、"发生不久"（也即"新近"）；所谓"闻"，则指"传闻"、"听闻"或"值得闻之（也即有传播意义）"，"新近"和"有传播意义"这两者缺一不可。假若光有"新"而无"传播意义"，如天刚刚黑下来，天会黑下来是人们预料中必然要出现，并且人人都看见其出现的事，用不着谁去传播这个信息，也即传播这个信息毫无意义，因而此事就不算是新闻。当然，如果对于那些在矿井下、黑暗的山洞中的人或是盲人来说，向其报告天黑了的消息会有意义，天黑了对其来说仍不失为一条新闻。反过来说，假若光有传播意义而事情发生已经久远，如三国故事虽吸引人，有传播的意义，但那些故事早已成为历史了，同样也称不上是新闻。

据此可见，新闻应当是指那些新近发生且有传播意义的事，但若仅以此来定义也还不够科学，因为客观上也还存在着特殊情况和例外，因为有些人人都公认为新闻的事件或事实，其实非但不是新近发生而且还发生得十分久了。如古代由于交通和通信尚不发达，在我国，就连皇上驾崩的消息也常要过数年才能传到边塞和南洋的一些小岛，尽管消息传到之时事件已过了数年，但谁能说皇上驾崩一事在这里不算新闻呢？再如，假若天文工作者刚刚从天文望远镜中观察到了远隔数百万光年的银河系外遥远天际中某星球坠毁的全过程，该星球坠毁一事对于我们地球上的人类来说无疑当属新闻，但其非但不是新近发生，而且发生至今已时隔数百万年了，只不过由于距离太远，光线把这一信息传到地球所费的时间太长，以至于我们地球上的天文工作者直到现在才观察到这一从发生至结束的全过程都已过去几百万年的事件罢了。

综上所述，所谓新闻，如从名词上来解释，当是指那些"新近发生或新近才有可能获悉其发生，且有传播意义的事态"，或"具有传播意义，且在新近发生或新近才有可能获悉其发生的事态"。

广播新闻，在时效上与报刊新闻又有所不同，报刊所能报道的新闻，仅仅只是"新近发生或新近才有可能获悉其发生"的，也即"过去时"的事态，而广播新闻不但能对"过去时"的事态进行报道，而且还能以现场实况转播的方式来对正在发生的事态进行即时报道，因而，如果上述定义能够成立的话，我们便可认为，"广播新闻是正在发生、新近发生或新近才有可能获悉其发生，适合通过广播来传播且有通过广播来进行传播之意义的事态"，或"广播新闻是适宜通过广播来传播，并有通过广播进行传播之意义的、正在发生、新近发生或新近才有可能获悉其发生的事态"。

如果把"新闻"一词视为动词，则"新闻是对新近发生或新近才有可能获悉其发生，且有传播意义的事态的传播"，或"新闻是对有传播意义，且在新近发生或新近才有可能获悉其发生的事态的传播"。

这样从动词的角度而言，就不难得出这样一个观点："广播新闻是对正在发生、新近发生或新近才有可能获悉其发生，适宜通过广播进行传播且有通过广播进行传播之意义的事态所做的广播传播"，或"广播新闻是对适宜通过广播来传播，并有通过广播进行传播之意义的，正在发生、新近发生或新近才有可能获悉其发生的事态所作的广播传播"。

思考与练习

1. 通过对以上各家之言进行比较和分析，想一想应该怎样来给"新闻"及"广播新闻"下定义才恰当？
2. 广义上的"广播新闻"和狭义上的"广播新闻"，各包含哪些文体？

第二章　广播事业发展简史

第一节　广播的诞生和发展

在 19 世纪，手摇唱机（留声机）和电话已经诞生并投入了运用。

19 世纪末，欧洲有人把唱机与电话结合起来并加以改进，办起了最原始的"有线广播"。

1895 年，俄国科学家波波夫和意大利科学家马可尼分别研究出电报发送接收机，后经改进，在 1899 年，电报传送试验获得了成功；1901 年，电报实现了从欧洲横跨大西洋到达美洲的远距离传播，人类社会自此实现了远距离传播的无线电通信。

但当时的无线电通信还未能直接传播语言和文字，而只能通过对电键的操作来传送电源—通—断所形成的长短不一的"嘀嗒"声。信息的传送需得先把每个文字分别编成不同的代码，由电波把这些代码发送出去；接收方从电波中接到这种代码后，再把它翻译成相应的文字，从而实现信息的远距离传播。

无线电报的发送成功，为无线电广播的诞生奠定了基础。电报投入实际运用以后不久，便有人着手这方面的研究。

1906 年 12 月 25 日，正值当年的圣诞节。这天晚上，一艘商船正在英格兰附近的海上航行，8 点钟左右，船上值班的几位报务员突然间从耳机里听到了悦耳的歌声，一曲美妙的女声独唱之后，又有人在用小提琴演奏法国作曲家韩德尔的名曲《舒缓曲》，然后，有一位男人在讲圣经的故事，这男人讲完了圣经故事之后，还彬彬有礼地祝大家节日快乐。

这莫名其妙的声音突然从耳机里传来，使报务员们全都惊呆了，因为他们的耳机里传来的，从来都只是那单调的"嘀嘀嗒嗒"的电报信号声，现在怎么突然冒出了歌声和人的讲话声来呢？

原来，这声音是来自美国东部的马萨诸塞州实验电台，这个由在美国匹兹堡大学担任电机工程教授的加拿大籍人费森顿创办的世界首家广播电台，正在这天举行首次试播。

由于首次试播获得了成功，后来，这家电台试播获得成功的这一天——1906 年 12 月 25 日，便被列为世界无线电广播的诞生日而载入了史册。

七年多后，第一次世界大战爆发，出于军事通讯的保密需要，对无线广播的研究从1914 年 7 月起被迫暂停下来，直到战后的 1918 年才逐渐恢复。

第一次世界大战结束以后的第二年，加拿大的马可尼公司广播电台率先开始了定时广播。但由于后来美国匹兹堡 KDKA 广播电台是最早正式办理了营业执照才开播的，开播的 1920 年 11 月 2 日这一天又正值哈丁和考克斯竞选总统，该台开播后的头一个节目就是播出总统大选的新闻，影响很大，因而后来该台被公认为世界第一家正式营业的广播电台。

无线广播诞生之后，从 20 世纪 20 年代起，许多国家纷纷发展广播事业，由于电子技术、无线电技术的研究成果迭出，广播技术也很快就趋向了成熟。到 20 世纪 30 年代，相当多的国家有了广播电台；到 90 年代，随着圣马力诺和列支敦士登这两个欧洲国家广播电台的最后建立，全世界 169 个国家和地区都有了广播电台。

刚开始的无线电广播使用的是调幅方式，先是使用中波，后扩展到短波，再后来，又增加了调频方式。

初始的无线电发射机和接收机均为矿石机，后来发展为电子管机；20 世纪 60 年代起，接收机又由电子管机发展为晶体管机（即半导体机）；进入 70 年代，又出现了在晶体管的基础上发展起来的晶体管集成电路机。

在无线电广播迅速发展的同时，有线广播也由于其在信息传播中不受地形环境限制、工程造价低、受天气变化的干扰少，且便于控制覆盖范围和特别适合单位部门及小地域内使用而广泛受到关注。

早在 20 世纪 30 年代，德国就率先利用电话网来传播广播节目，之后又有法国、苏联、瑞士、奥地利、瑞典等国家相继仿效。到八九十年代，世界上一些较大或较发达的国家，如美国、日本、加拿大和苏联等国，虽然无线电广播和电视事业均很发达，但其有线广播的覆盖率同样很高，其中覆盖率最高的苏联，在解体前的全国总人口覆盖率就已高达97%。

随着互联网的全面普及，从 20 世纪 90 年代初起，美、法、德、英等国的广播电台，又将有线广播接入网络线路，以电脑为终端来开展新闻信息的传播。进入 21 世纪，许多国家的广播电台都开展了网上广播，并且，网上广播很快又由原来的只有直播发展到了还可以让听众根据需要来对想听的节目随时进行点播。

第二节　我国广播事业的创建和发展

从清朝中后期起，我国的科技事业开始落伍，而自清朝中后期至今，正是人类历史上科技事业发展的最辉煌的时期。当欧洲各国致力于发展科技事业、促进工业革命的时候，我国政府却在致力于维护自己的封建统治；国外致力于科学研究，我国却把科学视为异端邪说。在教育上，当时我国把八股文当成科举考试的规范文体，把诗、词、曲、赋等当做衡量人才知识水平的唯一尺度而把所有的自然科学统统排斥于知识的范畴之外，致使我国的科技事业与其他国家的距离越拉越远。

爆发于1911年的辛亥革命运动，结束了我国数千年的封建统治，大批学生走出国门，旅欧旅美留学，带回了时代潮流中的许多清新气息。然而，尽管推翻了封建统治，但由于清王朝的腐败所造成的科学发展滞后这一恶果，清除起来却是十分艰难。

当20世纪初世界各国广播事业蓬勃兴起之时，我国政府对此却一窍不通。

看到世界各国的广播事业蓬勃兴起，1918年2月，北洋军阀政府为了填补我国广播行业的这项空白，与日本三井洋行签订了一份借款合同，确定由日方出资在我国北京东郊双桥建立一座无线电台。办台的800万日元投资由日方按年8厘/元的利率向中国贷款，电台建成后先由日方行使30年的管理权。并且合同还规定在此期间，包括中国在内任何国家均不得再在中国境内建台。

同年8月，北洋军阀政府又向英国马可尼无线电公司签订了借款60万英镑用于购买无线电器材的合同，这份合同规定，在中方向英方还清贷款之前，中国不得自己制造无线电收发报机，所使用的无线电器材必须一律向英国购买，甚至就连机子出了故障也必须由英方来修理而不得另请他人。

1919年1月，迫于我国人民的强烈反对，我国代表团在国际会议上力争无线电事业的自主权，至1921年，我国的要求获得了通过，外国在我国境内的特权终被废除。

1920年1月，北洋军阀政府交通部迫于美国的压力，向其借款在北京、上海、哈尔滨建立电台，旨在打破日本、英国对我国无线电事业的垄断。但此举的条件也很苛刻，合同规定如在10年内不还清借款，新建的电台则由中美两国联营。

1922年12月，美国人E.G.奥斯邦来到上海，创办了中国境内的首家广播电台——中国无线电公司广播电台。该台发射功率为50W，于1923年1月23日晚首次开播，每晚播出一个小时，内容为中外新闻和娱乐节目。为了推销收音机，该台还举办了无线电常识讲座。开播的第4天，即1923年1月26日，孙中山先生在上海发表了《和平统一宣言》，该台当晚对此进行了报道。

中国无线电公司广播电台的开播，颇受听众欢迎。该台的出现，很快就在上海掀起了一股"无线电热"。对此，孙中山曾盛赞为"可惊可喜"之事，并在对《大陆报》记者发表的讲话中说："此物不但可于言语上使全中国与全世界密切联络，并能联络国内之各省、各镇，使益加团结也。"但由于奥斯邦在上海办台，触犯了北洋政府关于不得私运无线电设备进入我国和外国人不得在我国办台的禁令，这家广播电台开播后不到3个月，就于当年4月被取缔。

此后，美国新孚洋行、开洛公司相继在上海建台，发射功率均达100W，不久又将功率扩大。但后来，新孚洋行办的电台因经费拮据而被迫自行停办；开洛公司办的KRC广播电台开播5年零4个月后于1929年10月被北洋军阀政府责令停办。而同一时期，日本人也到我国的台湾和大连建台，北洋政府却无可奈何。

应该说，北洋军阀政府关于严禁外国人到我国设立广播电台的政令，是符合我国人民根本利益、维护国家主权的正确举措，外国人到我国来设立广播电台，属于侵犯我国主权的不法行为。但奥斯邦和新孚洋行、开洛公司在我国经营的广播电台纯属为了推销收音机等无线电器材的商业行为，他们通过办台来把无线电广播这一当时世界最新的重大科技成果引进我国，既开阔了我国人民的视野，也促进了无线电知识这门新兴科学在我国的传播，客观上还是具有一定的积极意义的。

在无线电广播传入我国之初，北洋军阀政府对这门新兴的科学技术一无所知，政府当局认为广播电台就是通信电台，收音机就是收发报机，因此严禁设立广播台和严禁私自出售和购买收音机。直到1924年派员出席在美国华盛顿召开的国际无线电信会议，会后我国代表又访问了欧美各国和日本之后，才明白这其实并不是一码事，于是才下了决心发展我国的无线电广播事业。

1926年，我国早期无线电专家刘瀚在北洋军阀政府的支持下，在哈尔滨创办了由中国人自办的首家广播电台——哈尔滨广播无线电台。该台于是年10月1日正式开播，初时发射功率为100W，后增到1KW。

1927年3月和当年年底，我国先后出现了两家私营广播电台：上海新新公司广播电台和北京燕声广播电台，其发射功率均为50W；同年5月18日和9月1日，我国官办的天津广播无线电台（发射功率为500W）和北京广播电台（发射功率为20W，后增到100W）建成开播。次年1月1日，官办的沈阳广播电台也正式开播，发射功率达2KW。

1928年，蒋介石在帝国主义的支持下推翻了北洋军阀的北京政府，在南京建立起新的国民党政权。截至北洋军阀政府被推翻时，我国的广播事业还属于发展的初级阶段，当时全国只有十多家广播电台，并且发射功率都比较小，各台的覆盖范围均只限于所在城市及周边地区。

1928年8月1日，国民党在南京创办的"中央广播电台"开播，刚开始时发射功率仅有500W，1932年11月12日扩至75KW，成为当时亚洲发射功率最强的广播电台。

此外，国民党政府还在地方上大力发展广播电台。20世纪30年代，属国民党政府中央广播事业管理处直接管辖的电台除中央广播电台外，还有河北、西安、南京、长沙和南昌等地方台（后来南昌台移交江西省管）；而属各省政府管辖的则有浙江、江苏、山东、山西、河北、河南、四川、湖南、江西、广西等地方台；属市政府管辖的有广州、汉口、西安等地方台（其中西安台由原河北台西迁建立）；属县政府管辖的则有江苏武进、浙江嘉兴等台。

当时，官办的广播电台均以政治宣传为主题，国民党上海市党部还明文规定：广播电台每天开播时首先要播出国民党党歌，呼喊军训口号和播出蒋介石的训话等。

在国民党统治时期，除官方办起的大批广播电台外，还出现了不少民办电台。当时的这些民办电台大致可分为商业、教育和宗教三大类型。其中商业性的民办电台大多集中于上海市，除前面已提到的新新公司广播电台外，还有上海广播电台（后更名为亚美广播电台）、大中华广播电台、东方广播电台、华东广播电台、华兴广播电台、华泰广播电台、建华广播电台、国华广播电台、亚东广播电台、中亚广播电台、天灵广播电台、鹤鸣广播电台、明远广播电台、友联广播电台、元昌广播电台、东陆广播电台、富星广播电台、华侨广播电台、大陆广播电台、航业广播电台、利利广播电台、麟记广播电台等民办电台。

此外，在工商业较为发达的其他城市，也有许多这类私立的商业性广播电台，这些私营广播电台宣传的内容主要是商业广告。同时，为了吸引听众，各台还播出了许多内容荒诞不经、格调庸俗低下的戏曲、音乐和弹词等娱乐节目，以迎合小市民的低级趣味。

当时的教育类广播电台，主要是由大中专院校或地方民众教育馆开办。其中校办的广播电台有济南齐鲁大学办的齐鲁大学广播电台、无锡江苏教育学院办的江苏教育学院广播电台、北平育英中学办的育英广播电台、厦门同文中学办的同文中学广播电台。而由地方民众教育馆办的广播电台则有江西省民众教育馆办的江西民众教育馆广播电台、徐州民众教育馆办的徐州广播电台、山东青岛市民众教育馆办的青岛民众教育馆广播电台等。这些民办的教育类广播电台的发射功率都很小，覆盖范围多为本市，均以文化教育为主要播出内容。

当时，在上海还有两家属于宗教类的私立广播电台——佛音广播电台和福音广播电台，其发射功率分别为500W和1KW。其中佛音广播电台以宣传佛教伦理道德为主，而福音广播电台则以宣传基督教教义为主。这两家宗教类的广播电台在宣传佛教伦理道德和宣传基督教教义的同时，都大肆攻击唯物辩证法和诋毁自然科学。

在国民党统治时期，尽管国民党政府也多次明令禁止外国人在我国境内办，但仍有英、美、法等国的一些不法商人在上海开办了华美广播电台、其美广播电台、奇开广播电台和法国广播电台四座外国广播电台，由于这些电台的台址都是设立在外国租界内的，国民党政府对此一直无可奈何。

截至抗战爆发前的1937年6月底，全国共有广播电台78家，其中官办23家，民办55家。这些电台有43家集中在当时的首都南京及周边的上海和江苏省境内；有8家分布在浙江省各地；有7家分布在包括北平、天津在内的河北省境内；有3座分布在山东省各地；安徽、江西、四川、福建和广东5个省分别为每省2家；其余陕西、山西、河南、湖北、湖南、广西、云南7省每省各1家。

1937年"七七事变"爆发后，国难当头，在全国人民强烈要求抗日的呼声中，在共产党人和各方爱国民主人士及国民党内部主战派的努力与参与之下，国民党政府官办的电台和各民营电台播出的内容都开始转向以抗日宣传为主题。当时的中央广播电台，削减了文艺节目而增加了战争新闻和加大了抗战宣传力度，在日军飞机不断骚扰、轰炸当中，该台的正常播音仍一直坚持到当年的11月23日，后因国民政府迁都重庆才停止。

上海的数十家民营广播电台在沦陷前后，还增设了英、法、俄、德、日等语种的广播节目，通过无线电波向世界人民揭露日本侵华罪行并表明中国人民的抗战决心。

国民党政府在迁都重庆途中，大部分军政机关临时停留武汉，使武汉一时间成了全国人民抗战的领导中心，在南京的中央广播电台因往重庆搬迁而被迫停播之后，至迁往重庆重新安装调试好设备之前，武汉的汉口广播电台、汉口短波广播电台和湖南的长沙广播电台，主动联合起来接替了中央广播电台的宣传工作，担负起了我国抗战宣传工作的国家喉舌的重任。

1938 年 10 月武汉失守，汉口广播电台、汉口短波广播电台被迫停止播音，但从南京迁至重庆的中央广播电台的设备早在当年初就已安装调试完毕，并于 3 月 10 日在重庆恢复播音，因而国家喉舌并没因之而瘫痪。

然而，在大部分国土沦陷之后，许多广播电台也随之丢失，至 1938 年年底，国民党政府掌握的地方广播电台仅剩下福建、陕西等不到 10 家，其余地方广播电台均被日军占领，成了日本侵略者的喉舌。

大部分国土沦陷之后，还未落入敌手的中央、陕西、浙江、江西、福建、湖南等六七家广播电台，都先后被迫迁往内地或向偏僻地区转移。中央台在迁至重庆、恢复播音后的最初几年，还曾多次被日本军用飞机轰炸，但由于国民党政府早有防备，建有坚固的地下防空设施而播音始终未致中断。当时，为了适应抗日宣传的需要，国民党政府迁都重庆以后，还先后在西昌、兰州、贵阳、昆明等地筹办了新的广播电台。

至 1944 年，国民党政府办的电台，已由抗日战争开始时的六七家发展到了 23 家，这些广播电台在开展抗日救亡的宣传中，都不同程度地发挥了积极作用，但由于国民党内部的顽固派的干扰，这些电台的宣传也还夹带有部分反共、鼓吹"曲线救国"之类的内容。

1928 年秋，中国共产党就开始在上海建立人民广播电台，先是派人学习无线电技术，1931 年，中共中央在江西瑞金创办起了"红色通讯社"，并于 11 月 7 日中华苏维埃共和国成立的当天就开始了广播。但第五次反围剿失利以后，在被迫举行两万五千里长征时，随军转移的无线电设备在长征途中损失惨重，仅能基本保证中央的通讯需要而再也无法维持新闻广播。

1940 年，随着中国共产党在延安的中央根据地的空前牢固和抗日战争的不断深入，经中共中央长期的努力，延安新华广播电台终于在当年 12 月 30 日建成开播，只是由于设备过于简陋、故障太多，播音时有中断，至 1943 年春时还由于器材供应不上而被迫停止播音。

1945 年 8 月，日本帝国主义宣布无条件投降，国民党政府用了 10 个月的时间，先后从日本侵略者手中接管了沦陷时被日军占领的广播电台共 21 家，经改造后，连同原有的电台在内，至 1947 年年底，国民党中央管辖的广播电台已有 42 家。与此同时，各地民营广播电台也开始复苏，加上各地的新建台在内，到 1946 年 6 月，全国民营电台已发展到了 100 多家。中国共产党的地下组织在各地纷纷出现私营电台之时，也在国统区的上海创办了一座"中联广播电台"。

随着抗日战争的节节胜利，因器材问题而被迫停播了两年多的延安新华广播电台，由于在国统区、沦陷区工作的地下党同志的努力，从国统区和沦陷区秘密筹齐了所需的器材和元器件，至 1945 年夏抗战胜利前夕，已重新恢复播音。

1945 年 8 月抗战胜利后，中国共产党在八路军、东北抗日联军和前来支援我国抗日的苏联红军的共同努力下，先后收复华北和东北的大片国土。在收复的这些地方，先后建立起了张家口、哈尔滨、长沙、安东、鞍山、吉林、大连、齐齐哈尔、承德等广播电台。至 1949 年年初，中国共产党创办的广播电台已发展到 24 家。

1949 年 3 月 25 日，中共中央由陕西西柏坡迁至北平，随迁的陕北新华广播电台（即原延安新华广播电台）到北平后更名为北平新华广播电台。后来北平市更名为北京市，北平新华广播电台随之更名为北京新华广播电台。

随着解放战争的不断向南推进，国民党掌管的各地电台纷纷被人民解放军接管，其中中央广播电台在人民解放军渡过长江之后几经迁徙，不久便迁到了台湾。

到中华人民共和国成立时，人民的广播电台已发展到40多家。1949年12月5日，北京新华广播电台更名为中央人民广播电台。

中华人民共和国成立后，我国的广播事业发展迅速，不但各省市区和各省辖市都建立起了人民广播电台，一些条件较好的市县，也相继开办了无线电广播电台。而那些没有开办广播电台的县，在20世纪的50年代末60年代初也先后办起了人民广播站。至20世纪90年代初，我国无线电广播电台已发展到460多家，广播节目的人口覆盖率已达70%以上。

20世纪末，国家广播电影电视总局做出了在全国实现广播电视"村村通"的决定，地方各级政府都加大了对广播事业的投入。至2000年新千年的钟声敲响之时，我国绝大部分的行政村基本上已开通广播。与此同时，为了更好地服务听众，各地的省市级电台还开设了多个频道，以多个呼号（即以各种子台的名称作为呼号）来面向不同的受众群开展广播。

进入21世纪后，我国许多省市广播电台又陆续建起了自己的网站，除了通过无线和有线来进行信号的交叉覆盖之外，还把节目信号接入网络来让听众同步收听或点播。在节目采编和制作方面，各地电台于21世纪之初就基本上实现了由传统的模拟技术向现代化数字技术的转化，逐步实现了节目播出管理的自动化和网络化。而在节目的安排上，各地电台也都能结合形势变化的需要不断调整栏目板块的设置，根据受众的需要开设了不少贴近生活、贴近听众的栏目，并且在一些节目里还安排了与听众的互动，让听众能够通过电话、手机短信或网络参与到节目中去，成为广播节目的"主人"。

思考与练习

1. 在无线电技术高度发达的当今时代，为什么许多发达国家还在发展有线广播？

2. 为什么世界各国和各政治党派、各种经济实体乃至各种宗教组织，都那么重视发展自己的广播事业？

3. 利用课余时间和寒暑假，分别了解学校所在地的省、市广播电台和家乡所在地的省、市广播电台的节目播出频道有几个，现有采编人员是多少，电台的节目发射功率及信号覆盖范围各有多大，现在开设什么栏目和过去曾开设什么栏目等基本概况。

4. 利用课余时间和寒暑假，分别了解学校附近和家乡所在地各阶层的人们平时听不听广播，如果听，则进一步了解他们听得最多的是哪一个台的什么节目及为什么喜欢听该台的该节目。

第三章　广播新闻学的研究对象
及广播传媒的特点

第一节　广播新闻学的研究对象、内容及方法

　　广播新闻学也是一门科学，它属于社会科学的范畴。

　　弄清广播新闻工作的规律和广播新闻业务的工作原理与实际操作方法，就是本门学科的研究对象。

　　任何科学理论，都是用于指导实践才有存在的实际意义。同样，研究广播新闻学，应是以有利于开展好广播新闻宣传为目的。

　　广播新闻学研究的内容，就是指研究广播媒介的固有特点，弄清它有些什么优势和存在什么劣势；有哪些优势可以发挥和怎样才能更好地充分发挥、各种劣势中有哪些可以克服和能用什么办法克服；如何才能把普通新闻学的基本理论与广播媒介的固有特点相结合，以及融新闻理论的共性与广播特点的个性为一体来开展好广播新闻宣传的具体方法。

　　研究广播新闻学，首先须得熟知普通新闻学理论，在系统掌握好普通新闻学理论的前提下才能进行研究。

　　和其他任何一门科学一样，研究广播新闻学理论及其业务知识，从来就没有任何捷径可走。

　　毛泽东认为：只有实践才能出真知；要想知道梨子的滋味，就得亲口把梨子尝一尝；只有在战争中才能学会战争，在游泳中才能学会游泳。

同样的道理，我们要研究广播新闻学的规律和广播新闻业务知识，除了应系统地掌握好常规的新闻采、写、编的基本原理及实际操作方法之外，还应结合广播新闻工作的实践来观察、分析、比较，找出其与其他新闻门类之间存在的共性及其有别于其他新闻门类的个性来。

结合广播新闻采写实践来研究广播传媒的特点，是学习广播新闻这门科学的最有效的途径。在学习中，应以理论来指导实践，以实践来验证理论。通过"实践—认识—再实践—再认识"，在实际工作中不断探索、不断体验，才能获得真正符合广播新闻工作实际规律的经验来，用以指导我们的工作。

也就是说，研究广播新闻工作的规律和广播新闻业务的实际操作方法，必须要理论联系实际，在广播新闻工作实践中多分析、多比较，通过不断总结经验教训，借鉴他人的成败得失来矫正自己的认识，才能有所收获。

具体而言，对这门学科的研究，就是要在系统地掌握好新闻业务理论的基础上，多听广播，多分析广播电台播出的新闻文稿在文章内容的取材、篇章结构的安排及遣词造句的方法等方面的规律，并留心了解听众对电台播出的各种文稿的关心程度、领会效果、评价高低等情况，以别人的成败经验教训来指导自己的广播新闻采写实践，这样才有利于进步。

实践是学习任何一门知识的必由之路。学习广播新闻学，最主要的是多采多写，在尚未熟练地运用这门知识前，最好的办法是将采写出的稿子念给周围的人听听，看其反应如何，看自己写的事儿别人靠耳朵听是否能够听得懂事情的经过，能否体会得出稿子的思想观点及是否赞成文中所蕴含着的思想观点。

如果自己写的稿件别人听了不能完全听懂，则说明我们的稿子写得还不够通俗易懂；如果别人听了，对所报道的事实的评判与我们的文章中所蕴含的观点不一致，则说明我们的写作方法还欠艺术性而没能使别人认同我们的观点，凡有这种情况，那就还得要对写出的文章继续进行修改。

当一篇稿子发出以后，如果事先能够知道电台已经确定采用，就应尽可能设法收听，在收听中将播出稿与自己的原稿两相比较，看编辑对原稿做了些什么增删改动并分析其之所以要做这些增删改动的原因。事后，还应设法收集别的听众对文章所报道的事实有些什么反应，看他们是否能够准确地理解自己文章里所说的内容。

如果所写的稿子不被采用，也应尽可能多收听一下近期电台播出的各种新闻，研究一下电台所采用的这些新闻在题材的选取、内容详略的处理、文稿篇章结构顺序的安排等方面与自己的稿件相比有些什么长处；琢磨一下编辑为什么对别人的文章感兴趣而对我们的文章不感兴趣；再分析为什么别人是那样写而不是像我们这样写，等等，通过这样反复地进行比较和分析、持之以恒地坚持开动脑筋下去，久而久之，慢慢就可以摸到和摸清这方面的门道。

第二节　广播传媒的特点

研究各种事物，要把其与类似事物之间的共性及其有别于其他类似事物的特有个性弄清，这样才有可能获得对该事物的正确认识。研究广播传媒也是如此，只有弄清了其与其他传媒的共性和其自身的特有个性，这样才好根据其自身特点来科学地运用。

较之于电视，广播传媒对信息的传播与电视传媒对信息的传播的共性较多；而较之于报纸，广播这一传媒对信息的传播与报纸传媒对信息的传播则有着许多不同，这些不同，有的属于广播传媒的长处也即优势，有的则属于它的短处或说缺陷。

一、广播传媒的长处

（一）信息发布的前期准备过程环节少

与报纸宣传相比，广播宣传的优势之一是信息发布的前期准备过程环节少。

在报社，编辑将稿件编好后，还得送往印刷厂发排，再经反复校对后才能制版和上机印刷；而在电台，编辑将稿件编好后即可把稿件发往播音室给播音员录音，录音和录完音后的审听过程远比报纸出版的过程所花费的时间要少得多。尤其是现今许多电台的新闻节目，连录音和审听环节也已省掉而改为直播，中间不再经过什么环节便可将新闻或信息发布出去，能使受众较快地接受到宣传。

（二）信息传播迅速

与报纸宣传相比，广播宣传最明显的优势是信息传播十分迅速。

无线广播是通过向空中发射电波来传播信息的，电波在空中的传播速度与光速一样，每秒快达 299 792.458 公里，而地球的赤道半径只有 6 378 公里，电波从电台的发射天线发射出去，无论到达地球的任何角落，所花的时间均不超过 0.066 9 秒，传播过程所需的时间可被完全忽略而视为播收同步。而报纸在印刷出来后还要经过报贩上市兜售或经邮发分送，距报社再近的读者，也得有个过程才能看到报纸，而离报社远的读者，得要半天或一天，甚至三天五天或十天八天才能看到。

现在，尽管许多报纸都有了电子版，电子版的报纸在互联网中的传播速度虽然也与电波一样快，但报社要把版面上传到网上也得需要一定的时间，再说报纸前期的各个生产环节又都没法省，因而广播媒介对信息的发布速度之快，报纸无论怎么努力也是无法赶得上的。

（三）信息覆盖面广

与报纸相比，广播宣传的信息覆盖面比报纸宣传的信息覆盖面要广得多。

广播传媒的覆盖面广，首先体现在地域方面。虽然各个电台电波发射的覆盖面都按设计被控制在一定的范围之内，但事实上，由于空中大气的不稳定性及电离层的折射作用等多方面的原因，广播电台发射的电波信号并不是牢牢地被局限在所设定的范围之内而常有超出，其电波所及，有时甚至远得十分惊人。如陕西人民广播电台，其覆盖范围按设计只是覆盖该省，但在远离陕西数千公里的广西，却常可收到该台播出的节目，甚至比陕西还要远得多的内蒙古人民广播电台，其广播节目有时候在广西也能收到。

其次，广播传媒的覆盖面广还体现在对象众多上。报纸虽然凭借交通条件可以送达任何一个人口群落，但送达并不等于能够覆盖，因为得到报纸并不等于就能接受报纸的宣传，要获得报上刊载的各种信息，还得具有一定的文化水平才能看懂报上的内容。而对于广播的受众来说，文化水平高低对于领会广播的内容来说关系都不是很大，甚至只要电台用的是社会上通用的语言来广播，哪怕是文盲也都能够听得懂。由于没有文化对接受电台的宣传并不构成障碍，因而广播这一传媒，不但覆盖的地域广，而且覆盖的听众对象也广。整个社会，上至达官贵人，下至平民百姓，各个阶层的人只要听觉正常都可以成为广播电台开展宣传的对象。

（四）能够再现现场氛围

在再现现场氛围方面，广播传媒对报纸传媒占有完全压倒的绝对优势。

报纸上的文章虽然也可以将事件现场的气氛描述出来，但用书面语言对现场氛围进行描述的能力毕竟有限，尤其是各种音响，用书面语言根本就无法进行表述，如各种乐器的演奏声、各种动物的喊叫声，无论怎么挖空心思，也不可能用书面语言准确地表达出来。而广播就不存在这方面的障碍，不论什么样的音响效果，只要直接将现场录音播放出来，听众便可明白且能获得身临其境之感。

（五）便于接受

广播宣传易于为广大受众所接受，它主要体现在：

第一，与报纸传媒相比，受众对广播宣传的接受不受其自身文化水平高低甚至完全不受有无文化的限制，只要电台采用的是为听众所熟悉的语种来作为播出用语，就可让广播所宣传的内容为听众所接受。

第二，与报纸传媒及电视传媒相比，听众接受广播的宣传，不受有无空闲时间的限制。报纸的读者要想知道报上的内容，必须停下别的工作来对它进行专心阅读，才有可能接受到报纸的宣传。电视的观众要想知道屏幕上的各种信息，也得坐到电视机前集中注意力来观看。而广播的听众即使工作再忙，只要打开收音机，便可在干各种事情的同时边干边听，不一定要安排出专门的收听时间来接受它的宣传。

第三，广播受众在接受广播的宣传时不受场地的限制，也不像报纸读者那样需要面前有一定的空间，让眼睛与报纸形成一定的距离才能阅读，更不像电视观众收看电视那样需要一定的空间来摆放电视机并使眼睛与屏幕之间有着足够的距离才能收看。听众在收听广播时，可以完全不受场地条件的限制，不论在什么环境，哪怕就是在拥挤得站不直腰的火车厢里，只要有人打开收音机或列车上播放广播，就都能接受到它的宣传。

第四，听众在接受广播的宣传时不受光照条件的限制。阅读报纸时，没有一定强度的光照就无法看得见或无法看得清报上的文字，当然也就无法接受报纸的宣传。而听众在接受广播的宣传时，可以完全不依赖任何光照，在夜间不用亮灯，甚至躺在床上闭着眼睛也同样能收听广播。

第五，受众接受广播的宣传不受自身视力强弱的限制。报纸的宣传除需读者具有一定的文化水平以外，还得具有一定的视力条件才能阅读；观众收看电视时，视力不行或不佳者也无法看到或看清画面的内容；而广播的宣传对受众的视力强弱则毫无要求，哪怕是双目失明者，其对广播传媒所传播的信息的接受，也丝毫不会受到影响。

（六）感染力强

与报纸相比，广播宣传对听众的感染力比报纸宣传对读者的感染力要强得多。

由于广播宣传的播音吐字清晰悦耳且播讲得富有感情，能再现出现场的气氛，可给人以身临其境之感，因而同样一篇文章，在广播中播出比在报上发表，其对受众的感染力要强得多。按文章的内容，或可使人忍俊不禁，或可使人泪湿沾巾，或可使人踌躇满志，或可使人荡气回肠，或可使人欣喜若狂，或可使人黯然神伤……其对受众的感染力，远非书面语言所能及。

（七）有渗透力乃至强制力

与报纸相比，广播宣传对听众所具有的渗透力乃至强制力为报纸宣传所不能及。

报纸的宣传，需要有受众的配合才能实现，如读者不主动去阅读，报纸的宣传文章无论写得如何精彩、怎样引人入胜也发挥不了任何作用；而广播的宣传则并不完全依赖听众的配合，它不一定需要听众自觉去接受，就能通过富于吸引力或刺激力的声响，把所要宣传的内容渗透到听众脑中。而街头的高音喇叭，或招摇过市的宣传车，其播送的内容就由不得人愿不愿听，都会往所有人的耳朵里钻，就算不想主动接受它的宣传，它也能强制人们被动接受，强制性地渗透到声音所能及的人的大脑之中。

二、广播传媒的短处

任何事物都是"一分为二"的，广播这一传媒工具尽管有着上述诸多的长处，但也是有一利必有一弊，其性质特点本身也决定着它不可避免地存在一些不足。它的短处，主要表现在如下几个方面：

（一）属"一次性"的信息消费品

除重复播出或事先做好录音准备者外，广播对任一信息的传播，其作用对于受众都是只有唯一的一次，属于"一次性"的信息消费品。广播节目在播出时，听众能听到多少就是多少，凡听不到、听不全、听不清、听不懂或记不住的内容也只好作罢而无法重听，不像报纸那样，读者一时看不清、看不细、理解不了或记不清的问题，可重复再看直至弄清为止。

（二）接受宣传受制于电台的播出时间

广播宣传，必须是恰好遇上听众收听时才能发挥其宣传作用，若电台播出时听众正好事忙而顾不上收听，或是听众不知道电台有该项内容将要播出而未及时进行收听，因其一过即过，所播的内容听众未能听到，则其所做的宣传便无法收到预期的传播效果。它不像报纸那样，只要发布了某条消息或某项信息，读者虽不一定及时看到，但过后被读者发现的机会还有很多，不受制于其对消息或信息的发布时间。

当然，如今很多电台都把节目发到了网上，听众既可以同步收听也可以回头点播已经播出过的节目，但如果不是有着上网听广播的习惯的人，或者不是十分关注的新闻，就目前的现状而言，专门到网上去找某条已经播出的新闻来听的人毕竟还只是少数，而对于绝大多数听众而言，接受广播的宣传，都还是受制于电台的播出时间的。

（三）受众在接受宣传中对信息的吸纳和吸纳量受电台的播出安排所制约

听众在收听广播宣传时，无法安排每次接受宣传的信息量，电台在该播出时间段内安排多少内容，听众在该时间段内就只能接纳到多少内容。它不像报纸那样，尽管报纸上的文章也是一篇一篇来刊登，但读者却可不必等读完一篇后才去读另一篇，他完全可以根据自己的需要来蜻蜓点水般地随意把整个版面甚至整张报纸的内容用很少的时间浏览后，再确定要不要细读和需要细读哪些文章，如觉得没有自己想要看的内容，也可尽早腾出时间去干别的事。而广播的听众却没法跨过正在播出的内容来对后面的文章进行浏览，只能是播音员播到哪里，就得跟着听到哪里。

（四）听众在接受宣传中对信息的吸纳速度需与电台的播出速度同步

广播宣传的受众在收听广播时，对信息的吸纳速度还必须要与电台的播出速度保持一致，电台在该播出时间段内安排多少内容，听众在该时间段内就得要完成对多少内容的接纳。也即电台播出多少内容，听众就得接连把多少内容听完。播音员播出的速度有多快，听众在收听中对信息的吸纳速度也得有多快，而不容许听众慢慢去品味、经"消化"后才吸收，否则过后就再也没有机会听到该项内容。它不像报纸的读者那样，遇到看不懂的字可先去查字典，理解不了的术语可先去翻阅专业书，弄不清的问题可先进行分析研究，直到领会了某一句话或某段文章的内容后，再去阅读下一句或下一段。读者对信息的吸纳速度，完全可以按照自身的接受能力来从容安排。尽管报纸可将某篇新闻或某条信息用整版或整张报纸来一次性地全部登出，但读者却可根据自己的空闲时间的多少或领会能力的大小来确定暂时先阅读到哪里，留下多少以后再阅读和用多长时间把它读完。而广播的听众却没有这方面的便利（当然，对于做了录音或有条件到电台的网站上去点播者例外）。

（五）听众对同音字不便区分，容易产生误解

我国文字一字多音、一音多字的现象相当普遍，在报纸上出现这类同音字不会造成读者误解，但在广播中，听众对多音字只能闻其音而不能见其形，这就让听众颇费心思去猜测，尤其是某些人名地名的用字若属一音多字的情况时，根本无法从上下文的文意来推测其到底是哪一个字，只好胡乱进行猜测，而若猜得不准，则极易导致对文章的内容或文意的误解。

（六）听众对某些词语的词意不便弄清

由于广播在开展宣传中，文稿内容已转化为口头语言，听众对稿件中的文字是只闻其声而未见其形，某些字词如属多音字或冷僻字，听众连从字面上来"望文生义"的条件也不具备，因而常有一些字意词意无法弄清或不易弄清的问题，听众不像报纸的读者那样可从字面上去分析理解，或可查阅工具书来把它弄懂弄通。

（七）听众接受广播的宣传受电台所用的播出语种的制约

人类社会由众多的民族所构成，而在同一民族的语言中，又因地域、人口群落的不同而存在许许多多的方言种类。在广播节目中，一篇文稿的一次播出，都只能是从头到尾用某一语种来播讲，因而除了能听懂该种语言的听众外，广播宣传对其他人均不起作用。它不像报纸的读者，只要报纸排版所用的文字是本国法定的国语文字，全国绝大部分的读者就能看得懂而不受方言差异的制约。

（八）环境噪音可对广播宣传的接收效果造成影响

听众在接受广播宣传也即在收听广播时，需要有一个相对安静的周围环境，若所处环境的噪音太大、太过嘈杂，收听效果就会受到影响甚至无法收听。而报纸的读者在阅读报

纸时，只要注意力集中，在较嘈杂的场合下，也还能够将报纸内容看进去。

（九）广播宣传的接收效果受听众听觉能力的制约

由于广播宣传是将文字符号转化为语音信号来作用于受众的，因而它对听觉失灵者发生不了作用，对听力差者的效果亦差，而报纸对受众的听觉能力却无任何要求，识字者只要视力正常，就能从报上获取信息。

（十）信号电波在空中的传播存在着不稳定性

由于无线广播的电波信号是通过空中向外传播的，而空中的大气、电离层又总是随着时间、季节、气候的变化而不断发生变化，这些变化又直接影响着电波的传播效果，使广播的电波信号在传播方向、传播距离、途中衰减率等方面都受到影响而不断发生变化，因而听众在收听广播时，常会遇到声音时强时弱、信号中夹杂着各种噪音干扰，甚至有时信号慢慢消失，再也搜索不到的情况。电波信号的这种不稳定性，虽然随着无线电技术的不断进步已日渐得到克服，但至今为止尚未彻底解决。

（十一）传播范围不便控制

报纸的覆盖范围，在较大程度上可以人为控制。如有的报纸可向国外发行，有的报纸限定国内发行，也有的报纸限定只在本省、本县或本地发行，另外还有的报纸是限定只向社会某一阶层发行，允许什么人订阅、什么人才有资格阅读到它，其传播范围完全可以由人控制。但广播却做不到这一点，任何信息只要一在电台播出，在整个地域覆盖区内就人人均可收听而无法控制得了。

无线电波的覆盖范围，理论上可由使用的电波频率、发射机的发射功率、发射天线的形状及天线的架设高度等诸方面要素所决定，广播电台在设定电台的覆盖范围时就是通过限定这几方面的技术参数来实现的。但是正如前文所言，电波在空中的传播方向、距离、衰减率均会随着大气、电离层的变化而变化，不可能牢牢地被框死在所设定的覆盖范围之内，其地域覆盖面常常超出设计范围甚至有时还可超出数百数千公里。由于广播信号的覆盖范围不好控制，无法内外有别，因此，也就存在着某些内容尽管可以在报纸上刊登，但却不宜通过广播来传播的情形。

思考与练习

1. 广播新闻学的研究对象、内容是什么？
2. 与报纸、电视相比，广播传媒有什么特点？
3. 多给广播电台写稿和经常收听电台的广播新闻节目，对于学好广播新闻学这门课有什么意义？

第四章 广播新闻工作对从业人员的素质要求

第一节 广播新闻工作对从业人员的思想素质要求

广播新闻工作的责任是宣传党的路线、方针和政策，宣传国家的法令法规，宣传各行业在"两个文明"建设中取得的成就和经验，宣传各条战线上涌现出来的新人新事及他们的闪光思想，批评社会生活中存在的不良现象和鞭策后进。通过广播宣传的表扬与批评，化不利因素为有利因素，鼓舞、激励人民群众同心同德，为建设好有中国特色的社会主义服务。

基于广播宣传工作的这一职能，就要求在这一岗位上工作的从业人员首先得有较高的思想素质，才能全面正确、有效地开展好广播的宣传工作。

广播新闻从业人员的思想素质要求也与其他媒体对新闻从业人员的思想素质要求一样，大致有如下几个方面：

第一，应具有良好的思想品德素养。

广播新闻工作是通过对新闻的传播来给人以教化作用的工作，从事这一职业也和从事教育工作的教师职业一样，正人先得正己，德高方能为范。很难设想，一位品行不端、见利忘义的记者，其所宣传的先进人物和先进思想能为人所信服。因而要从事这一工作，为人正直当是从业条件的第一要素。

第二，应有较高的政治理论水平、政策水平和法律知识水平。

由于广播新闻工作要为政治服务，要全面宣传党的方针、路线和政策，同时还要通过广播的宣传来对各个时期的工作加以引导，因此要开展好这些工作，就要求从事这方面工作的广播新闻工作者具有较高的政治理论水平和政策水平，能够吃透党和国家的方针、路线、政策及各种法律法规的精神实质，这样才能准确把握广播宣传的舆论导向和正确地开展这方面的宣传工作。

第三，应该思维敏捷，具有较强的逻辑推理、判断能力。

社会生活就像一个"万花筒"，它既有真善美，也有假恶丑，且真善美往往又是与假恶丑相生相伴、交错混杂的。有时是假恶丑披着真善美的伪装而使人真伪难辨，也有时是真善美被假恶丑所蒙盖而让人难以区分。对于社会生活的复杂性，需要有较强的思维能力和逻辑判断能力才能辨清，这就得要首先掌握好马克思主义的世界观和方法论，辩证地观察、分析、思考问题，理出正确的思路才能作出正确的识别和判断。

第四，应具有强烈的事业心和责任感。

新闻媒介是党和政府的喉舌及人民的代言人。作为新闻工作者，必须具有强烈的事业心和责任感，勇于为党和国家、人民的利益鼓与呼。同时，出于职业的需要，新闻工作者又应是时代风云变幻的观测者，是各种事件或事实的历史见证人。在新闻报道中，记者应把不遗漏每一个重大事件、如实反映好每一个重大事件当做自己义不容辞的光荣职责，以强烈的事业心和责任感，肩负历史赋予的这一光荣使命。

第五，应淡泊名利，具有乐于为事业贡献聪明才智的崇高思想。

新闻工作者虽是"无冕之王"，但这"王"终归还是"无冕"的。干新闻工作，尤其是干广播新闻这一行，一辈子奔波劳碌，非但不能与名利沾上边，甚至到"告老还乡"之时，因发表的新闻作品播出了也就了事了，自己连一部作品集也未能留下，因而，若不能做到淡泊名利，是很难安心干好这一职业的。

第六，应有一丝不苟的良好作风，勇于求实务实。

新闻报道是对新闻事件或事实的客观反映。既要客观，那就来不得半点虚假或者想当然，要原原本本地向受众忠实地报道各种各样的事实或事件，需得花很大工夫先把事实弄清。而在实践中，有时即使仅仅是为了弄清事件或事实的某一个微乎其微的细节或某个具体数据，都得花费很大的精力。但从新闻必须真实的要求来看，又是无论代价怎样大，也得把它弄清。这就要求从事这项工作的从业人员"小处不可随便"，对待工作必须有一丝不苟的求实务实精神。因为广播这种媒介对信息的传播速度每秒高达近30万公里，的的确确是"一言既出，驷马难追"，为确保宣传的内容准确如实，务必慎之又慎！

第七，要有超乎常人的胆略与气魄。

新闻工作既然要坚持实事求是、讲真话，就要有坚持原则、忠于事实的胆略和坚持真理、刚正不阿的气节，敢于不看他人脸色行事，绝不曲意逢迎，该得罪时就得罪，泰山压顶不弯腰。为维护新闻的真实，新闻记者应能做到不计个人得失乃至荣辱生死，这样才能写出符合党和国家、人民的根本利益的文章来。同时，也只有做到这一点，才有可能无愧于新闻工作者的光荣称号。

第八，要有勤奋好学的刻苦精神和百折不挠的坚强意志。

新闻工作既是一门科学，其中必然包含着许多的原理和规律需要探究，而对这一学科的探索又离不开实践，因而干这一行，需要具有勤奋好学、永不自满的精神。不但要虚心向专家学者求教，还得要以同行、身边的人乃至自己的报道对象为师，甘当小学生，不耻下问，才能取人之长、补己之短。

同时，由于任何科学领域都是无止境的，无论我们在学科学习和研究上取得了多么大的进步，其实离真正全面把握好一门学科的科学，也还是差之甚远。因而对待学习的态度，应是"活到老，学到老"才对，绝不可以因为学到了专业知识的一点皮毛，经常能有一些文章发表便忘乎所以，自以为是而飘飘然起来。

另一方面，在科学领域里的跋涉，极少能一帆风顺。干新闻工作，尤其是从事广播新闻工作，常常会遇到各种困难挫折，曾有不少人在这个领域里苦苦奋斗多年，写出的文章仍上不了广播，而在能有作品发表的众多记者中，也有不少人苦苦奋斗一辈子还拿不出一篇好文章来。因此干这一行，还得要有顽强的毅力、百折不挠的精神。

第二节　广播新闻工作对从业人员的业务素质要求

广播新闻工作对从业人员的业务素质要求，除与报纸新闻从业人员一样的业务素质要求以及具备广博的知识面、掌握新闻工作规律、熟悉新闻工作理论和各种新闻文体的采、写、编业务的具体操作方法外，还要求熟悉广播传媒的特点，清楚广播新闻文体与报刊新闻文体的异同，懂得广播新闻文体在篇章结构、语言运用方面的特殊要求，熟悉广播新闻各种文体的采写、采录及编辑、制作方面的技能技巧。

另一方面，广播新闻工作常需用到若干的器材设备和计算机软件，如采访机、录音机、话筒、调音台、转换电源、计算机音频文件处理软件等，虽然广播电台都配备有精通这些设备和软件的专业技术人员，但记者外出采访常是单独行动，对这些设备和软件的运用及常见故障的排除办法，还是能够熟悉才好。

同时，由于广播新闻工作的业务需要，有的题材内容，在报道时还需要记者参与到事件中去或直接向听众报告新闻，如有时需播出记者在采访现场与报道对象交谈的实况录音，有时需要记者在新闻现场直接向听众播报新闻等。因此作为广播电台的记者，最好还要能说一口标准、流利、富于感情的普通话及当地流通的地方方言，这样对干好广播工作将更有裨益。

此外，广播工作也和其他新闻媒介的工作一样，随时都有可能临时应对各种突发性事件，随时都有可能需要连续作战。因此，从事这一工作的从业人员，平时还应练就一副健康的体魄和练好吃苦耐劳的耐力，并在日常生活中养成良好的生活习惯，做到一旦需要，随时都可"招之即来，来之能战"。

思考与练习

1. 为什么说从事广播新闻工作这一职业的人也和从事教育工作的教师一样要有良好的人品?
2. 作为广播新闻工作者,应具备什么样的从业素质?

第五章　广播宣传的宣传
思想、方针及决策

第一节　广播宣传的宣传思想和宣传方针

在阶级社会里，广播电台的一切宣传工作都是为政治服务的。要使电台的宣传工作能够更好地为政治服务，电台的宣传工作就离不开宣传思想和宣传方针的指导。

一、电台广播宣传的宣传思想

广播电台开展政治宣传的方式，按节目性质可分为直接宣传和间接宣传两种类型。其中的新闻节目、人物访谈、新闻追踪、热线报道、焦点访谈之类的栏目是直接报道具体的人或事、通过具体的人或事来体现政治思想的，这类栏目对政治的宣传属于直接宣传。而文艺节目、体育节目、科学讲座、生活百科等节目，其内容虽然表面上看来似乎远离政治，其实不然。因为无论是文艺、体育或科技知识的宣传，其中无不包含着节目内容对客观事物的认识和评判，而这种认识和评判又都源于宣传媒介自身的世界观和方法论。

对于直接进行政治宣传的新闻节目而言，每条具体的新闻，虽然所报道的都是某一个具体的事件或事实，但它不但在对该事件或事实的反映中包含报道者对该事件或事实的认识和评价，同时该消息在整组节目内容中所占的分量及时间位置，其他消息在内容上与其呼应情况等，无不体现出节目编排者对其重视程度和思想倾向。

从实践上来认证，我们不难发现：无论哪家电台，尽管其每天新发布的消息都与原先发布过的消息内容不同，绝无重复，但在每一天的新闻节目中所体现出来的政治观点、思想倾向、价值标准却并非独立，并且这种观点倾向和标准在相当长的一段时期内，甚至在整个电台的一贯宣传中始终都没有改变。这种持续不变的观点、倾向和标准，就是电台宣传工作中的宣传思想。

电台广播宣传的宣传思想由办台宗旨所决定，并主导着电台全部宣传工作的运行。

广播电台的办台宗旨，由电台拥有者（即政党、阶级、集团或投资人）的办台动机所决定，并由电台的拥有者在建台之前或取得电台拥有权之时确定。

电台广播宣传的宣传思想，是电台的办台宗旨在各个不同的历史时期的具体体现。它规定着本电台的性质、任务、立场以及开展各项宣传的指导思想。

电台广播宣传的宣传思想，体现着电台拥有者即政党、阶级、集团或投资人的意志，它必须要从根本上为本政党、本阶级、本集团或本人的利益需要服务，所有的宣传工作都必须要围绕着提倡电台拥有者的政治观点，促成社会赞同电台拥有者的思想倾向，推行电台拥有者对事物的认识和评判标准来进行。

电台广播宣传的宣传思想可以看做是电台工作的灵魂，而电台宣传工作的运作方式和运作内容，则是它的皮肉或躯体。只有由灵魂支配着的躯体才是具有生命的躯体，躯体如若没有灵魂的支配，则只能算是一具僵尸。因而，任何一家广播电台都不可能没有自己的宣传思想，没有宣传思想的广播电台事实上并不存在。

在我国，广播电台的拥有者属于党和国家及人民，因此广播电台的宣传思想就得通过电台的各种宣传来为党和国家、人民的根本利益服务。

二、电台广播宣传的宣传方针

电台广播宣传的宣传方针，指的是电台在开展宣传方面，对所宣传的内容和形式所做的总体设计。

电台广播宣传的宣传方针，决定着整个电台所开展的各项宣传的努力方向，是全台所有栏目编辑在确定栏目的宣传内容、宣传形式和栏目风格等宣传业务的开展办法时所必须遵循的基本准则。

在我国，在举国上下致力于建设有中国特色的社会主义的现阶段，电台广播宣传的宣传方针在原则上应是通过对各种事件或事实的报道来宣传好党的路线、方针和政策，宣传好国家的各项法律法规，宣传好各条战线在社会主义"两个文明"建设中所取得的各项新成就及成功经验，宣传好各条战线上那些为社会主义"两个文明"建设作出贡献的先进群体和先进人物的先进事迹以及他们的闪光思想，用以团结、鼓舞、激励全党、全民同心同德地为建设好有中国特色的社会主义而奋斗。

同时，对于在社会主义"两个文明"建设中出现的一些不良现象和消极因素，也应予以批评，通过批评来化消极因素为积极因素，全方位地引导和推动我国的社会主义"两个文明"建设的健康发展。

第二节　广播宣传的宣传决策

广播宣传的宣传决策包括宣传思想、宣传方针和宣传计划的确定。

广播电台新闻宣传的宣传计划，指的是对某一阶段或某个主题的宣传的开展所做的总体规划。它要具体明确整个阶段或整项宣传的目的、任务、方法和步骤，其中包括开展宣传的起始时间和宣传的开篇、拓展、深化、调整及收束的方法，并对开展该项宣传所需播发的稿件数量及各种题材、体裁的稿件所占的比例等都做出具体的规划，用以指导编辑的报道组织工作。

宣传计划包括阶段性宣传计划和专题性宣传计划两种类型。阶段性宣传计划解决的是一段时期内一个台、一套节目或一个栏目的宣传的目的、任务、方法和步骤，而专题性宣传计划所解决的则是某一主题的宣传的目的、任务、方法和步骤。

广播电台对各种新闻的发布，受宣传计划所支配；宣传计划的形成，受宣传方针所制约；而宣传方针的确立，又由宣传思想所决定。

宣传思想、宣传方针和宣传计划也即宣传的运作方式和运作的内容的形成和确立过程，是一个决策的过程，这三个方面的决策，共同构成一个完整的决策系统。在整个决策系统中，它们又分属战略决策、战术决策和战役决策三个不同的层次，其中宣传思想的确立属战略上的决策，宣传方针的制定属战术方面的决策，而宣传计划的安排则属战役方面的决策。三者的关系是指导与被指导的关系，同时也是相辅相成的关系。

在由战略决策、战术决策和战役决策共同构成的完整统一的决策系统中，战略决策是办台宗旨在办台实践中外化的第一环节，它规定着电台的方向、性质和品位；战术决策是实现战略决策的中介和桥梁，它确立出实现战略决策的路线和方法；而战役决策则是将战术决策付诸现实的行动指南，它承担着对战术决策和战略决策进行具体体现的重任。

在电台的宣传工作中，战略决策责无旁贷地应由电台台长或总编辑来负责，战术决策由总编辑或总编室会同各部门或各栏目的主编来负责，战役决策则由各部门或各栏目主编会同负责具体编辑工作的编辑人员来负责。

各部门或各栏目负责具体编辑工作的编辑人员既是战役决策的制定者和制定工作的参与人，同时又是战役决策的具体实施者，记者的新闻采录采写工作受编辑的战役决策所支配。

战略决策、战术决策和战役决策这三级不同层次的决策，在指导思想上都必须高度保持一致，共同为实现电台广播宣传的宣传思想服务。

思考与练习

1. 什么叫做电台广播宣传的宣传思想？为什么任何一家广播电台都不可能没有自己的宣传思想？

2. 在我国，现阶段电台广播宣传的宣传方针是什么？

3. 广播电台新闻宣传的宣传计划包括哪些内容？

4. 宣传思想、宣传方针和宣传计划之间的关系是什么样的？

5. 根据当前形势，试制订出一份本省省台近期所应开展的某一主题宣传的宣传计划。

第六章　广播新闻文体的分类 及文稿写作概要

第一节　广播新闻文体的分类

广播新闻文体的分类，可有多种分法。

若从新闻事件或事实的表现形态来分，大致可以分为事件新闻（即动态新闻）和非事件新闻（即静态新闻）两种。

若从事件的社会效应来分，大致可以分为重大新闻、一般新闻、花边新闻等。

若从所报道的行业领域来分，大致可以分为工业新闻、农业新闻、经济新闻、时政新闻、军事新闻、外事新闻、文教新闻、卫生新闻、体育新闻、科技新闻等。

若从题材的内容属性来分，大致可分为会议新闻、动态新闻、成就新闻、社会新闻等。

若从内容的思想倾向来分，大致可以分为褒扬性新闻、批评性新闻、客观反映性新闻等。

若从题材的现实意义来分，大致可分为积极性题材新闻、消极性题材新闻、社会趣闻或社会奇闻类新闻等。

若从报道的视角来分，大致可分第一人称新闻（即记者出面式新闻）、第三人称新闻（记者不出面式新闻）、访谈录（记者参与事件式新闻）。

若从新闻的发送方式来分，大致可分为邮发新闻、专人送发新闻、电传新闻、网络发送新闻等。

若从新闻的时效性来分，大致可分为即时新闻、快讯、最新消息、当天新闻、近日新闻、近期新闻等。

若从新闻的表述手法来分，大致可分为纯事实新闻和述评性新闻等。

若从新闻发布源的寡众来分，大致可分为独家新闻、本台专电、广播通稿等。

若从新闻题材内容的涉及面来分，大致可分为专题新闻、综合新闻等。

若从新闻音素构成来分，大致可分为清播新闻、配音新闻、录音新闻、混响新闻等。

若从文稿的体裁种类方面来分，广义上的广播新闻文体大致可以分为广播快讯、广播消息、广播谈话、广播对话、广播通讯、广播特写、广播专访、录音报道、录音讲话、录音通讯、录音特写、录音访问记、配乐通讯、配乐特写、实况转播、实况录播、主持人节目、广播聊天节目等十多个种类；而狭义上的广播新闻文体，则指的就是"广播消息"这唯一一种新闻体裁。其中，广播消息文体因篇幅大小的不同，还可细分为长消息、短消息和简讯几种。

而以我国当前各级广播电视系统在年度作品评奖中的分类方式来分的话，当前各级广播电视系统在广播新闻评奖中对广播作品的分类，一般多是分为时政新闻、社会新闻和社教新闻等。

以上这些广播新闻文稿的分类，是我国新闻界经常提及的分类方法，而在国外，许多西方国家对新闻的分类普遍都较简约，一般只分为"硬新闻"和"软新闻"两大类或"快新闻"、"慢新闻"两大类。

所谓硬新闻和软新闻，相当于我国的事件性新闻和非事件性新闻；所谓快新闻和慢新闻，那是就新闻发布的时效性而言。

其实，广播新闻的文体该如何分类才更科学，这个问题对于广播新闻工作者来说并不重要，因为广播新闻的文体种类该怎样分、能分出多少种来，这对实际工作而言并没有多少用处。

"学习的目的在于应用"。学习广播新闻学，重要的是要认真研究广播新闻工作的特点，研究如何把新闻工作的普遍规律与广播新闻工作的特点相结合来开展好广播新闻报道才是最应当做的事，也只有把学习的着眼点放在应用上，我们的学习才有实际意义，才能有助于我们把广播宣传工作做好。

如果说在从事广播新闻工作中还有必要对广播新闻的各种文体进行分类研究，以便更好地探讨如何驾驭广播这一媒介来把宣传工作做好的话，那么，对于广播新闻文稿的种类，真正具有实际意义的分类方法只有两种：一是从新闻音素构成来分，二是从文稿的体裁种类来分。也就是说，这样从两个方面来对广播新闻文稿的写作方法进行研究，对做好广播新闻报道工作才有实际意义。

第二节　广播新闻文稿写作的一般原则要求

广播新闻文稿的写作，除了应遵循新闻工作的真实性原则，所写的事件或事实要

"确有其事"、"确是如此"、"经得起受众去核实"和"所写的报道不得对社会有不良影响"等基本规范之外，还应结合广播传媒自身的特点来进行。

由于广播受众接受广播的宣传，是通过耳朵将广播的声响讯息进行吸纳来实现的，电台开展广播宣传时，已将文稿上的书面语言全部转换为口头语言播出。而如前文所述，口头语言又属于"一次性"的信息消费品，一过即过，听众即使听不到、听不全、听不清、听不懂或记不住也只好作罢而无法重听，更不能反复再听。因此对这种"一次性"的信息产品的生产，就要十分珍惜这唯一的"一次"，要千方百计地保证这唯有"一次""消费"过程的"产品"的质量能够为广大"消费者"所接受、认可和欢迎。

广播新闻的传播，实际上就是通过口头语言传播的方式来对新闻信息进行传播。因此，广播新闻文稿的写作，必须要符合口头语言传播的要求，这样才有可能获得尽可能好的传播效果。

作为采用口头表达方式来传播的广播新闻文稿，要想更好地为听众所接受，即要想获得尽可能好的传播效果，其在文稿的写作手法上，就得有别于以书面语言传播的方式来进行新闻传播的报刊新闻文章。无论是在文章篇幅的长短、内容层次的布局、新闻要素的交代、语句结构的顺序、语言句式的选用、句子长短的确定、字词雅俗的取舍等方面，广播新闻文稿的写作，都需要符合口头表达方式的需要才行。一般来说，广播新闻文稿的写作，大体应遵循如下一些原则要求：

一、篇幅宜短不宜长

在文章的篇幅上，广播新闻稿的篇幅宜短不宜长。一篇广播新闻文稿，如属广播快讯，一般应为100字左右，即以在半分钟内能够把它播完为宜；消息文体，一般控制在五六百字之内，即以最多用两三分钟的时间就可把它播完为宜；若是通讯、特写之类的文章，最好也要控制在2 000字左右，即以在七八分钟或10分钟内就能把它播完为宜。否则文章长了，大多数听众没有耐心把它听完，那就无法收到应有的宣传效果。并且，如果文章太长，还没等到播音员把整篇文章播完，前面那些已经交代过了的内容，听众或许都已忘掉了，那就很难厘清新闻事件或事实的脉络，对作者所要报道的新闻内容也就不好全面把握。

二、层次连接要顺畅

报纸上有的新闻报道文章，例如通讯文章，因所写到的内容较多而得要分为若干个层次。为了使文章的条理更为明晰，往往是将每一个层次的内容作为一个大段，给每个大段起上一个小标题，例如下面这篇发于2013年9月29日《光明日报》上的通讯：

"抠门"县委书记
——记湖北黄冈罗田县委书记肖燕梅

小麦色的皮肤，黑发一并盘在脑后，朴素、干练却不失亲和，这就是湖北省黄冈市罗田县县委书记肖燕梅给人的第一印象。

年满 50 岁的她，是亲戚朋友眼中最"抠门的人"，也是黄冈市里有名的"低碳书记"。在罗田担任县长、书记 8 个年头，她用实际行动带领罗田走出了一条绿色发展之路。

节能环保的"践行者"

在罗田大家都知道：女县长用电用水"很抠门"。"我在农村长大，节俭惯了。"她算了一笔账，"如果每人每天节约一张纸，每年就能少砍 5 万公顷大树。每人每天都少消耗一点，就是对环保的贡献，我必须带头做，才能影响身边的人。"肖燕梅无论走到哪里，看到垃圾都要弯腰捡起来，用细微举动感染身边的人。

一到罗田上任，她就给县里制定了节俭招待制度。要求各级单位减少 30% 招待费，并具体到人数与菜数。一旦发现"超标准"，她会毫不客气地当面批评。

罗田县委宣传部长童伟民，与她共事近 8 年。在他眼里，肖书记爱学习，喜欢广纳意见，利用出国考察的机会，学习先进的环保理念。

一草一木的"守护者"

"是工作让我爱上了罗田的一草一木。"肖燕梅动情地告诉记者。

由于罗田身处大别山区，交通闭塞，经济落后，面临着"怎样加快发展"和"如何转型发展"的双重压力。

"我要感谢一位罗田老乡王生，20 世纪 70 年代他到山东威海做基建生意致富。后来他作为客商来罗田投资时告诉我，威海虽好，山水却比不过罗田，罗田的一草一木都是宝贝！"言语间，肖燕梅难掩激动之情，"当时，我一下子就明白了罗田应该发展什么、保护什么"。

罗田田少山林大，应该发展特色农业，把优势做强；自然环境优越，特色鲜明，发展"全域、全员、全天候"旅游；"山上建景区，山下建园区"，走生态发展之路，做强县域经济……如今，全县森林覆盖率达 71%，拥有板栗、甜柿、茯苓、苍术、金银花 5 个国家地理标志保护产品，也是闻名全国的板栗之乡、甜柿之乡、蚕桑之乡、茯苓之乡和野生兰花之乡。

肖燕梅认为经济需要发展，但绝不能以透支生态环境为代价。她与罗田的树有不解之缘。有一次，她得知有人一万元就要卖掉一棵百年大树，县林业局睁一只眼闭一只眼，准备放行，她立马表态："一定要把这件事管下来！"

2012 年，县委成立专班调查此事，一次性查处 20 多人，彻底斩断了树木贩卖的利益链条。2013 年宣布实行"三年禁伐"。对全面禁伐的薄刀锋和天堂寨林场，一次性解决林场职工各类尾欠保险金 300 余万元，并每年安排 250 万元用于林场禁伐补助。现在，老百姓参与生态保护的积极性明显增强。

生态文明的"呼吁者"

2007 年，在华中旅游资源博览会上，一位女县长用嘶哑的声音宣传环保，给人留下了深刻的印象。肖燕梅亲自发资料、当解说员宣传环保，就是在那时她认识了王生。"我的确被天堂寨独特的山水资源吸引，但我更被县长的执着和她对罗田旅游事业的热忱所感动！"一番实地考察后，王生很快与县政府签订协议，当年就投资5 000多万元，建设天堂寨旅游索道，打开了罗田的生态旅游大门。

凭借她的执着，2010 年又拿到武汉丰泰集团 20 亿元的投资，整体保护开发罗田薄刀峰、天堂湖、三里畈温泉资源。如今，罗田已经成为附近城市市民自驾游的首选之地。

8 年来，肖燕梅带领全县坚持"在保护中发展，在发展中保护"，县里成立工业项目评审委员会，环保局当首席发言人，项目能不能上，环保局先说话。今年，全县开始"见缝插绿"，在村落、道路间栽种竹子、红枫等植物，建设美丽乡村。

（本报记者　夏　静　本报通讯员　陈　智）

这篇通讯文章发表在报纸上，读者阅读起来并没有什么费解的地方，但如果是在广播里播出，听众在听到播音员播完正文第二部分的"肖书记爱学习，喜欢……学习先进的环保理念"之后，接着听到的是第二个小标题"一草一木的'守护者'"，然后就听到了正文第三部分的开头"是工作让我爱上了罗田的一草一木"，就会觉得莫名其妙。而在听完"'是工作让我爱上了罗田的一草一木。'肖燕梅动情地告诉记者"之后，接着听到的是下一个自然段的开头"由于罗田身处大别山区，交通闭塞，经济落后，面临着……"，就会以为这些接着听到的话是肖燕梅说的。又如在正文第四部分开头的第一个自然段中，听众听到了"肖燕梅亲自发资料、当解说员宣传环保，就是在那时她认识了王生"之后，接着听到"'我的确被天堂寨独特的山水资源吸引，但我更为县长的执着和她对罗田旅游事业的热忱所感动！'"时，也会莫名其妙，由于缺少连接而弄不懂这句到底是谁说的。因而如果是写给广播电台的稿子，就得要有必要的交代，使前后内容能够连接得顺畅才好。而夹杂在前后各个部分之间的小标题由于会让听众听得莫名其妙，因而写作广播新闻报道文章，如果不是很有必要的话，一般不要在文中带上小标题。

再如新华社 2005 年 10 月 2 日播发的这篇通讯：

总理和农民共度国庆
——温家宝总理国庆节到河北农村看望群众纪实
新华社记者　贺劲松　吕国庆

10 月 1 日一大早，中共中央政治局常委、国务院总理温家宝驱车 200 多公里从北京径直来到河北省滦平县农村，看望农民群众，了解农民生产生活情况，和群众共度国庆节。

一

滦平是国家扶贫工作重点县。2000 年温家宝曾来这里考察，他十分惦念这里的群众。当随行的河北省负责同志介绍，滦平县近年来经济有了较大发展，群众生活有了很大改善时，温家宝十分高兴。

10 时许，温家宝走进滦平县偏桥村南沟门作业组一队，在村口恰巧碰到 2000 年来滦平考察时认识的农民苏洪喜。苏洪喜高兴地握着总理的手，和闻讯赶来的村民们一起，请总理到家里坐下来。

温家宝一落座就说："过节了，很想念你们，来看看大家。现在生活怎么样？"

"好多了。""种田不交税，上学不交费，学杂费全免了。""种地每亩还能拿到 8 元钱补贴。"……

村民们你一言我一语，抢着向总理讲述生活中的新变化。

"看病怎么样？"农村医疗卫生一直是温家宝关心的问题。温家宝问道。

"小病可以上村卫生站，大病就看不起了。"苏洪喜说。

"看病难看病贵是农民面临的一个大问题。"温家宝说，"我们决定实行新型合作医疗制度，国家和地方政府拿 40 元，农民拿 10 元，建立农村合作医疗统筹基金，给每个农民建一个账户，看小病自己拿一部分，大病按规定报销。现在已经在一些县试点。你们看这个政策怎么样？"

"这个政策好。只要这些钱真正用到农民身上，我们肯定高兴。"

温家宝接着来到 78 岁的农民王素珍家，和她一起坐在炕头上拉家常。得知王素珍患病，生活比较困难时，温家宝把一份慰问金交到了她手上，并叮嘱村里的干部一定要帮助困难群众解决好基本生活问题。

在两间房的乡卫生院，温家宝走进儿科诊室，向主治大夫杨秀芹了解情况：

"一般每天看多少个病人？"

"二三十人。"

"卫生院都有些什么设备？一般小手术能不能做？"

"有 X 光机、B 超、心电分析仪、血球分析仪等。阑尾、剖腹产等手术可以做。"

"治病一靠医术，二靠设备。必要的设备够用就可以了，不一定非得要用贵重的仪器和药品，那样农民也负担不起。我们正在为乡镇卫生院配备基本医疗设备，让农民看病更方便。"

二

深秋的田野稻子黄了、玉米熟了，公路两旁的农田里一片喜人的秋收景象。温家宝走进柳台村上朱店组的稻田，和正在收割水稻的农民周凤山交谈起来：

"一亩能打多少斤稻谷？"

"1200 斤。"

"净收入有多少？"

"我种了 6 亩水稻，净收入有五六千元。"

"有什么困难没有？"

"总理，就是这个假种子、假农药太害人。稻子老有死穗，白花了钱不说，还搭上了劳力。"

"你反映了一个很重要的问题，就是我们对农资市场的整治力度还不够，管得还不严，这是政府的责任。我们一定要对假冒伪劣商品加大打击力度，不能手软，保护农民辛辛苦苦得来的利益。"温家宝转身对随行的河北省负责同志说，我们要进一步加强对农业生产的服务工作，采取统一供应种子、农药等办法解决好农民关心的种子和农药问题。

临别前，温家宝抚着周凤山的肩头问道："你还有什么问题没有？"看到周凤山欲言又止，温家宝鼓励他："没关系，你大胆说。"

"我觉得一些干部有私心，没有真正为群众办实事。"

"你说的是干群关系问题。各级干部要为群众办实事，才能得到群众的拥护。做到这一点不容易，长期做到更不容易，关键是要对老百姓有感情，时时处处、真心实意为老百姓办事，这样干群关系才会更加和谐。"

三

温家宝接着又来到山后村。正值收获的季节，村民家里堆放着黄灿灿的玉米和新打的稻谷，院子里鸡在跑，鹅在叫。一条新修的水泥路贯穿全村，使村民们出行更加方便。一些在外地打工的农民国庆节回村和家人团圆，小山村里洋溢着喜庆的节日气氛。

温家宝和村民们一起在村子里边走边聊，最后在孙长华家的小院里坐了下来。温家宝说："今天和大家一起过国庆节，看到大家生活有了很大的变化，每个人脸上都有笑容，我很高兴。中央提出要建设社会主义新农村，我觉得要为农民办好四件大事，一是发展农村经济。加强水、电、路等基础设施建设，搞好农业技术服务，鼓励农民把地种好，发展多种经营。二是推进农村综合改革，免征农业税，种粮给补贴，让农民得到更多的实惠。三是发展农村社会事业。实行新型合作医疗制度，逐步解决农民看病难看病贵问题。发展农村基础教育和职业教育，让孩子们上得起学，让农民得到就业的技术培训。搞好农村环境，改变村容村貌，提高农民生活质量。四是增加农民收入。当前最重要的是采取有力措施，不使粮价下跌，确保农民增收。"最后，他特别强调，要重视农村精神文明建设，丰富农村文化生活，形成邻里和睦团结，干群关系融洽的风尚，使农村社会更加和谐。

总理的讲话激起阵阵掌声，农家小院里节日的气氛更浓了。

（新华社北京 10 月 2 日电）

这篇通讯，在内容的层次之间（即各个部分之间）虽然不使用小标题来过渡，但却用上了序数"一"、"二"、"三"来过渡，这样的过渡，对于发表在报纸上的文章，读者看起来条理是很清晰的。但如果文章是在广播里播出，那些夹杂在文章当中的序数"一"、"二"、"三"，就会让听众听得莫名其妙。更有甚者，报纸上还有的文章不但用上序数"一"、"二"、"三"、"四"来分隔不同层次的内容，甚至还用上好几个层级的序数，如在"一二三四点"中套有"（一）（二）（三）（四）点"，在"（一）（二）（三）（四）点"又套有"1、2、3、4 点"，在"1、2、3、4 点"中又套有"（1）（2）（3）（4）点"和"①②③④点"……报纸上的文章，这样来写也并没有什么不当，但要是在广播稿里也这样来写，听众就会被这些大"一二三四点"套中"（一）（二）（三）（四）

点"、中"（一）（二）（三）（四）点"又套小"1、2、3、4 点"的序数弄得晕头转向、不知所云了。因而，在广播稿中，无论不同内容之间的过渡还是不同问题的区分，都应是尽可能采用顺乎自然的过渡句来过渡为好。

其实，只要多动脑筋、多想办法，以顺乎自然的过渡句来进行不同内容之间的过渡或作为不同问题的区分，也同样可以做到条理清晰、脉络分明，并且全篇文章的结构又浑然一体的。

三、关键内容多重复

由于广播是"一次性"的信息消费品，而只是听过一遍，听众未必就能把文章的内容听清。并且，听众收听新闻节目又不一定能做到很准时，有时节目已开始了好些时间，听众才打开收音机；有时走到哪里，才忽然听到别人的收音机在播送新闻，漏掉了开头部分、没能听到是常有的事。而广播播完即完，它不像报纸那样，哪些内容没看清的还可回过头来再重新看。因此，为了使听众能够领会好新闻的内容，广播新闻稿中所提到的人名、单位名称、时间、地点，就不宜像报上的文章那样只在前面交代一次后，后面就用"他"、"该厂"、"这个县"、"该部队"等代词来代替而应多做重复。广播新闻稿的写作，可以不必完全遵循书面语言的表达规则。

在广播新闻稿中，除了人名、地名、物名、单位名及会议名称等主要新闻要素应多加重复以外，对于文章中的其他关键内容（如"何事"、"为何"和"如何"等新闻要素），在必要时也应重复多提几次，这样，才更有利于让听众把新闻的事实听清。而对于那些赶不上从头开始收听的听众，多次提及文中的关键内容，也有利于让他们大致知道文中说的是谁、什么时候在哪里干了些什么及后来怎么样了。

此外，为了使听众能够"一听就懂"，广播新闻稿中所涉及的人名、地名、物名、单位名称、会议名称等称谓，要多使用全称而少用简称。

四、句序不宜用倒装

在句序结构方面，书面语言中有些复句的句序既可以是顺装的，也可以是倒装的，如因果关系的表达，既可以写为"因为……所以……"，也可以写为"之所以……是因为……"。报纸上的文章在表达这类意思的时候，无论句序是顺装还是倒装，读者都不难理解作者所要表达的意思，但在广播文稿中若也用上这种倒装的复句，由于听众听到后面的内容时，往往已记不清前面的内容，要理解其中的逻辑关系来就比较困难，因而在复句的句序安排上，应尽可能避免使用倒装的句式。

除了在句序的结构上不宜使用倒装的句式外，在一个完整的句子中，句子成分的位置也不宜倒置，否则也有可能会产生歧义。例如在前面所列举过的《总理和农民共度国庆》一文中的以下片断：

……
村民们你一言我一语，抢着向总理讲述生活中的新变化。
"看病怎么样?"农村医疗卫生一直是温家宝关心的问题。温家宝问道。

"小病可以上村卫生站，大病就看不起了。"苏洪喜说。

"看病难看病贵是农民面临的一个大问题。"温家宝说，"我们决定实行新型合作医疗制度，国家和地方政府拿40元，农民拿10元，建立农村合作医疗统筹基金，给每个农民建一个账户，看小病自己拿一部分，大病按规定报销。现在已经在一些县试点。你们看这个政策怎么样？"

……

在这一片断中，由于"看病难看病贵是农民面临的一个大问题"是接在"苏洪喜说"的后面的，听起来就是"苏洪喜说，看病难看病贵是农民面临的一个大问题"了，但从文稿来看，却并非是"苏洪喜说"而是"温家宝说"，之所以听起来会变成了"苏洪喜说"，是作者在写作中将主语倒置所致。因而在写广播稿时，一定得要从"听"的角度来考虑文章的播出效果，尽量避免使用主语倒置这种容易产生歧义的叙述方式。

五、某些规范可不从

广播文稿虽然也是写在纸上，具有"书面语言"的形式，但它却并不属于书面语言而是属于口头语言，它之所以也写在纸上，是为了让播音员有东西可讲而不是为了让受众能够阅读。

既然广播文稿不属于书面语言，那么，它就没有必要完完全全地去遵守书面语言所必须遵守的各种规范，而应是按照口头语言在内容表达上的特有方式来进行表达才好。也就是说，写广播稿，在必要的情况下，对于既有的某些现行规范，也可以不遵从或不完全遵从。例如在数字的书写上，现行规范是凡属数字都必须写为阿拉伯数字，但由于阿拉伯数字尤其是较大数额的阿拉伯数字对于播音员来说并不直观，播音员在播讲中遇到有数字尤其是数额较大的阿拉伯数字时，是很难迅速判断得出其位数的，这样就不方便随口把它读出，要是等弄清楚该怎样读后才读出来又会导致播音中断。因而，为了便于播音员对文稿进行播讲，对于现代汉语的这一现行规范就不宜遵从。作者在写作广播稿时，对于数字的书写，就应采用方块汉字来书写才好，例如：

这次人口普查的结果是，广东省人口最多，共有 104 303 132 人；山东省排名第二，共有 95 793 065 人；河南省排名第三，共有 94 023 567 人；四川省排名第四，共有 80 418 200 人……

像这样用阿拉伯数字来写的稿子，播音员就很难播讲，因而必须写作：

这次人口普查的结果是，广东省人口最多，共有一亿零四百三十万三千一百三十二人；山东省排名第二，共有九千五百七十九万三千零六十五人；河南省排名第三，共有九千四百零二万三千五百六十七人；四川省排名第四，共有八千零四十一万八千两百人……

只有这样来写，播音员才有可能随口就把它正确地播讲出来。

即使是位数较少、一眼就能看出确切数量来的数字，也同样应当使用方块汉字来写，例如：

只过了35年这里就发生了这么大的变化，真不容易！

这个句子里的"35年"，到底是"三十五年"还是"三五年"呢？播音员就很难判断，如果看见什么字就念什么，那就是读为"三五年"，即三年或五年或者三到五年的意思，但这样来播讲，又不一定符合作者的本意，因而，只有采用方块汉字来写，播音员才能播讲得准确。

又如，改革开放以后，国家有关部门就规定为了与国际接轨，各种计量单位都要采用国际通用的计量单位，但某些国际通用的计量单位用在口头语言上就很别扭，并且社会公众也不习惯，例如"他家今年的玉米产量多达一万多斤"、"那头猪才养一个月就长了二十三斤半"、"还没到立春，那一千斤柴火就烧完了"、"每年过年，哪怕是在千里万里之外，他也要千方百计地赶回来与家人团聚"，要是写为"他家今年的玉米产量多达5千多千克"、"那头猪才养一个月就长了11点75千克"、"还没到立春，那一千千克柴火就烧完了"、"每年过年，哪怕是在500千米5 000千米之外，他也要千方百计赶回来与家人团聚"，这样听起来就很别扭，不像人们日常生活中所说的话，因而作为口头语言的广播用语，对于既有的某些现行规范，就不必死板地去遵从而应有所变通。

六、会生歧义要回避

广播宣传，由于听众只能听到播音员的播讲而没能看到文稿，因而对某些容易产生歧义的内容就无法弄清到底说的是什么。

较常见的情形主要有：

（一）人名、地名与代词放置不当容易产生歧义

有的字词，如果接在人名、地名的后面，有可能会产生歧义，有些字词，如果在广播里播出会让人听错意思，就得要想办法回避，例如：

刘平和父亲说，他想要和她去广东打工。

这个句子，前面一截可以理解为是"刘平"对父亲说，也可以理解为是"刘平和的父亲"说，遇上这种情形，作者在写稿时就应用下划线来表明该怎样读，如：

刘平和父亲说　或　刘平和父亲说

或者是在"刘平和"的后面加上"的"字，这样意思就明确了。

而后面这半句，由于在广播里无法听得出是"她"字，因而正确的写法应是写明其想和谁去而不宜使用代词"她"来代替。

再如，广西崇左市有个县叫天等县，很多年前，该市一位通讯员在写给上级台的一篇稿子里有这样一个句子：

　　黄云飞上了天等县委向有关领导反映情况后，才表示可以协商此事。

这句话中所说的人到底是叫"黄云"还是叫"黄云飞"？播音员就很难在播讲中迅速作出正确的判断，要是播音员不知道当地有个县叫做天等县的话，就有可能会读成：

　　黄云飞上了天，等县委向有关领导反映情况后，才表示可以协商此事。

而实际上，该文作者所要说的却是"黄云飞这个人去到天等县委，向有关领导反映了情况之后，才表示可以协商此事"。因而对于这种从字面上看有可能会让人拿不准是什么意思的语句，在写作上就应加上下划线来回避。如可写为：

　　<u>黄云飞</u>上了<u>天等</u>县委向有关领导反映情况后，才表示可以协商此事。

（二）同音字的不当使用容易产生歧义

有这样一个真实故事，福建省厦门市思明区某单位有个干部刚调到湖里区去的第二天，就有个外地人打电话到他的原单位来找他，接电话的人听了回答说："他昨天调到湖里去了，不在了"，对方一听很吃惊，忙问："啊？他怎么掉到湖里去的？当时都没人在身边吗？都没人下去救吗？"——显而易见，这是由于"调"与"掉"同音而造成的误会。

我国文字中一音多字的现象很普遍，相同读音的字出现在书面上，并不会造成歧义，但出现在广播中，听众就会感到费解和容易误解。如"机场"，在广播里播出，听众就有可能会误以为是"鸡场"；"入档"，在广播里播出，听众就有可能会误以为是"入党"；"上调"，在广播里播出，听众就有可能会误以为是"上吊"。碰上这种情形，就得要设法回避，回避的办法可以是在这些字词的前后加上适当的字词来解决，如"机场"可以写为"飞机场"、"鸡场"可以写为"养鸡场"；"入档"可以写为"存入档案"；"入党"可以写为"加入党组织"；"上调"可以写为"往上调动"、"上吊"可以写为"自尽"，这样听众一听就能明白说的是什么意思而不至于造成误会了。

（三）语气表达不了的标点符号容易产生歧义

有的标点符号，播音员是无法通过语音的高低变化和语气的抑扬顿挫来表达或准确地表达出来的，而若表达不出来时，又易导致听众对所播讲的内容的曲解。例如"三五六一八、四八七二四号考生"，"《山西青年》介绍的经验"、"她很喜欢《中国妇女》"等，这些句子中的书名号都不好表达，听众听了又很容易产生误会，这就得要设法进行回避。回避的办法，可以是适当添加一些字词来解决，如将"三五六一八、四八七二四号考生"写为"第三五六一八和第四八七二四号两位考生"，将"《山西青年》介绍的经验"写为"《山西青年》杂志中介绍的经验"，将"她很喜欢《中国妇女》"写为"她很喜欢《中国妇女》这份刊物",这样就不会造成曲解了。

七、多音字词标读音

我国文字中一字多音的现象相当普遍,虽然各个多音字在各种不同场合该读什么音早已约定俗成,但在某些特定的语言环境中具体该读哪个音却不好把握,尤其是在地名、人名中出现时更难定夺。例如"行"、"乐"、"长"、"大"、"将"、"度"、"好"、"车"、"单"、"万"、"壳"、"削"、"堡"、"朴"、"和"、"区"、"喝"、"石"、"滑"等字都不止一个读音,当这些多音字出现在文稿中某些不易区分的语境里或作为地名、人名用字出现在文稿中时,播音员既难从甚至无法从上下文的文意中去推测其在该文中的读音,又顾不上向作者、向当地或向有关部门打听,而胡乱播出又有可能会闹出笑话来,对于这种有可能会让播音员感到为难的多音字词,作者在写稿时就应附上该字在文中的特定读音的拼音。

八、抽象事物作比喻

有的数字和概念,虽然出现在报纸上读者并不难以理解,但若出现在广播中,听众就不那么容易听得明白。因为报纸的读者即使遇到某些内容一时理解不了,还可以从容分析思考直到明白为止,而广播听众在收听中,对那些一时理解不了的内容,不但不能回过头来重新再听,还得要集中精力以使自己对信息的接纳速度始终能与播音员的播出速度保持同步,根本就无法顾及对那些听不明白的内容进行琢磨。因此,在广播文稿写作中,当涉及一些较抽象的内容时,最好是能通过形象化的比喻或贴切的类比来说明,使听众能够"一听就明白"。

例如文稿里面提到,在原产地非洲的桉树,有的高达一百多米时,听众对这"一百多米"的高度就不好想象,要是能在后面加上一句"约有四十层楼那么高"的话,听众就好明白了;假如文稿里面提到某地的洪涝灾害造成了"直接经济损失达一百多亿元"时,听众对这"一百多亿元"到底是个什么样的概念也不好想象,要是能在后面补上一句"如果把这个损失分摊给全国人民,平均每个人就得捐出十块钱",这样听众一听,就很容易把这些数字到底有多大想象出来了;假如文稿里面提到某个山村建起了一座发电功率为十千瓦的小型水力发电站,"十千瓦"到底是多大,许多听众也未必能理解,要是能在后面补上"发出的电够四百盏二十五瓦的电灯同时使用"的说明,听众一下就能明白了;若文中提到水温约为四五十摄氏度,听众对这"四五十摄氏度"到底算不算热也难以估摸,若能加上"伸手进去感到有些烫手",听众就能听得明白了。

九、不用复句用单句

在报纸上的文章中,有时会看到诸如"一方面……另一方面……"、"即使……也……"、"如果……就……"之类的复句句式,甚至还有诸如"一方面……另一方面……再一方面"、"即使……即使……他们也……"、"如果……能够……如果……能够……如果……也能做到……我们就一定……"之类的多重复句句式,虽然这种句式出现在报纸上,读者也并不难理解其所说的是什么意思,但如果是出现在广播里,听众就不容易记住句中的复句关系，更不容易听明白整个复句句组的完整意思了。甚至，有时还会把句子中的某些假设误以为是真的了。

为使听众容易听懂文章的内容而不至于产生各种误会，在广播文稿的写作中所用的各个句子，都应当是以简洁明了为好。凡是能用单句表达的意思，就应尽可能使用单句来表达而不要使用复句；若是非得要使用复句来表达的，也是能用单重复句就应尽可能使用单重复句，不到万不得已之时，就尽量不要用结构太过复杂的多重复句。

十、断句不必从句意

前面已经说过，广播文稿虽然也是以书面形式来进行写作，但它却是属于采用口头语言来进行对外传播的文体而非采用书面语言来进行对外传播的文体，尽管广播稿的文稿是写在纸上的，但那也只不过是借助于纸张笔墨来将需要播音员播讲的内容传达给播音员而已，并不意味着它是属于书面语言的文体。

既然广播文稿的属性是口头语言的文体而非书面语言的文体，那么，广播文稿的写作，就应当是遵从口头语言的语法规范而非遵从书面语言的语法规范。

书面语言，是在把一个相对完整的意思表达完后才断句，而口头语言，要是一句话说得太长才允许停顿，就没有人能说得了。另一方面，即使播音员能把很长的句子播讲出来，但太长的句子也容易使人听到后面的内容就忘掉了前面的内容，听到后半句时就已想不起前半句所说的是什么。

以人们对口头语言的表达及接受、理解能力而言，一个句子的长度一般是以不超过15 个字为宜。但在实际运用中，有些内容的表达，仅限于所使用的十多个字，往往又无法把意思说完或说清。因而在广播稿中，对于一些确需写得较长才能把话说明白的问题，句子也同样可以写长，只是为了便于播音员播讲和为了便于让听众能听得懂，就不一定要等到把意思表达完整了才停顿而是随时都可安排停顿，只要不把句子中的成语、词组或单词拆散就行。

例如在解放战争期间，陕北新华广播电台对新华社播发的电讯稿《解放郑州》的处理，就是不按照句意来断句而是以便于播讲来安排句中停顿的。

《解放郑州》一文，新华社当时播发的电讯稿是：

新华社郑州前线一九四八年十月二十二日二十四时急电 我中原人民解放军于今日占领郑州，守敌向北面逃窜，被我军包围于郑州以北、黄河铁桥以南地区，正歼击中。郑州为平汉陇海两大铁路的交点，历来为军事重镇。蒋匪因徐州告急，被迫将驻郑兵团孙元良部三个军（按：国民党从十月起整编师均改为军，整编旅改称为师）东调，郑州守兵薄弱，我军一到，拼命奔逃。现郑州东面之中牟县、北面之黄河桥均被我军切断，逃敌将迅速被歼。

陕北新华广播电台的编辑在收到这篇电讯稿后，将它改为：

郑州前线消息 中原人民解放军，二十二号，占领郑州。守城的敌军向北逃窜，在郑州以北、黄河铁桥以南的地区，被解放军包围，正在歼灭之中。

郑州是平汉、陇海两大铁路的交叉点，历来是军事重镇。由于这种重要的战略地位，郑州的得失，常常决定中原战局的成败。

在徐州危急的情况下，蒋匪被迫把驻在郑州的孙元良兵团三个军，向东调动，郑州的敌军非常薄弱，解放军胜利大军一到，敌军就拼命逃跑。

现在，郑州东面的中牟县和北面的黄河铁桥，都被解放军切断，从郑州逃出的敌军，很快就会被歼灭。

经陕北新华广播电台的编辑按广播的特点来改动过后的这篇新闻稿，许多句子的断句就不再遵从书面语言上的造句规则，不再讲求由主语、谓语和宾语来组成句子。如开头的第一句，编辑就把长句子拦腰砍断，在"中原人民解放军"之后标上了逗号；接下来的一句也是如此："二十二号"，"占领郑州"，都是用最简短的语句来对内容进行表达，这样既有利于吸引听众和能让听众听得清楚，又可使播音员在播送时便于把这振奋人心的重大消息播得铿锵有力。

再如该文中："郑州的得失，常常决定中原战局的成败"，"蒋匪被迫把驻在郑州的孙元良兵团三个军，向东调动"，"现在，郑州东面的中牟县和北面的黄河铁桥，都被解放军切断"，"从郑州逃出来的敌军，很快就会被歼灭"等，本来都是一个完整的句子，但由于句子过长不便一气念完。因而编辑便根据口头表达之需在句中安排了停顿。这样将较长的句子从中间拦腰砍断之后，不但播音员读起来朗朗上口，而且听众听起来也很顺耳和容易明白。

十一、用词宜"俗"不宜"雅"

广播文稿的写作，用词宜"俗"不宜"雅"，即文稿中的各个句子，都要尽可能写得通俗易懂才好，凡是听众不便听懂的字词，都应尽量避免使用。

《解放郑州》一文，经陕北新华广播电台编辑把它改写为广播稿后，新华社所发电讯通稿中原有的许多书面语言用词都已换成了口语语言用词，因而该篇稿件在播出时，其内容能让人一听就明白。如电讯稿中的"历来为军事重镇"的"为"字改作"是"字，"中牟县、北面之黄河铁桥"中的顿号改为"和"字，"之"字改为"的"字，"将迅速被歼"改为"很快就会被歼灭"，"交点"改为"交叉点"，"驻郑"改为"驻在郑州"，"东调"改为"向东调动"等，这样意思表达就明确多了。此外，电讯稿中的括号及括号里的内容，尤其是括号内的头一个"按"字，在广播中都不好表达，电台将其删掉，经过这种修改，就使得整篇文章"读来顺口"、"听来顺耳"了。

十二、用语力求口语化

"读来顺口"、"听来顺耳"，既是广播文稿写作的最基本的原则要求，也是广播文稿用语区别于报刊文稿用语的一个最明显的标志。

把广播文稿写得"读来顺口"、"听来顺耳"，目的就是为了使广播宣传能"让人一听就明白"而不至于把精力浪费到琢磨句子中的个别字词、分辨有关词义上去，从而使听众在收听时领会新闻的速度能够跟得上播音员的播出速度，达到播出一句就能听懂一句，播完一篇就能消化一篇。而要使广播文稿能够符合这一要求，文稿的语言运用就应力求口语化。

把文章写得合乎口语表达习惯，让文章尽可能通俗易懂，这是广播新闻记者应当具备的最起码的一项专业业务基本功。

(一) 广播新闻文稿用语口语化的一般要求

要使广播文稿中的语言运用符合口语化的要求，在写作上，大致应遵从如下一些基本要求：

1. 用日常生活用语来取代书面语言用语

书面语言中的词，在日常生活中一般都有能与之相对应的口头语，在写广播稿的时候，凡有与书面语言相对应的口头语时，都应当用口头语去取代书面语言。如可用"过去"代替"昔日"，用"很快"代替"迅速"，用"马上"代替"立即"，用"看不起"代替"鄙视"，用"交代"代替"嘱咐"，用"小心"代替"谨慎"，用"吃饭"代替"用餐"，用"上厕所"代替"如厕"，用"比不上"代替"不如"，用"九月一号"代替"九月一日"，用"星期天"代替"星期日"，用"三块钱"代替"三元钱"，用"买东西"代替"购物"等，这样不但容易听得懂，而且听起来也较亲切自然。

2. 用复音词取代单音词

许多关联词在古代汉语中是单音节的，到了现代已经演变为双音节词，但在书面语言上还常有沿用单音节的写法。这种写法由于千百年来的约定俗成，人们早就习以为常，但用在广播稿中，某些单音节的关联词却不便让人理解或不便使人听得清，因此应当改用双音节来表达为好。如用"已经"代替"已"，用"曾经"代替"曾"，用"因为"代替"因"，用"应该"代替"应"，用"虽然"代替"虽"，用"但是"代替"但"……这样不但使播音员在播讲时更为顺口，听众听起来也更觉顺耳一些。

3. 用白话文词语取代文言文词语

有些文言文词语，在现代白话文中也还常有用到，由于经常见到，读者并不感到费解，但如在广播稿中使用，听众理解起来就较困难，因此就得换用通俗易懂的白话文词语来表达。如用"也"来代替"亦"，用"如果"来代替"若"，用"不是"来代替"否"，用"歇一会儿"来代替"小憩"，用"马上"来代替"立即"，用"就算是"来代替"即便"，用"和"来代替"与"，这样既能让人容易听得懂，而且也比文言文词语显得生动活泼。

4. 用通俗用语来取代专业术语

新闻报道常要涉及各行各业，写广播稿也常遇到各种各样的专业术语，各种专业术语的含义尽管在行业内是尽人皆知，但对于外行的听众来说却很难理解，因此凡对听众来说不好理解的专业术语，都应设法把它换成通俗的说法。如可把"拷贝"换为"复制"或"翻录"，可把"短路"解释为"两根导线相碰"，可把"注射"说成"打针"，可把"磨合"讲解为"先让空机（空车或空载）使用一段时间"，等等。但在换用通俗的语言来解释专业术语时，务必注意尽量把它解释准确，不得因为追求通俗而使原意走样。

5. 用相应的词语来表达无法播讲得了的标点符号

书面语言中的许多标点符号都无法用口头语言播讲，例如"3～5月份"和"北仑河——中越两国之间的界河"中的连字符和破折号，"小麦、棉花、大豆……"中的省略号，"三级（县、乡、村）干部"中的括号，"《明朝那些事儿》很值得看"中的书名号等，播音员都无法通过语音的高低变化和语气的抑扬顿挫来表达。对于这种在句子中存在的无法播讲的标点符号的问题，可以考虑采用添加相应词语的办法来解决，如"3～5月份"中的连字符可写为"到"字，"北仑河——中越两国之间的界河"中的破折号可写为"就是"，"小麦、棉花、大豆……"中的省略号可写为"等等"，"三级（县、乡、村）干部"可写为"县、乡、村三级干部"，"《明朝那些事儿》很值得看"可写为"《明朝那些事儿》这部小说很值得看"，这样通过用相应的字词来替换或通过添加某些字词的办法，就可以将各种无法用口头语言播讲的标点符号所代表的意思表达出来了。

6. 用形象的说明来表达没有读音的符号或图形

在书面语言中，有时会用上一些没有读音的符号或图形来表示某种意思，由于这些符号或图形没有读音，若是出现在广播稿中，播音员就无法将其念出。因而在写广播稿时，凡是各种符号或图形，都不应写上而应改用形象的说明来进行表达，如">"可写成"大于"，"→"可写成"从……到（至、向）……"，"△"可写成"三角形"等，而对于某些复杂的图形，则可根据其形状特征来进行形容，如可按其形状来写成"米"字形、"葫芦"状、"品"字形、"螺旋式"或"半月形"等，这样播音员才能播讲得了，听众也才能听得懂。

7. 用约数来替代过于精确的数字

在广播中，播音员说到一些较大数额的阿拉伯数字时，若是把数字说得很具体，往往就会由于数字过于具体，反而让听众难以听得清和更难记得住，因此在写广播稿时，对于那些数额较大的数字，通常都不必写得过于精确而应将其约化。例如"这一工程总共耗资八千三百二十五万七千六百三十八元"，这样的数字就太长了，如果不是很有必要说清确切数额的话，一般来说只要把它写成"八千三百多万元"就行了。因为把它写成"八千三百多万元"比较简明扼要，听众不但更容易听得明白，而且听了也更容易记得住。

（二）广播新闻文稿在用语口语化中应注意的几个问题

写作广播新闻文稿，在语言运用上既要尽可能做到口语化，同时也要注意如下几个问题：

1. 口语化并不等于方言化

需要明确的是，口语化并不等于方言化。广播稿用语的口语化，指的是在写作广播稿时，要摒弃那种文绉绉的书面语言而使用人们在日常生活和交往中最常用的通俗用语；而方言化，指的是流行于某一地域或某一群体中的某种特有的语言种类。

口语语言虽然通俗，但由于其语法构成是合乎语法规范的，话语中所用到的字词，绝大多数都是该字词的本义，因而无论是对什么地方和说什么方言的人来说都不难懂。而各地或各种群体所用的方言，其语法构成则多有与语法规范不一致的情形存在，并且许多词语也并非所用字词的本义。例如有的地方把太阳叫做"老爷儿"或"阳婆"，把妻子叫做"婆娘"，把"不知道"叫做"晓不得"或"知不道"，把"我先吃饭了再说"叫做"等我吃饭先"，把浪费叫做"瞎了"，把"敢做敢说"叫做"冲道"，把"赶快"叫做"连连儿"，把"可怜"叫做"造孽"，把"嚣张"叫做"咋呼"，把"你吓唬我"叫做"你黑我"，把"开玩笑"叫做"逗闷子"等，这样一些方言词句，虽然对于使用该种方言的人来说很通俗且属于口语，但外人听起来就觉得莫其名妙了。

因而，写作广播新闻文稿，要区分好口语化与方言化的界限，谨防陷入方言化的误区。

2. 口语化也不等于庸俗化

还需要明确的是，口语化也不等于庸俗化。前面说过，口语化指的是使用人们在日常生活和交往中所最常用的通俗用语，它通俗而不庸俗，是在任何场合和任何人的面前都可使用、能让所有的人都能接受、不失文明的正常用语。而庸俗化虽然也很通俗，但却多有出格而让部分听者或某些听者难以接受的低俗话语，例如把"值得做"或"很赚钱"叫做"有搞"，把"被批评"叫做"挨抹油"，把"泄露秘密"叫做"透风"，把"通风报信"叫做"点水"，把"丈夫"叫做"老公"，把"父亲"叫做"老杆子"或"老豆"，甚至把"不够精明的人"叫做"傻×"等，这些上不了大雅之堂，甚至不宜当着自己的父母或兄弟姐妹等亲人的面使用的粗俗语言，与我们所说的口语化是有着本质上的区别的。

另外，近一二十年来由于网络的普及，也催生了许多网络词语，如"斑竹"、"大虾"、"美眉"、"粉丝"、"菜鸟"、"东东"、"拍砖"、"弓虽"、"酱紫"、"酿紫"、"神马"、"肿么"、"鸭梨"、"查水表"、"给力"、"有木有"、"吐槽"、"屌丝"、"猪你快乐"等，这些出现于网络的新词，有的显得很不严肃，显然是不应当使用到新闻报道文稿中去的。而有的尽管不存在"恶搞"问题并且在表意上也很贴切，或许以后还有可能"转正"成为现代汉语的正式词汇，但由于其出现的时间尚短，生命力到底有多强还有待于历史来认定，即其是否能长久地流传得下去尚难意料，并且这些新词也还没有被权威的辞书所收录，因而从规范和纯洁国语的角度而言，是不得把它们运用到包括广播文稿在内的各种新闻媒介的报道文稿上去的。作为广播电台的记者、编辑或给广播电台写稿的通讯员，都有规范和纯洁国语、倡导文明用语的责任与义务，在广播文稿的语言运用中，要正确区分好口语化与庸俗化的界限，在文明用语上给社会公众当好表率。

3. 口语化不得有违规范化

由于人们在日常生活和交往中所用的口语中也有一些词语和语句不完全符合国语的语法规范，而广播电台作为国家的喉舌，所播出的节目，在语言的应用上除了不能方言化和庸俗化外，在文章内容的遣词造句和对某些事物的称谓方面，也必须合乎国家的语言应用规范和有关方面所规定的规范。例如"满清"应改称为"前清"或"清朝"，"蒙族"应改称为"蒙古族"，"汉城"应改称为"首尔"，"司母戊鼎"、"司母戊大方鼎"应改称为"后母戊鼎"、"后母大方戊鼎"等。

第三节　广播新闻文稿写作的主题定位

许多家庭，在每天吃晚饭的时候，父母总是喜欢把谁家小孩骑自行车不小心摔伤了、谁上街不小心被人扒了钱、谁在街上因轻信陌生人的话而上当受骗之类的消息当做餐桌上的"热门话题"。父母之所以热衷于谈论这一类事，并非因为闲得无聊而是带有目的性。即把别人家的小孩骑车不小心摔伤了的消息告诉自己的小孩，目的就是希望他骑车出门时要多加小心；把别人上街不小心被人扒了钱的消息告诉小孩，目的就是提醒小孩在人多的场合要有所警惕；把别人在街上因轻信陌生人的话而上当受骗的消息告诉小孩，目的就是告诫小孩出门在外不要轻信陌生人的花言巧语。

同样，尽管每篇新闻稿都是在向人"报告一件事"，但"报告中"的目的却并不在于使人知道有这么一件事而是想通过这一件事来让人接受某一种思想或某一个道理。也就是说，广播新闻的写作，就是借对某一事实的传播来向受众传播作者自己的某一种观点。

一篇新闻报道文章里所报告的那一件事，就是该篇新闻报道文章的内容。而文章暗中向受众所灌输的那一个思想观点，就是该篇报道文章的中心思想（即主题）。

同样一件事，在对其进行传播时，传播的主题思想，往往都是有许多选择的。例如谁家的小孩骑自行车摔伤了这么一件事，除了可以用来说明骑车不小心就有危险的道理外，或许还可用来说明交通过于拥挤，有关部门应把道路拓宽；交通秩序过于混乱，有关部门应当加强管理；公路路况太差，有关部门应当及时修好等问题。

也就是说：同样一件事，可用它来说明的道理（即用来体现的主题）往往不止一个。同是报告一件事情的消息文章，不同的作者借对该事实的传播来向听众所传播的观点也可各不相同甚至截然相反。如我国媒体过去报道原美国总统克林顿因桃色事件而被法庭传讯，是用于说明克林顿行为不端、道德方面有问题，但美国媒介报道该事，却是用于标榜他们国家的"法律面前，人人平等"。

由于同是一件事儿，可用它来体现的主题思想往往不止一个，因而，广播新闻的写作，在了解到有某一件新鲜事儿发生了及摸清了其发生的详细经过之后，首先需要考虑的就是分析该事情分别可以说明什么问题，然后再进一步比较分析，看在可以用它来说明的多个问题中，把它用于说明哪一个问题更有利于当前形势和宣传工作的需要。

在确定将一件事用于说明什么问题时，既要从它所说明的多个问题中，找出它最能说明的是什么问题，又要结合当前我们的宣传需要来看应把它用于说明哪一个问题。这个过程，就叫做文章主题的定位。

需要特别强调的是，在对文章的主题进行定位时必须实事求是，即用该事来反映的主题思想，必须符合事实本身的实际，切不可为宣传的需要而随意曲解客观事实。

思考与练习

1. 广播新闻文稿的篇幅，为什么宜短不宜长？
2. 在广播新闻文稿中，为什么对关键内容要多加重复？
3. 广播新闻文稿中的数字，为什么不宜用阿拉伯数字来书写？
4. 从近期的报纸上找出一篇两三百字的消息，按口语化的要求把它改写成一篇广播新闻文稿。
5. 写作广播新闻稿时，应怎样进行文章的主题定位？

第七章　广播新闻的采访

第一节　广播新闻采访的准备工作

采访的准备工作有出行前的准备和平时的准备两种。

一、出行前的准备

一条线索一经确定值得采写之后，如果时间允许，接下来就应着手进行采访的准备工作。采访的准备工作主要有：

（一）学习相关的专业知识和行业常识

记者的采访工作需要接触社会各阶层和各行业，虽然平时的学习积累早就使他们具备了较广博的知识面，但记者毕竟不可能在所有领域都是行家，当要对某一特定的题材、对象进行采访时，若时间上来得及，应尽快对该题材所涉及的有关专业知识进行钻研。虽然不能指望靠这临时的"恶补"就能成为该领域的行家，但通过学习，至少也能对即将要开展的采访中有可能会遇到的一些常用的术语及行业的基本常识有基本的了解，这样既有利于避免在采访中闹出笑话，同时也有利于节省采访时间和有利于使采访工作开展得更为顺利。

（二）学习有关文件和法律法规

广播宣传是为政治服务的，因而在开展每一个题材的采访之前，都应先熟悉党和国家在该方面的有关方针政策和法令法规并吃透其精神实质，这样才能确保对该题材的宣传能在政治上和中央的精神保持一致。

（三）摸清事件或事实的外围情况

当获悉一个事件或事实发生或即将发生的消息后，尽管记者在开展采访之前尚不可能知其详情，但对于与该事件或事实相关的一些外围情况，一般还是可以提前了解得到的。如事发地的地理位置、建置沿革、气候环境、人口、民族、物产、风俗，以及这些情况对该事件或事实的发生及发展所起到的影响；事件当事人的身份、经历、性格特点及爱好、家庭状况、社会交往及其与其他当事人或有关人员的关系；当事单位的性质、规模、职能、隶属关系、历史及现状等方面的外围情况，一般都是有条件在前往采访之前就先通过各种渠道来把它提前摸清的，因而对于这些情况，就应当提前把它摸清，这样才好考虑在采访时需要向被访人问点什么和怎样来问。

（四）制定好采访行动方案

兵家向来忌打无准备之仗，新闻采访也是如此。在对某一题材进行采访之前，最好能将整个采访活动中的行动方案尽可能周密地制订好。

采访方案的制订，大致包括以下几个方面：

1. 设计好最佳的出行方案

确定好最佳的行动路线，从电台到事发地的道路往往不止一条，交通工具往往也不止一种，车船或航班班次往往也有多趟，若能对照地图及车站、码头或机场的车船或航班时刻表来对所走的路线、所乘坐的车船或航班班次进行科学的选择，这样既可节省路途往返的时间，又可以为电台节省些旅差费用。

2. 确定好工作开展的具体步骤

采访活动的步骤顺序要是能够安排得科学合理，就可提高采访的工作效率，反之则要浪费掉许多宝贵时间。因而，在设计好出行方案之后，还应按照省时、便利、易于弄清情况、不影响对关键情节的捕捉等原则来科学地制定出整个采访活动的具体日程安排，排好对各个采访对象的采访次序及因人制宜地制定出对各个采访对象的采访方法、谈话内容及提问的顺序等，这样才有可能使采访工作有条不紊地开展，顺利地完成好所要完成的采访任务。

3. 落实好出现各种意外时的相应对策

在开展采访之前，还要充分估量采访对象的合作程度和在采访过程中有可能遇到的各种困难，并周密地考虑好相应的对策，只有这样，在采访中万一遇到什么意外情况出现时，才有可能临阵不惊，从容应对。

（五）排除影响采访行动的各种有关因素

记者也是凡人，也和每一个普通人一样既要吃人间烟火，也有自己的喜怒哀乐。记者时常在外奔波，个人家庭生活中的许多琐事也会让人分心和牵肠挂肚。为保证在外出期间能够安心开展好采访工作，在外出之前，如果时间允许的话，就应尽量抽点时间来先把个人急办的事情办好，把家庭的柴米油盐等琐事安排妥当，先把家庭生活上有可能会出现的各种后顾之忧解决好，这样到了外地，才有可能把全部精力集中到采访工作上。

（六）备好相关器材和生活用品

除了事先已被确定为采取清播方式来报道的采访题材以外，广播记者外出采访，一般都应把采访机带上，有时甚至还要把便携录音机也带上。为确保所带的设备到时候能用得上，在出行前，还应对所带的机子及话筒、电源变换器、缆线等进行全面检查以确认其性能是否都处于良好状态，同时，对于采访中所要用到的录音带、磁头清洗剂、棉签（或内存卡和读卡器、导出线）、电池、采访本、钢笔等物品及换洗衣物、毛巾、牙具等生活必需品和生活费用等，也应备齐备足。

（七）养好精神为连续作战做好准备

外出采访往往需要连续工作，对体力和精力的消耗都比较大，并且在外出采访期间，由于工作紧张和受条件的限制，一般人很难有足够的时间和舒适的环境来休息好。因此在外出采访之前，在各项准备工作完毕之后，若还有时间，那就应当赶紧休息，养好精神，这样在到达目的地后，即使需要连续工作较长时间，也不至于因疲劳过度而无法支撑了。

二、平时的准备

平时应做的准备工作主要有：

（一）做好知识的储备

由于记者很难预料自己明天、今后将要报道什么题材和要采访什么人，很难预料到自己明天、今后在采访和报道文章的写作中将要用到什么方面的知识，因而平时若有空闲，应当多学习、研究党的路线、方针、政策和国家的各种法令法规，多学习些方方面面的专业知识，了解各个行业的职能、职责及行业特点，熟悉本台节目覆盖区内各地的地理位置、建置沿革、环境气候、交通状况和当地的民俗、物产及历史和现状等情况，这样一旦在工作上需要用到这些方面的知识时，就不至于什么都得临时进行"恶补"了。

（二）做好所用设备的维护保养

对于采访所要用到的采访机和便携式录音机等各种设备，要经常性地做好维护保养，如有故障应及时排除；需充电的电池，每次用完之后就要及时把电充好，如果闲置时间较长，每隔一定的时间，就要重新再充，以确保在任何时候出动都能用得上。

（三）做好随时都能紧急出动的准备

事实上，从事记者工作，能够从容做好各种准备工作之后再外出采访的情况并不是很多，许多采访活动，往往都是因突然需要而临时出动的。因此，采访的准备工作需从平时坚持做起，例如可将外出采访所要用到的采访用具、相关证件、换洗衣物和各种日常生活必需品等，集中装在一个专门的旅行箱或专用提包中，这样哪怕是在半夜三更供电中断的情况下，一旦有事，只要摸黑提起该旅行箱或拎起该专用提包就可出门，只有这样让准备工作时时都处于"临战状态"，才能有备无患。

（四）养好精神，以逸待劳

由于记者的工作也和消防队、公安部门的刑侦队的工作一样随时都有可能要紧急出动，因而作为记者，切忌熬夜和到了开饭时间不吃饭，应养成按时就餐和按时休息的良好习惯，即使是有急稿要赶，也尽量不要熬夜而宁可第二天早点起来才好。吃饱睡足，时刻保持旺盛的精力，这样无论什么时候忽然有突发事件发生，要立即赶去采访，也能做到

"招之即来，来之能战"了。

第二节　广播新闻的采访方法

广播新闻的采访方法与报刊新闻的采访在方式和方法上基本是一样的，所不同的仅仅只是，报社记者的采访除了提问和记录之外，有时还要拍摄一些照片，而电台记者的采访除了提问和记录之外，有时还要进行录音。

采访的方式，大体可以分为公开采访和秘密采访两种。

一、公开采访的开展

公开采访指的是记者亮明身份来开展采访活动，也是记者用得较多的采访方式。这种方式的采访，由于记者亮明了自己的身份，一般较易得到有关部门及各方人士的支持与配合，同时较易赢得被访对象的合作，从而也有利于采访活动的顺利开展。

进行公开采访的方法大致是：

（一）良好采访氛围的营造

由于记者与受访人的社会地位的差异，在采访中，若受访人的地位高或名气大，其就有可能会以居高临下的口气来与记者说话；而生活在社会底层的平民百姓，也有可能会害怕记者而不敢在记者面前说话或不敢对记者说真心话。因而，要想在采访中双方能够合作得好，首先要营造一个人格平等的氛围来，这样采访工作才有可能顺利开展。

营造人格平等的氛围，对于不同的采访对象，可用的办法也不一样。

1. 对身处社会底层的受访者而言

尽管记者也是老百姓，但在身处社会底层的"草根"平民看来，记者有可能就是高不可攀的"人上人"了，即使不认为记者高不可攀，至少他们也能知道记者并不是与自己同属一个档次的人，从而认定彼此之间不可能有什么共同语言。另一方面，由于他们对新闻单位和对记者的职业工作不了解，不清楚记者与政府之间的关系，因而对记者总有一些神秘感，担心在记者面前说错了话而给自己带来麻烦。因而，若被访者是工人、农民、打工族之类的社会底层的平民百姓，他们在记者面前或许就会显得很拘束；若被访者是正在服刑的刑事犯人，则他们很可能会因对记者有戒心而显得疑虑重重、欲言又止或语无伦次；即使被访者是稍见过些世面的人，一想到自己所说的话有可能会被登在报纸上或要上广播，也有可能会因怕说错话而显得紧张……在这种情况下，想要营造好人格平等的氛围来让被访者心甘情愿地向记者敞开心扉、畅所欲言地掏出心里话来，记者首先就得以诚待人，先说些让对方感到温暖的话，让被访者感受到记者对自己的尊重和可亲可近，感受到自己与记者的关系在人格上是平等的而不是彼此间横着一道不可逾越的鸿沟，只有这样，才有可能使采访顺利开展。

2. 对属于名人或要员的受访者而言

若被访者是什么名人或要员，如果记者因慑于被访者的名望或地位而忐忑不安或自惭形秽，交谈起来结结巴巴乃至唯唯诺诺，这样的采访就很难进行，即使勉强进行下去，也很难获得预期的效果。

因此，既然要开展采访，就得要有应有的勇气，无论面对着的是世界名人或国家元首，都应将其视为常人，就像医院的护士无论给什么身份的人打针都一律把他们当做病人来看待一样，要把自己对受访者所进行的采访活动视为自己执行新闻工作的"公务"，不卑不亢地坦然进行。因为，无论被采访者在社会上是个什么样的角色，在接受记者的采访时，其特定身份仅仅是被采访的对象而已，记者与被采访者之间的关系，在人格上天经地义地是平等的，没有任何理由比被采访者矮一分。如果要说谁比谁高的话，那么，记者是采访者，在记者执行自己的新闻"公务"时，任何被采访者此时的特定身份都仅仅是记者的采访对象，不论他是谁，此时都有义务与记者进行人格平等的交谈。记者在采访名人或高官时只要能够这样来想，先给自己充足的底气，让自己从内心深处意识到彼此之间的人格是平等的，落落大方地与对方交谈，这样才有可能使采访工作顺利地开展。

记者在对某些要员或名人进行采访时，若遇上对方态度傲慢、盛气凌人，甚至对记者的采访不屑一顾时，记者应设法找出一些令其不答则有失身份、欲答又难圆满回答的问题来先把其镇住以长自己的志气，然后再用请教的口吻来提出一些其容易回答的问题。如此"软硬兼施"，人格平等的氛围就容易营造起来，采访也就有望进行下去了。

在营造彼此间的平等氛围中，记者当然应该首先尊重采访对象，如初见面时应先做自我介绍及出示证件，说明来意并请求对方的支持，然后才开始采访，这样一般来说就较易于得到采访对象的配合。

（二）提问的方式方法

除了要营造良好的氛围之外，在采访的提问中，还得讲究提问的方式方法，先问什么、然后问什么和怎么样问，都得结合见面后对方的表现来考虑，若对采访对象见面后的表现和记者向其打招呼时的情绪反应视而不见，不能因人而异、因"情"制宜地选准交谈的切入点，就极易因话不投机而导致采访活动"砸锅"。

对被采访者的提问，尽管在制订采访计划的时候就已经做好了设计，但在见了面后，还得要在内心重新审视看原来所列的方案是否恰当，看针对这样的受访人应当怎样来提问才更科学，怎样才可以在尽可能少的时间里从其嘴里问到更多的所需情况，把思路厘清，根据已知情况来对原先所拟定的问题和提问顺序进行必要的调整，这样所作的提问才有可能更切合是时是境的实际。

采访中的提问，所问的问题应结合被采访者的性别、年龄、出身、职业、文化、经历、性格、爱好及其是时的心境等多方面情况进行综合分析，根据被访者的具体情况来定准采访提问的基调，这样才能缩短彼此间的感情距离，找到共同的语言，便于情感上的沟通。而提问的顺序，则应是由近及远、由易到难、由浅入深。所提问题，应能体现出记者思维的逻辑性。

提问的方式，应以商量、请教或聊天的口吻进行，提问的措词应诚恳、准确、贴切、具体，能把意思正确地表达出来，以免因问题提得笼统、模糊或带有歧义而导致被访者无从回答或答非所问。

采访中的问与答，应尽量像与朋友的聊天那样以彼此之间心情都很放松的方式来进行，切不可把采访弄成像公安人员讯问犯罪嫌疑人那样机械地一问一答。

在采访中，若有的问题不便要被访者回答或被访者不大乐意回答时，可考虑通过诱导、激将、迂回等方式来解决，但如属被访者的隐私问题或其实在不情愿谈及的问题，则应充分尊重被采访者的意愿而切不可强人所难。

（三）倾听、记录、观察、思考与调整思路

在采访中，记者除了要恰当地向受访人提出各种问题外，还应认真倾听受访人的回答，即使对方对问题的回答有时会偏离话题，或是节外生枝地说出一些不大相关的事，记者同样也应当耐心倾听，认真进行记录或照样开机把其所叙内容录下来，以免伤害被访者的自尊心而影响到他的谈话兴趣。当然，若其所述离题太远，内容又没有价值或价值不大，也可在适当的时候以恰当的方式将话题扭转回来。

除了应认真倾听被访者的回答外，在采访中，记者还应边听边进行观察。如果所开展的采访是在对方的家里进行的话，一般来说，从对对方的居室布设、家具式样、衣着服饰的观察和对其谈话时的情绪、神态、动作、对问题的表达能力等方面的观察中，往往也可在一定程度上估计出其家庭经济状况、生活习惯、兴趣爱好、性格特点、思想倾向、文化素养等情况。而对这些情况的分析，既有利于在采访中随机调整采访计划，也有利于事后把报道文稿写得更为形象生动一些。

在采访中，由于被访者对问题的回答常会出乎记者所料，因而采访的过程随机性很大。在交谈中，有时会遇到某些问题已无提问的必要的情况，而有时从谈话中却另外发现某些问题应当探究清楚，这就得不断对原定方案相应地进行随机调整，使采访中的交谈内容尽可能地紧紧围绕着采访目的来进行。

此外，在采访中，记者在边听边看的同时，还得不停地围绕采访目的来对所见所闻进行分析思考，分析对方所提供的情况是否真实、情节是否完整、细节是否详尽、数字是否可靠、逻辑是否合理，如有疑点、漏洞或脱节之处，应及时提问把情况弄清。同时，还要围绕被访者所提供的情况，分析思考其新闻价值，结合新闻写作的文稿主题及文稿内容的需要，发掘出有用、鲜活、能深化主题的东西来。

（四）事实的比照与印证

由于有的被访者对记者所要了解的情况并不一定很清楚，也有的被访者说话并不一定都很实事求是，也有的被访者出于某种需要或某方面的考虑或受到某种压力的影响，因而他们在接受采访的时候对记者说的话并不一定是真实的或并不一定是完全真实的，如果只按照某个被访者所说的情况来进行报道，就有可能会造成报道的失实，因而在采访中，对于同样一个问题，最好是能分别向不同的人进行采访，然后将各人所说的情况相比较。如有条件，甚至还应将采访中所了解到的情况与其他所能获取得到的相关信息进行比对和印证，这样才有可能保证所做的报道能够合乎客观事实。

二、秘密采访的开展

对有些题材的报道，以公开采访的方式很难取得好的效果时，就得改用秘密采访的方式来进行。

（一）需要以秘密方式来进行的采访

有的时候，记者的采访不易获得被访者的配合，甚至被访者根本就不愿让记者进行采访，如有的被访者对记者怀有敌意，有的被访者对记者所在的传媒单位向无好感，有的被

访者对记者的业务能力持怀疑态度，有的被访者不愿将事件或事实公开，有的被访者在事件中充当了不光彩的角色而不愿给人报道，有的被访者对问题并不十分清楚，担心难负得起责任，有的被访者因工作太忙经不起打扰，有的被访者怕接受采访会引来各种麻烦，有的被访者出于谦虚而不愿扬名等，这样的被访者，往往都要拒绝或逃避记者的采访。

遇此情况，有时虽可通过恰当的方式来诱导，争取得到被访者的配合，或可通过另辟蹊径来将被访者的心理防线突破，但也常有不便争取或来不及耐心争取其合作的时候，遇此情况，就得要采取秘密采访的方式来开展采访。

此外，如果记者是出于揭露问题的目的来开展采访，要进行公开采访就很难得到当事方的支持与配合，在这种情况下，往往也得采用秘密采访的方式来对情况进行了解。

（二）秘密采访的方法

秘密采访也叫隐形采访，这种采访，是在不暴露记者身份和意图的情况下，通过观察其言行举止或跟踪倾听，或以漫不经心地与其聊天等方式来了解所需要了解的各种情况。

1. 观察、倾听、询问与记录

在秘密采访中，为了不致暴露身份和意图，记者不便向被访者提问，所需情况多以观察方式来获取。这就得以漫不经心的神态来眼观六路、耳听八方，即使能有机会与被访者做某些交谈，也只能是以出于好奇而随意打听的方式来将问题提出，并且无论对方回答与否或回答的问题是否如意，均不得穷追不舍、打听过深，若想把问题弄清，只能通过旁敲侧击地迂回进行。在采访中，因不便当场做笔记，所摸到的各种情况，都得通过脑子强记，如确有必要做些笔录（如人名、地名、单位名称、各种相关数据等关键情况），也只能是避开被访者进行或装作记录别的东西来悄悄进行。如恰好附近贴有什么通告或广告之类的东西，记者可装作记录通告或广告上的内容而把真正所要记录的情况悄悄地记上。

2. 录音

秘密采访，虽然一般情况下不便进行录音，但有时如条件允许，也可以酌情悄悄偷录。如在采访场合相对固定的情况下，可将录音机设置于某一隐蔽处，由记者将微型无线话筒藏在身上；若采访的场合不能固定，也可带上一名助手，将录音机藏于挎包内让助手背着，助手始终保持一定距离跟随记者，这样一来，身藏微型无线话筒的记者不论走到哪里，都能把他所听到的声响信号录下。而记者因没有随身携带录音机，全部采访活动均在"不经意"间悄悄进行，即使其接近被访者也不会引起被访者的戒备。

在秘密采访中，记者如果没有助手或不便带上助手，则只好使用微型录音机，将机子揣在怀中或藏在随身携带的挎包中悄悄进行。

3. 开展秘密采访所需要注意的有关问题

秘密采访，须得遵守国家法律和不得侵犯其他公民的合法权利，凡属国家机密、个人隐私等受法律保护的东西，未经有关方面允许，均不得随意触及。

此外，因我国尚未颁布《新闻法》，秘密采录允许涉及多大范围，目前法律尚无界定，因此这种办法应尽量少用或不用。依笔者之见，只有当要采访的事件或事实所涉及的人名、地名、物名、数据等内容较多或有关情节较为繁杂、光靠脑记难以记清记全时才可考虑酌情采录。在写作中，对秘密采录到的素材的使用也要把握好分寸，并且在记录所要使用的内容之后，及时将带子销毁（若属数字录音则应及时将该音频文件彻底删除），而不得随意向他人播放，更不得把它当做其他方面的证据来使用，以免涉嫌盗窃机密和侵犯人权。

思考与练习

1. 利用课余时间找出学校附近近期发生的一件事来，分析其有无在电台进行报道的价值。

2. 假定本省（市、区）内离自己现住地最远的某个地方刚刚发生了一起突发性事件而需立即前往采访，但又错过了直达车船的开出时间，对照地图及车站、码头的车船时刻表，比较看看怎样走才能既省钱又较快地赶到该地。

3. 假设下一届的"全运会"将于近期在离自己现住地最远的某省省会城市举行，你作为本省（市、区）广播电台的记者届时将要前往采访，有哪些外围情况需事先摸清？

4. 在秘密采访中，有些什么问题需要注意？

第八章　广播新闻题材的取舍
与新闻价值的发掘

第一节　广播新闻题材的取舍考量

当获悉哪里发生了一件什么事或什么地方存在着一种什么样的事实时，记者尽管尚不清楚该事件或事实的具体详情，也还不一定就能判断出该事到底是好事还是坏事及是否值得对其进行报道，但该事件的发生或该事实的存在，对于记者来说就是一条新闻线索。

当有新闻线索出现的时候，记者就应及时将它抓住，迅速进行思考分析，判断其有无报道之必要。

养成对任何事情都从新闻的角度来考虑其有无价值的良好习惯，是新闻记者职业工作的需要和培养自己对新闻的敏感性的需要。因而，作为记者或业余从事新闻报道工作的通讯员，只有养成勤于对所获得的各种信息进行思考分析的良好习惯，才有可能有采写不完的题材，进而也才有可能把新闻工作干好。

当获得一条线索即获悉哪里发生了一件什么事或有着一种什么样的事实存在时，要不要对其进行报道？这是一个需要从多方面来对其进行取舍考量才好做出决定的问题。

一、"硬新闻"题材线索的取舍考量

当获得一条属于"硬新闻"的线索后，到底要不要对其进行

进一步的发掘，从而确定要不要进行报道的考量办法大致是：

第一，估测本台受众对该事的关注程度，若认为受众普遍会关注该事的话，则可初步认定有对该线索进行深入发掘的必要。

第二，分析报道该事将有可能给社会带来什么样的影响，若认为对该事进行报道能对社会起到积极的引导作用的话，则可进一步认定有对该线索进行深入发掘的必要。

第三，结合广播传媒的特点来考虑该事是否适合通过广播媒介来进行报道，若认为该事也适合于通过广播媒介来进行报道的话，就可将该线索列入自己的选题计划来安排进行深入发掘了。

第四，分析在该事件的背后，是否还可能蕴含更有价值的新闻，若认为在其背后还可能有更有价值的新闻的话，则应再进一步考虑该怎样去把其发掘出来。

第五，若通过深入的采访发掘后发现该事确如所传且很值得向受众报道，则可再进一步考虑该用什么文体、从什么角度及以多大的篇幅来对其进行报道了。

二、"软新闻"题材线索的取舍考量

在获得一条"软新闻"的线索后，到底要不要对其进行进一步的发掘，从而确定要不要进行报道的考量办法大致是：

第一，分析该事在当前形势下对社会有无积极意义，若认为这样的事所代表的是一种值得宣传与弘扬的美好倾向，报道出去能对社会起到积极的引导作用，则可初步认定有对该线索进行深入发掘的必要。

第二，分析在该事中有无可能存在较为精彩或较为感人的材料，若认为有可能存在较为精彩或较为感人的材料的话，则可进一步认定有对该线索进行深入发掘的必要。

第三，结合广播传媒的特点来考虑该事是否适合通过广播媒介来进行报道，若认为该事也适合于通过广播媒介来进行报道的话，就可将该线索列入自己的选题计划来安排前往深入发掘了。

第四，分析在该事件的背后，是否还有可能蕴含更有价值的新闻，若认为在其背后还可能有更有价值的新闻的话，则应再进一步考虑该怎样去把其发掘出来。

第五，若通过深入的采访发掘后发现该事确如所传且很值得向受众报道，并且又能发掘出许多较为精彩或较为感人的材料，则可再进一步考虑该用什么文体、从什么角度及以多大的篇幅来对其进行报道了。

第二节　报道题材新闻价值的发掘

广播电台的新闻节目天天有，而在现实生活中，又并非每天都有事情发生，记者要想在没有什么事情发生的情况下也能有题材可写，那就得从各种静态的社会现象和久已有之的事实中去发掘。

新闻报道题材的发掘，大致可从以下几个方面来进行：

一、给静态的事实找报道的由头

有些静态的社会现象，由于其形成的确切时间是什么时候谁也说不清，遇上这种情形，若要把它作为"新闻"来报道，那就得想办法从中找出与"今天"或"最近"有关的"变动"来作为报道的由头。

要从什么事都没发生的正常情况中找出与"今天"或"最近"有关的事来，常用的办法是找出该正常情况在"今天"或"最近"有些什么"变动"，哪怕这种"变动"只是很小很小也行。例如，某司机长期以来开车都很小心，十几二十年来从未发生过任何事故，要把这样一个情况作为新闻报道的写作题材，那就得找出"今天"或"最近"有什么与这位司机相关的情况出现，当然，要是他因安全行驶而在今天受到表彰奖励或受到哪位高层领导的接见，这种表彰奖励或领导接见就是一种"变动"，把它当做由头是再好不过的了，但要是没有这样的"变动"发生，是不是就没有办法把它当做新闻来写了呢？其实，对于这种情形，也是可以找些更小的"变动"来做由头的，如"今天"或"最近"有谁要去哪里而特意要坐他的车；今天有谁在别人的面前夸他开车开得好；到今天为止他已经安全行驶了多少公里或接连安全行驶了多少年等，都是可以作为报道的由头的。例如：

> **本台消息** 今天下午六点多钟，一位家住郊县山区农村的急性肠胃炎患者经市人民医院急诊科医师处置病痛减轻后，病人亲属黄秀兰连连对医生和护士说，"幸好一路上车开得很平稳，不然那么差的山路，真不知他有多难受"。
>
> 市人民医院今天去接这位病人的救护车司机名叫刘华良，据医院领导说，刘华良在医院开救护车已经 30 多年了，从未出现过任何差错。

这篇新闻所报道的是"救护车司机刘华良开了 30 多年的救护车，从未出现过任何差错"这样一个悄无声息的情况，但由于有了"今天下午"一位病人亲属的评说来作为由头，"静态"也就变成了"动态"，这就不但可以作为消息文章的写作题材，而且还可成为快讯稿的写作题材了。

二、将过时的题材拿来"翻新"

新闻报道要求所报道的事必须是"今天"或"最近"发生的事，但许多事情在发生时，记者却并不一定能及时知道，甚至有的事情还有可能是过去了很久之后记者才知道。而等到记者知道时，该事早就失去新闻时效性了。

这样一种失去时效的题材，也并非就不能报道，只要将它进行"翻新"，也还是可以报道，甚至还可以以"快讯"的形式来报道。

对过时题材的"翻新"，一是可以像给静态题材找由头那样尽量从中找出与"今天"或"最近"有关的事来做由头；二是如果"今天"或"最近"没有发生任何哪怕十分细小的"变动"，那就干脆以记者是在"今天"才获悉该事的发生来作为由头。例如：

本台消息 记者今天下午从市经委了解到，我市西湾乡杨家村农民杨开平刻苦钻研竹编技艺，他用竹篾编织而成的牛、羊、鸡、鸭等竹艺品因栩栩如生而深受市场欢迎，不但早在三年以前就已有海外客商慕名而来向他所经营的竹编社订货，而且产品连年供不应求。

这条新闻所写的虽然是"三年以前"的事，但由于记者是"今天下午"才了解到的，这样它就因与"今天"搭上了边而能成为时效很"新"的"新闻"了。

三、从平凡的小事中发掘

我们在日常生活中所见到的许多小事，其中有的事虽然很小也很平常，但蕴含在其背后的意义却并不小，若是能够把那些蕴含在平凡事背后的意义发掘出来，那么即使是再平凡的事，也同样可以变得有价值甚至价值不菲了。例如2010年上海世博会期间，新华网记者季明、李云路就是在没发生什么事的情况下，通过观察发现许多前往参观世博会的观众在进场时尽管常常要排上好几个小时甚至十多个小时的队，但却能自觉遵守好纪律而使得队伍秩序井然，于是便从中发掘出了"来自全国各地的7 000多万的参观者'绝大多数都通过了这场文明大考'"，在这场"文明大考"中交出了"令人满意的答卷"这么一个大主题，因而以"耐心排队"之事"每天都在考验着世博园中数十万参观者的耐心和素养"为主题写出的《上海世博会排队小细节突显文明素质大主题》一文就很有价值了。又如下面这篇由江苏人民广播电台播出、曾获得全国优秀广播节目一等奖的《他们是工厂的主人》的广播快讯，就是从平凡生活事中发掘出其非凡的新闻价值：

今天下午一点多钟，南通市唐家闸突然下起倾盆大雨，行人纷纷到街道两旁躲避。然而，南通国棉一厂上中班的纺织女工们却冒雨向厂里奔去，浑身被雨淋得湿透，她们一进车间，上早班的工人便拿出自己的衣服给她们换。厂里的各级领导很快给她们送来了滚热的生姜茶和预防感冒的药物。厂党委的同志激动地告诉记者："全厂上中班的一千零七十六名工人，没有一个迟到。"

这条快讯写的虽然只是一件非常平常的小事，但由于作者发掘出了它所反映的南通国棉一厂的工人自觉遵守劳动纪律的新闻价值，平常事就变得不平常了。

思考与练习

1. 写作广播新闻稿，应如何进行题材取舍的考量？
2. 从学校周边单位中找出一件已经失去时效的事来，看看能怎样对其进行"翻新"。

第九章 广播清播新闻文稿的写作

广播清播新闻，指的是那种只有播音员播讲而不带有现场录音或后期配音的新闻。

第一节 广播快讯的写作

广播快讯这种广播文体诞生于 20 世纪 70 年代末 80 年代初，是广播新闻诸多文体中最简短、最精练的一种文体。

一、广播快讯的基本特点

(一) 对消息的发布要快

广播快讯的一个最显著的特点是对消息的发布要快，它必须是在事件发生的当天或事件发生后的数小时之内播出，甚至有时还是在事发数分钟后就播出了，因此记者、通讯员写作和编辑人员审处快讯稿件，都必须在极短的时间内完成。

(二) 文章写作要尽量简短

广播快讯的另一个特点是文章要短，因为广播快讯是将新发生的新闻事件以最快的速度发布的，记者、通讯员写的稿件除要求迅速完稿之外，还要以最快的速度将稿子发到编辑部。而过去在事发地又并不一定有传真机，因此将快讯稿发给编辑部一般都是通过电话来进行，编辑部在接收快讯稿时，就得用笔把文稿记录下来，如果稿件太长,记录起来既麻烦又要耗费较多时间,这就要求作者在写作快讯稿时要把稿子写得尽可能简短,一条快讯的篇幅,电台大多规定要尽量控制在 100 个字左右。

现在,随着网络的普及,尤其是用手机也能随时随地上网后,要把稿件传给编辑部已经不再困难,但快讯稿件也同样需要简短。因为只有写得简短,作者才能节省写稿时间,尽快把稿件发出去;编辑也能节省看稿改稿的时间,尽快把稿子交播;而对于听众而言,听众收听快讯节目,就是想要在尽可能短的时间内获得尽可能多的当天各地所发生的最新新闻。并且,广播电台每天的快讯节目的播出时长也很有限,许多电台一般每天只安排 5 分钟的快讯节目时段,因而尽管稿件的发送已经没有了障碍,但快讯稿的写作,依然应当坚持尽量简短。

(三)只包含有最主要的信息

广播快讯由于篇幅十分短小,因而所包含的信息量也就很有限,最多是能简单交代清楚"什么人(Who)"、"什么事(What)"、"什么时间(When)"、"什么地方(Where)"、"为什么(Why)"和"怎么样(How)"这六个新闻要素中所必须交代的某几个"必备要素"而已,甚至有的快讯就连所需要交代的某几个"必备要素"也不一定交代完,而仅仅是让听众知道"今天什么时候、在哪里发生了什么事,现在怎么样了"或只说了"今天什么时候、在哪里发生了什么事"就结束了。

二、广播快讯与报刊简讯的区别

由于广播快讯与报纸上的"简讯"都是用很短的文字来简要地报道一条新闻,因而粗略看来,广播快讯与报纸上的"简讯"好像都是一样,其实不然,例如:

简讯一:

"疆电外送"首破百亿千瓦时

据新华社乌鲁木齐 8 月 19 日电(记者 熊聪茹)截至 19 日,我国重要能源供应基地新疆外送电量首次突破 100 亿千瓦时,中国由西向东的"电力走廊"输送能力逐步增强,新疆煤炭、风能、太阳能等优势资源大规模转换成为可能。

国家电网新疆电力公司召开新闻发布会公布,截至 19 日,"疆电外送"电量达到 101.3 亿千瓦时,相当于外送标准煤 335.5 万吨,为当地带来 30 亿元的经济效益,实现了"煤从空中走"。

——刊发于 2013 年 8 月 20 日《人民日报海外版》

简讯二:

新疆青少年羽毛球赛举行

本报电(记者 徐蕾)由新疆维吾尔自治区体育局主办,克拉玛依市体育局、克拉玛依区人民政府、新疆油田公司行政事务中心联合承办的"传承杯"2013 年新疆维吾尔自治区首届青少年羽毛球公开赛，近日在克拉玛依市体育馆举行。奥运冠军、羽毛球世界男单第一高手林丹现身公开赛，与羽球爱好者近距离接触与交流。

——刊发于 2013 年 8 月 21 日《人民日报海外版》

简讯三：

北京文博会落幕

本报讯（记者　桂杰）第七届北京文博会日前闭幕。持续 5 天的该届北京文博会期间，共有 100 多万人次参与了展览展示、推介交易、论坛峰会、创意体验等活动。参会各方签署的文创项目投资协议和产品交易总金额达 1089.53 亿元，比上届增长 38.5%。其间，北京市文化局在北京国际展览中心北京文化展馆举行了一系列产业项目签约仪式，涉及金额近 10 亿元。

——刊发于 2012 年 12 月 30 日《中国青年报》

简讯四：

安吉供电公司快速抢修赢赞誉

8 月 8 日，浙江省安吉县章村镇中街一线路因高温负载烧断，导致部分用户停电。安吉县供电公司浦源供电所抢修人员接到报修电话后，立即组织人员进行现场踏勘，开展抢修。经过近一个多小时的紧急抢修，电力恢复供应，抢修人员用 100 分的工作再一次直面高温的压力，赢得百姓的理解与赞许。

（杨勇胜　金玮）

——刊发于 2013 年 8 月 29 日《人民日报海外版》

以上这几条简讯，尽管每篇稿子都是 100 来字，与上面所提到的广播快讯稿件必须写得简短的要求相符，但这样的稿子却不适合作为广播快讯播出。因为广播快讯稿除了在篇幅上与报刊的简讯稿一样都要求以十分简短的文字来向受众"报告一件事"外，在写作题材的取舍、信息发布的时效性及在媒体上的地位等方面，均有着诸多的不同，这主要表现在：

（一）对写作题材新闻价值的要求不一样

广播快讯这种广播新闻文体，由于在刚出现时多是采用电信手段来向编辑部发稿的，发稿所花费的代价较大，因此要求内容要有相应的新闻价值才能使快讯稿"物有所值"。现在，尽管快讯稿在发稿上已不存在代价大的问题，但既然电台是将它冠以"快讯"的称谓来安排播出的，这种播出安排上的形式本身，就已足以提请听众给予关注，并且事实上听众对这种栏目的关注程度也远比读者对报纸简讯栏目的关注程度要高得多，因而在内容上，就应是较为重要一些、比报纸简讯的内容更富吸引力的消息才好。

而报刊上的简讯，从采写到编发均不需花费多少代价，并且从名称上来说就已经表明了它只是一些很简单的讯息，因而在写作上，其对题材的新闻价值要求就可以不那么高，甚至还可以将那些够不上以消息的形式来发布的新闻"边角废料"拿来作为写作题材，其内容多为记者可写可不写、编辑可用可不用、读者可读可不读的一般性动态。如上文的简讯二《新疆青少年羽毛球赛举行》和简讯四《安吉供电公司快速抢修赢赞誉》两篇稿子，其新闻价值就很一般，即使是在地方报纸上也不一定能发得了，更不用说是发在面向海外读者的《人民日报海外版》上了，但由于这些题材毕竟也还或多或少有些新闻价值，并且采写和编发也不需花费多少时间和代价，因而记者很有可能是在采访别的题材中发现了这些就"顺手牵羊"地也把它写了，而编辑在组版时很可能是出于版面安排的需要就恰好用上了。但对于广播电台而言，这类记者可写可不写、编辑可用可不用、听众可听可不听的一般性动态消息，即使记者写了，编辑也不大可能会把它当做"快讯"稿来播发。或者说，如果要作为"快讯"稿来发，那就不是现在这样的写法而应要按照广播快讯的写法来写。

（二）在稿子发布的时效性的要求上不一样

报刊上的简讯，所报道的既可以是当天发生或出现的事（如晚报就可以发布当天上午甚至中午发生的事），也可以是近期内发生的事，甚至还可以是已经过去十天半个月甚或更久的事。而广播快讯所报道的新闻，不但必须是当天发生的事，而且最好是数小时前乃至刚刚才发生的事。上文所列举的几条简讯，除了简讯一《"疆电外送"首破百亿千瓦时》一文外，其余都不是当天的新闻，因而从时效性来说，其余四篇稿子均不符合电台"快讯"节目对播出稿的时效要求，若要作为广播快讯来发，就必须是在事发当天就写好并发出去。

（三）编辑对稿件的处理不一样

报刊上的简讯由于属于可发可不发的一般性的动态信息，编辑之所以将其编发，多是出于填补版面的空缺，因而报纸编辑编发简讯，一般是将其安排在版面上不大显眼的地方或将其作为填补版面的空缺来处理的，这么一种"淡化"处理的方式本身，就已表明了该内容并不很重要，只是属于一般性的动态信息。如上文所列举的几条简讯，在报纸上不但标题字用得小，而且在版位上，编辑也多是把它们放在版面上并不显眼的地方，这种填补版面空缺式的"淡化"处理，让人一看就知道其内容不很重要。

而广播快讯文章，编辑是很认真来对待的，把它安排到电台节目的重点栏目"本市快讯"或"全省快讯"上在黄金时段来播出，并且过去在尚未有互联网时还得要在接电话时逐字逐句进行记录来接收稿件，足见编辑对快讯稿的重视程度，这是简讯稿远不能及的。

（四）稿子的写法不一样

报刊上的简讯，因其属于一般性的动态信息，编辑之所以将其编发，多是出于填补版面的空缺之需而并不在乎读者看不看得到或是否有兴趣阅读，因而在写作上只是讲究把话说清而不是很讲求表达的技巧。如上文所列举的五篇稿子，就是只讲究能把话说清而已。

由于听众对快讯节目的期望值较高，而电台每天所播出的快讯节目，又不可能做到条条都很重要，在题材内容本身不足以吸引听众的情况下，那就要设法在表现手法上具有新意，通过新奇的角度、独特的表现手法来将那些内容不是很重要的新闻报告给听众。否则，一条快讯在内容上既不重要，在表现手法上又不新鲜，听众听后就会有"浪费感情"和"上当受骗"之感。

三、广播快讯的写作

广播快讯稿的写作，大致有如下一些要求：

（一）时间要素必须是"今天"或"今天"的某个时候

由于广播快讯稿必须是在事发的当天播出，因而写作这种稿子，时间要素必须是"今天"或"今天上午"、"今天中午"、"今天下午"或具体交代清楚是今天的几点几分而不能是"昨天"、"近日"或某月某日。

（二）突出最重要或最能引人关注的东西

广播快讯稿的篇幅只有100来字左右，不可能把事件或事实的全貌都面面俱到、全部说清，因此在"报告一件事"时，应侧重于把事件或事实中最重要或最能引人关注或最有价值的内容交代好。例如简讯三《北京文博会落幕》一文所报道的内容，若是要以广播快讯的形式来报道，则文章大致可以写为：

> **本台消息** 历时五天的第七届北京文化博览会已于今天降下了帷幕，在这次博览会期间，前往观看各种展览展示等活动的人共达一百多万人次，各种文化产品成交额达一千多亿元，比上一届增长了百分之三十八点五。

这样把原文中的"北京市文化局举行了一系列产业项目签约仪式，涉及金额近10亿元"忽略不写，还有"展览展示、推介交易、论坛峰会、创意体验等活动"等也不一一点出而只突出交代好"北京文博会已于今天降下了帷幕"这一最重要的内容，听众才更容易听得懂和听得清。

再如简讯二《新疆青少年羽毛球赛举行》一文所报道的事中，最能吸引听众的并不是当地举办了羽毛球赛而是奥运冠军、羽毛球世界男单第一高手林丹在当地"与羽球爱好者近距离接触与交流"，因而如果要把这事写成广播快讯，就应当是突出后者，按照快讯的写法可以改写如下：

> **本台克拉玛依八月二十一日消息** 奥运冠军、羽毛球世界男单第一高手林丹，今天在新疆克拉玛依市体育馆，与在这里观看自治区首届青少年羽毛球公开赛的羽毛球爱好者见面和开展思想交流。
>
> 林丹是福建省上杭县人，曾在各种国际比赛中先后夺得过十五个世界冠军，2008年夺得了奥运冠军。

这样把文章内容"聚焦"到奥运冠军、羽毛球世界男单第一高手林丹身上，就比突出新疆举办首届青少年羽毛球公开赛更能吸引听众。

（三）所写的内容要尽可能少

广播快讯文章由于篇幅太短而容纳不了太多的东西，因而所写的内容应尽可能少而不宜写得太多。因为一条快讯只有所说的内容少而集中，听众才容易听得懂和听得清。

例如前文列举的简讯一《"疆电外送"首破百亿千瓦时》一文所报道的内容就有点多，除了说新疆给内地输送的总电量已达101.3亿千瓦时之外，还说了新疆是"我国重要能源供应基地"、"中国由西向东的'电力走廊'输送能力逐步增强"、"新疆煤炭、风能、太阳能等优势资源大规模转换成为可能"、"新疆电力公司召开新闻发布会"等，这么多的内容全都写到简讯里，若是发在报纸上读者也并不难看得懂，但在广播快讯中，内容多了听众就不易听明白。因而如果是用广播快讯来报道这一简讯中的内容，则文章大致应当写为：

> **本台消息** 要从新疆把煤炭运输到内地，因路途遥远而成本很高，现在，新疆已不再是通过铁路来给内地运送煤炭而是先将煤炭转化为电能后再给内地输送。
>
> 据国家电网新疆电力公司通报，截至今天，近年来新疆给内地输送的总电量已达一百零一亿度，相当于外送三百三十多万吨的标准煤，不但实现了"煤从空中走"，而且也为当地带来了多达三十亿元的经济效益。

这样把部分信息去掉，使文章内容集中到"新疆给内地输送的总电量已达一百零一亿度"这单一的信息上，听众就容易听得懂和听得清了。

也许有人会问，当所要报道的题材中有着太多的情况要交代时，怎样才能使文章的内容单一呢？其实，这个问题也是可以解决的，解决的办法可以是只挑其中某一个情况来先在快讯中说，然后再另写一篇消息文章在新闻节目或别的什么栏目中交代其余的各种情况，这样就可以避免快讯稿内容的臃肿和杂乱了。

再如，山西省2012年对高考招生工作政策做了很多的调整，当年3月9日，省招生考试管理中心召开新闻发布会，公布了该省高考招生工作的各项新政策。这些新政策对于该省的考生及考生家长而言，无疑是很重要的新闻，但如果当地电台以快讯节目来播报这一新闻，把那么多的新政策全都写上，稿子就会很长而挤占过多的播出时间，遇到这种情形，记者就只能是先挑其中某一个比较重要或比较急切的内容来写进快讯而将其余内容另文报道才好。

若以快讯来报道此事，则文章可以写为：

> **本台消息** 我省今年的高考与往年最大的不同是，考生填报志愿时间已改到公布分数之后才填报，这是省招生考试管理中心有关负责人在今天召开的高考工作新闻发布会上宣布的。
>
> 省招生考试管理中心今天还公布了关于今年高考的许多新政策，这些新的政策规定，本台将在今天晚上的新闻节目里给大家播出。

这样先把最重要的内容播报出来，既能吸引听众，同时，通过另文报道，也能让关注该事的读者到别的节目上去收听，并且，由于预告了本台还将在当晚的新闻节目里给大家播出详情，也有利于促使当晚新闻节目收听率的提高。

（四）从听众的视角来介绍情况

一篇广播快讯稿虽是要向人"报告一件事"，但绝不是发生了什么事就写什么事；在写作上，也不是作者怎样见到就怎样写，而是要对所见到的情况进行思考分析，认真研究怎样来写听众才会有兴趣听。

怎样来写，听众才会有兴趣听呢？许多调查分析的结果都表明，无论写作什么题材和体裁的新闻报道文章，都要从受众的视角来介绍情况，受众才会关注。例如：

> **本台消息** 今天上午，省委省政府在省府礼堂召开了全省农村工作会议，省委书记×××、省长×××出席了会议并在会上作了重要讲话。这次会议的内容主要是传达全国农村工作会议精神和中央关于减轻农民负担的有关通知，并对如何开展好我省今年的农村工作作了具体部署。

这篇稿子，虽然写的都是记者在现场上所看到的真实情况，并且也已把事件的基本概况交代清楚，但由于是从官方的角度来报告新闻的，受众一听到说的是开会，就认为与己无关，因而就没多少人会有兴趣听了。而要是把它写为：

> **本台消息** 今后如果发现谁再向农民乱摊派、乱收费，就撤谁的职。这是省委书记×××今天上午在全省农村工作会议上的讲话中强调得最多的一点。他说，减轻农民负担不能停留在口头上和文件里而一定要落到实处，要以"动真格"来取信于民。

这样来写，就是从老百姓的角度来看会议，所写的是该会议中与老百姓的切身利益有关并且又是对许多听众有利的事，听众就会乐意收听。

（五）回答好听众所关心的问题

广播快讯篇幅十分有限，因而在"报告"发生了什么事上不但容不得绕圈子、卖关子，甚至也不宜将所要报道的事一五一十地从容道来而应是"直奔主题"，直接回答听众所关心的问题才好，例如：

> **本台消息** 由于近几天来连降暴雨，我省南部平原地区各市县现已发生特大洪灾。今天上午，省委省政府召开抗洪救灾紧急会议，对抗洪救灾工作做了研究部署，会后，省委书记和省长已分赴各地灾区，检查灾情和指挥救灾工作。

这样来写，所突出的是领导对救灾工作的重视，但受众在这种时候所关心的却并不是领导怎么样重视，而是急于知道是否死了人或死了多少人、有没有人受伤及伤了多少人、死了及伤了的是哪些人或哪里人等问题，尤其是那些有亲人在灾区的外地听众，听到灾情后最着急的就是要尽快弄清自己的亲人是否平安等。

因而，报道这件事的快讯稿就应是尽快把这些最让人揪心的问题说出来，让那些有亲人在灾区的听众听后心中有数，该做什么也好及早安排，要是有人伤亡，就得设法打听自己的亲人是否平安；若是没人伤亡，心里也能踏实下来才好。

（六）以小见大，突出主题

广播快讯文章的篇幅虽然很短，但也同样得要具有文章的主题思想，即作者自己本身必须明确，报告哪里发生了这件事或向读者介绍哪里存在着这种现状的目的，是想要宣传一个什么样的思想观点。并且还要紧紧地围绕着这个目的来使用材料，这样文章才能以有限的篇幅体现出一个意义并不微小的思想主题来。如前面所列举过的《他们是工厂的主人》一文，作者就是通过描述在忽然降了倾盆大雨的时候，别的行人纷纷跑到街道两旁躲避，但南通国棉一厂的一千多名上中班的女工却冒雨向工厂奔去来反映出这些工人的敬业的。

另外，该文虽然只有短短的 153 个字，但文中却既有场面描写，又有人物语言描写，既写了全厂上中班的一千多名工人，又写了厂里的各级领导，还介绍了街上的行人；既有"浑身湿透"的"特写"镜头，又有"拿衣服给他们换"和"送来了生姜茶和药物"的"中"镜头，还有"行人纷纷躲避"、"一千多工人没有一个迟到"的"摇"镜头，有人有物，有声有色，有情有景。并且，人和物、声和色、情与景彼此交融，互为映衬，整篇文章显得"剪裁"十分得体，"针脚"也很"细密"，足见记者的采写功力。

第二节　广播消息的写作

从文章的职能来说，广播消息也和报纸上的消息文章一样，都是要向受众"报告一件事"或"介绍一个情况"，并且在对事件或事实的"报告"或"介绍"上，也是和报刊上的消息文章一样都是要"有话直说"。但由于报纸是通过书面语言来"报告"或"介绍"，而广播却是通过口头语言来"报告"或"介绍"的，因而在文稿的写作上，除了需要遵守报纸上的消息文章写作的原则要求之外，还应考虑广播传媒的特点，像本书第六章第二节所说的那样，做到"篇幅宜短不宜长，层次连接要顺畅，关键内容多重复，句序不宜用倒装，某些规范可不从，会生歧义要回避，多音字词标读音，抽象事物作比喻，不用复句用单句，断句不必从句意，用词宜'俗'不宜'雅'，用语力求口语化"才好。

一、广播消息文章的构成

与报刊上的消息文章一样，广播新闻稿的文章结构，也大致是由标题、消息头、导语、背景、主体、结尾等部分所组成。

消息文章的各个组成部分在文章中的位置大致如下图。

其中，标题、导语、背景和主体为文章的主要部分，消息头和结尾属附加部分。而在主体部分中，往往还要带上一两个具体的例证，用以证明文章所报道的内容确是真事。

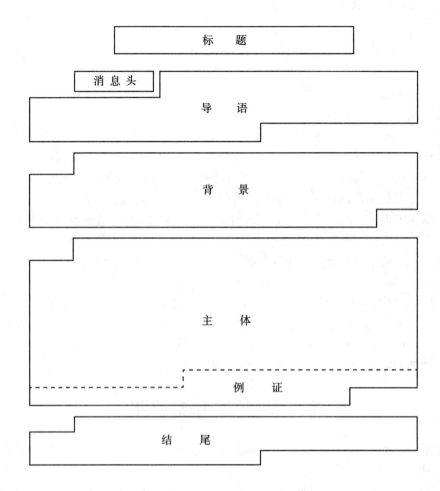

二、广播消息文章各个组成部分的职能及写作概要

广播消息文稿的每一个组成部分，都有着不同的职能及写作要求，现将它们各自的职能及写作要求分述如下：

（一）广播消息文章标题的职能及写作概要

1. 广播消息文章标题的职能

尽管作者在写作每篇文章时都要给文章定下一个文章的标题，但广播新闻的各种文体的文稿，实际上都是不需要标题的。广播电台的编辑在修改稿件时，每拿过一篇文稿的第一件事，就是先将稿子上的标题划掉而不让播音员把它播出。

但作者写稿时，文章还是得要带有标题的，之所以要写上标题，是为了便于编辑部在进行来稿登记时对各篇来稿加以区别和便于编辑在进行节目内容提要的编写时作为参考，因此，尽管广播新闻稿件并不需要带有标题，但作者在写稿时却还是要把标题写上。

广播消息文章的标题，在写法上也和报刊上的消息文章的标题一样"有话直说"，其语法成分的构成，也同样是主语加谓语或主语加谓语加宾语。而从内容上来说，也是和报刊上的消息文章的标题一样，是要交代好"谁做了什么"或"哪里发生了什么"或"什么怎么样了"或"什么是怎么样的"，例如：

李克强会见越南国家主席张晋创

这个标题，从语法构成来看，就是主语（李克强）加谓语（会见）加宾语（越南国家主席张晋创）；而从内容的构成方面来说，则是交代了"谁（李克强）做了什么（会见了越南国家主席张晋创)"。又如：

重庆丰都长江二桥 4 号墩发生施工安全事故

这个标题，从语法构成来看，则是主语（重庆丰都长江二桥 4 号墩）加谓语（发生施工安全事故）；而从内容的构成方面来说，则是交代了"哪里（重庆丰都长江二桥建设工地的 4 号墩施工现场）发生了什么（发生了施工安全事故)"。又如：

我市部分地段房价开始回落

这个标题，从语法构成来看，也是主语（我市部分地段的房价）加谓语（开始回落）；而从内容的构成方面来说，则是交代了"什么（我市部分地段的房价）怎么样了（已经开始回落了)"。又如：

南京公房租赁实行公开竞拍

这个标题，从语法构成来看，也是主语（南京公房租赁）加谓语（实行公开竞拍），而从内容的构成方面来说，则是交代了"什么（南京公房租赁）是怎么样的（是实行公开竞拍的)"。

2. 广播消息文章标题的写作要求

由于广播新闻文稿带上标题的目的仅仅是为了便于编辑部在进行来稿登记时对各篇来稿加以区别和为了编辑在进行节目内容提要的编写时作为参考之用，因而广播消息的写作，就应当是只要能够把文章的内容概括好即可，即只要语法构成上能够写为主语加谓语或主语加谓语加宾语；在内容上能交代出"谁做了什么"或"哪里发生了什么"或"什么怎么样了"或"什么是怎么样的"，朴朴实实地"有话直说"即可，若花费太多的精力用在想要起个什么样的富于"文采"性的标题上，那不但毫无意义，而且还有可能会弄巧成拙。

（二）消息头的职能及写作要求

1. 广播消息文章的消息头的职能

广播消息文章的消息头的职能也和报刊上的消息文章的消息头的职能一样，大致是用来交代新闻的来源、新闻事件发生的时间、地点，发稿的时间、地点及作者姓名等情况的。如：

本台消息 本台记者×××报道……

这是交代新闻的来源，告诉听众这条消息是本台记者或本台通讯员采写的。

本台消息 本台记者×××今天凌晨三点从葛洲坝建设工地发回报道……

这是交代这条消息是本台记者×××于什么时候从什么地方发回的。

本台消息 本台记者×××从有关方面获悉……

这是交代这条消息是本台记者×××通过向有关单位采访所获得的。

本台消息 本台记者×××近日从国家有关部门了解到……

这是交代这条消息是本台记者×××在最近几天内通过向有关单位采访所获得的。

香港消息 记者从今天出版的香港《文汇报》获悉……

这是交代这条消息是本台的记者看了今天出版的香港《文汇报》而获得的，言下之意就是这条消息是根据今天出版的香港《文汇报》上的有关报道来改写而成的。

青岛消息 本台通讯员×××报道……

这是交代这条消息是本台的通讯员（即业余作者）×××从青岛发来的。

新华社消息 今天上午……

这是交代这条消息是新华社播发的。

在用电报或其他电信方式发给电台的广播新闻稿中，消息头也叫做"电头"。新华社、中国新闻社和世界各国的通讯社所发的稿件都是通过电传的，因而每篇稿子的消息头都带有"电"字，例如新华社供给各新闻媒体的每一篇稿件的消息头，都是写的"新华社×月×日电"或"新华社××（地名，如北京）×月×日电"，但在广播节目中，一般都不说"新华社×月×日电"或"新华社×××月×日电"而是改说"新华社消息"。

2. 广播消息文章的消息头的写作要求

在报道本台服务区域内（如各省的地盘就是该省电台的服务区域）某一地方所存在的某种状况或某一地方所发生的某些影响并不是很大的事件时，消息头的写作就可以并且也应比较简单，一般只写"本台消息"即可。

在报道本台服务区域外的消息时，尤其是报道一些离本台很远的地方所发生的重大事件时，听众一听所报道的是离电台所在地那么远的地方的重大新闻，就会怀疑这条新闻的真实性，认为电台是不是在胡编乱造？不然你们电台又怎么能够那么快就知道这么远的地方刚刚发生的事呢？因而对这种在外地发生的新闻，报道时就应说明新闻的来源，如果消息的来源是取自别的媒体，那么在消息头中就应交代出是来自什么媒体，例如"新华社消息"，"据今天出版的《人民日报》报道"等，这样听众就不会有什么怀疑了；若该消息是本台的记者从事发地发回来的，在消息头中则应带上发稿人和发稿地，例如"本台张家界消息"、"本台记者×××从北京发回的最新消息"等，这样听众一听到这消息是播出台的记者从事发地发回来的，也就不会怀疑该消息的真实性了。

消息头在时间的使用上要视新闻的重要程度及其与时间的关系的密切程度而定，有时可以忽略，有时可以是"×月×日"、"昨天"或"昨晚"，如：

日本朝日新闻社十月八号消息 日本一名小学生，五年前在滩区西求女冢古坟附近的公园里捡到的"宝贝"，竟是古代中国青铜镜的碎片……

据新华社昨晚报道 由于连日来的接连暴雨，我国南方多个省区已接连发生了……

若所报道的事是比较重大的事或突发性事件时，消息头就必须是"今天"或具体交代是今天的上午或下午的几点钟甚至是几点几分钟。而对于特别急的稿件，则应用"刚刚收到"来强化新闻的时效性。

对于一些特别重大的新闻，如果是在午夜发稿的话，为了强化新闻的时效，也可以把电头中的发稿时间写为前一天。例如1948年12月23日凌晨0点新华社发给陕北人民广播电台播出的《解放郑州》一稿，作者毛泽东为了突出该新闻的时效，因此该消息的电头上的发稿时间就是写的22日而不是23日，在这条消息上，毛泽东是这样写的：

新华社郑州前线一九四八年十二月二十二日二十四时急电……

如果一条消息是单独播出或临时插播到别的节目里去，除了要以"刚刚收到"来强调该消息的时效外，在消息头的前面还应带上电台的呼号，让听众知道这条如此重要的消息到底是由哪个电台播出的。如：

江西人民广播电台 现在播送，本台前方记者刚刚从九江抗洪救灾第一线发回的最新消息……

中央人民广播电台 各位听众，下面请听本台记者从汶川抗震救灾第一线发回的最新报道……

消息头的写作，除了需要按照一般的写作要求来写之外，若用稿台另有特别规定的，则还要遵守用稿台的专门规定，以体现好用稿台的节目风格。

（三）广播消息文章导语部分的职能及写作概要

导语是消息文章正文的第一个部分，在报纸上的消息文章中，它可以是一个段落，并且多数消息文章的导语也只有一个段落，但也可以有两个段落甚至三个段落的。而在广播消息中，由于广播消息的篇幅一般比较短小，因而绝大多数广播消息文章的导语都只有一个段落甚至只有一句话。

1. 广播消息文章导语部分的职能

广播消息文章导语部分的职能，也和报刊上的消息文章的导语部分的职能一样，都是用来"引导"甚至"引诱"受众来接受整篇消息文章所传播的新闻信息的，也就是说，广播消息文章导语部分的职能，就是要"引导"或"引诱"听众把全篇消息文章收听完。例如：

本台消息 据今天出版的《人民日报》报道，在我国四川省北部，近日发现了不少的野生梅花鹿，这批野生梅花鹿主要活动在四川省的若尔盖县的铁布、巴西和九寨沟县的白河等地，有八百五十多只。

这个导语，就是说出了有这么一件事，让有兴趣的听众继续往下听的。再看：

美国著名小说《消失的地平线》里描写的那个和平宁静、像世外桃源般令人向往的"香格里拉"到底存不存在，它在哪里？

这个导语，就不单是"引导"而是"引诱"听众继续往下听了。

2. 广播消息文章导语部分的写作要求

由于要"引导"甚至要"引诱"，因而如果所报道的消息中有什么精彩的东西，就应把那最精彩的东西写进导语里去；要是所报道的消息中没有什么很精彩的东西而难以留住听众的话，那就要先把所要报道的消息中最重要的内容先写上，这样即使听众没有耐心把全篇稿子听完，先把最重要的内容说给听众听了，要向听众传播该条消息的目的也就基本上实现了。

广播消息导语的写作，没有固定的标准，可以根据所报道的新闻的内容实际或作者的喜好来决定怎么写。直接叙述、描写、引语、对比、设问、发问、议论、下结论这些报纸上的各种消息文章的开头方式，在写作广播消息时也都可以使用。

由于要"引导"甚至要"引诱"，因而如果所报道的消息中有什么精彩的东西，就应把那最精彩的东西写进导语里去，例如：

> 美国一位今年还不满三十五岁的年轻人，因把一个地方弄得什么都没有了而深受钦佩，并于今天在加利福尼亚州获得了一千美元的奖励。

这条消息，写的是美国一位科学家在实验室里造出了几乎绝对的真空而于当天在该国加利福尼亚州的伯克利召开的科学讨论会上获得了奖励，但由于这种科学讨论会对于广大听众来说，是很难有人关心的，而把该会议中的这一最精彩的东西写到导语里来，对听众就有了诱惑力，能诱惑听众继续往下收听整条消息的其他内容了。

再如天津人民广播电台 2013 年 9 月 24 日播出的《天津机场海关进口申报大厅落户天津机场并正式启用》一文的导语：

> **本台消息** 九月二十二号，天津机场海关进口申报大厅落户天津机场并正式启用。这是继天津机场海关快件监管中心之后，天津机场与机场海关为完善空港国际物流功能，加快机场航空货运发展而实施的又一项重点项目。

由于并不是很多平民百姓都有机会出国，能有机会出国的人中也不会有很多人带有需要报关的物品回国，因而关注这条消息的听众肯定不是很多，如果记者能把"报关大厅已设到了机场里，往后乘坐国际航班到天津的旅客如有需要报关的物品，下了飞机就可在机场就近报关"这一最主要的内容放到导语的前面，这样与这事有关的听众一听到这个信息就会继续往下听，而与这事无关的听众知道了这最主要的内容，也就知道不必再浪费时间往下听了。像这样把最重要或最主要的内容先写上，就更便于听众考虑要不要继续往下收听。

具体而言，广播消息导语的写作，大致应从如下几个方面来考虑：

（1）要把标题中所交代过的新闻事实写进导语

广播稿件，虽然记者写作时也给文章安上了标题，但到了编辑手上，就把标题删了，标题中所交代的一些新闻事实也就被删掉了。因此在写作导语时，还得要把标题上已有的内容写进导语，否则，听众将无法获得整篇消息所要报道的全部新闻事实。如 1998 年 1月 26 日《中国教育报》一版的这篇文章：

> 1 月 16 日，贵州省六盘水市一中部分学生返乡度假途中发生翻车事故，造成 13名学生死亡——
>
> ## 贵州再敲安全警钟
>
> **本报讯**（记者　赵廷昌）1.16 事故发生后，引起了贵州省各级领导的重视。省教委及时召会议，找出发生事故的原因，并出台具体措施，进一步加大中小学安全教育的力度。
>
> 日前，贵州省向全省发出《关于对几起学生重大伤亡事故的通报》，将 1997 年

下半年以来发生的 6 起中小学师生重大伤亡事故情况、原因及教训进行认真分析、总结并通报各级教育行政部门和学校，以血的事实警醒广大教育工作者，再次重申中小学安全教育工作的重要性，同时，召集全省各地（州、市）教委分管领导及普教科长会议，专题研究、部署加强中小学安全教育工作。要求各级教育行政部门和中小学校务必从已发生的安全事故中吸取教训，真正唤起安全忧患意识，切实加强学生的安全教育和防范工作。

贵州省还拨出专款将国家、省有关安全教育的文件汇编成册，新学年开学前发至全省中小学校及教学点。要求各地组织广大教职员工认真学习国家和省的有关安全工作的制度和法规，学习《中小学安全须知》，让师生掌握基本的防灾自救自护知识，努力把各种师生伤亡事故降到最低限度。

这篇消息由于在标题的引题中已将事件概况作了交代，所以在导语中，一开始就可写上"1.16 事故发生后，引起了贵州省省级领导的重视"。接着又马上说出了怎样重视，即"省教委及时召开会议，找出发生事故的原因，并出台具体措施，进一步加大中小学安全教育的力度"，在整篇文章的正文部分，也不必再去交代"1.16 事件"到底是个什么事件。

但若广播稿的导语也这么写，编辑改稿时将文章标题删去后，剩下的导语一开头就是"1.16 事故发生后"，听众就会感到莫名其妙。因而写作广播新闻的导语，必须要把标题的引题中所交代过的这段内容写上，然后再说"事故发生后"的情况，这样听众才有可能听得明白。

（2）"摊子"不宜一下子铺得太大

因读者阅读报刊新闻时文章在手，对文章的内容可仔细阅读、慢慢分析、细心琢磨，因而在写法上，有的消息可采取先高度概括，后详细叙说，即先总后分的手法。如发于 2013 年 4 月 26 日《开封日报》的《杞县党风廉政建设措施得力效果好》一文的导语，就是这么来写的。

本报讯（通讯员　刘俊才　王继光）近年，杞县县委、县政府通过聘请廉政监督员、设电子廉政档案、建廉政文化广场、办电视廉政讲坛等措施，狠抓党风廉政建设，教育广大党员干部算清政治账、前途账、家庭账，取得了良好的社会效果。

这条导语，一下子就铺排出了"聘请廉政监督员"、"设电子廉政档案"、"建廉政文化广场"和"办电视廉政讲坛"等多个内容。在导语之后，文章再将该县如何"聘请廉政监督员"、如何"设电子廉政档案"、如何"建廉政文化广场"，又如何"办电视廉政讲坛"等方面的情况逐一展开介绍，通过多方面的情况介绍，让读者感受到了该县在抓党风廉政建设方面确实措施很得力，效果也很好，等等。由于这篇消息是在报纸上发表的，导语这样来写，条理很清晰，读者很容易看得懂文章所报道的内容。但要是广播新闻也这么来写，听众听了却不容易听得明白，因为听众不像报纸的读者那样把文章拿在手上而只是靠耳朵来听，等到后面的内容时，前面说的什么都记不清了，甚至一些记性较差、空间思维能力不强的听众还会像猴子掰玉米那样，掰得另一个时，又把原先已经掰到手的那一个丢掉了，听到后面一句便忘了前面一句，很难把整篇文章的前后内容联系起来全面理解。

因此，在广播新闻稿导语的写作上，不宜一下子就把"摊子"铺得太大，而应当像喝啤酒那样，喝到哪瓶时才打开哪一瓶，喝完一瓶后，再打开另一瓶。也就是说：广播新闻导语的写作，不必一下子就概括全文；也不必一下子罗列出过多的事实，而是应当先把整篇新闻中较重要的一个事实说出来后，接着再把它展开，说完一个后再说另一个，还没能展开来说的事，就先不要提及才好。如上面所列举的这篇《杞县党风廉政建设措施得力效果好》，就应是先只说该县的第一条措施是"聘请廉政监督员"，接着就先展开来介绍该县是怎样通过"聘请廉政监督员"的办法来抓好廉政建设的；然后说该县的第二条措施是"设电子廉政档案"，接着就展开来介绍该县是怎样通过"设电子廉政档案"的办法来抓好廉政建设的……这样每提到一条措施就先把该条措施的详情展开来，说完后才说另一条，听众就容易懂了。

（3）文字不能过于简洁

报刊上的新闻导语，要求要写得简洁精练才好。但广播新闻的导语就不能过于简洁，因为如果过于简洁，听众就不好理解。

为了让听众能领会好广播中所播出的新闻内容，广播新闻稿的导语文字不但不宜过于简洁，有时还得把它拉长。如1982年7月美国军队于马尔维纳斯群岛战胜了阿根廷军队后，当时美国联合通讯社发给报社和电台的新闻稿，导语的写法就简繁不一。该社发给报社的新闻稿的导语为：

美联社1982年7月2日电 据从南大西洋前线归来的英国记者说，在马尔维纳斯群岛作战的英军有时不得不用阿根廷军队丢弃的武器作战，因为阿军的武器比英军的武器精良得多。

而发给广播电台的消息稿，其导语就写得详细多了：

各位听众，马尔维纳斯群岛之战结束了，大英帝国获得了胜利。但据从南大西洋前线归来的英国记者说，这一仗打得很苦。英军有时在阿根廷空军飞机飞抵头顶时发现防空导弹根本射不出去。有几次，由于指挥不当，英军在暗夜中竟向自己人开火。由于后勤保障出了问题，有时英军弹药消耗殆尽，只得从阿军尸体上捡子弹用。

从以上两条导语的对比中可以看出，广播新闻稿件的导语，因为要让人能听明白，其篇幅要比报刊新闻稿的导语长一些才能把事情说得清楚。

又如《人民日报》2013年9月3日刊发的《李克强会见出席第十届中国—东盟博览会暨中国—东盟商务与投资峰会的东盟国家领导人》一文的导语：

本报南宁9月2日电（记者 王明浩 吴乐珺 庞革平）国务院总理李克强2日

在南宁分别会见前来出席第十届中国—东盟博览会暨中国—东盟商务与投资峰会的缅甸总统吴登盛、柬埔寨首相洪森、老挝总理通辛、泰国总理英拉、越南总理阮晋勇和新加坡副总理张志贤。

这条导语的第一句话虽然长达53个字，但登在报纸上读者并不觉得费解，而要是在广播里播出，播音员播讲时会很费力，甚至没法一口气把它念完，而且听众听起来也很费劲，等到听完后面的内容时，可能前面的内容是什么就已经忘记了，这样就很难准确理解它的意思。因而，如果要在广播里播出，就得要把句字砍短些。这个导语，大致可以写为：

本台消息 本月二号，国务院总理李克强，在南宁分别会见了缅甸总统吴登盛、柬埔寨首相洪森、老挝总理通辛、泰国总理英拉、越南总理阮晋勇和新加坡副总理张志贤。这几个外国首脑，是前来我国出席第十届中国—东盟博览会，暨中国—东盟商务与投资峰会，于前两天来到广西南宁的。

再如刊发在同一天的《人民日报》上的《汪洋会见国际展览局和台湾客人》一文的导语：

本报北京9月2日电 国务院副总理汪洋2日在中南海分别会见了国际展览局秘书长洛塞泰斯和台湾地区电机电子工业同业公会理事长郭台强一行。

这条导语，中间连一点停顿都没有，长达54个字的一句话一气呵成，显得相当简洁。这样的长句子登在报纸上，并不会影响读者对内容的理解。而要拿到广播上去播出，写得这么简洁而句子又那么长，听众就不大容易听得懂，因此需得把它断句，把话适当拉长些才好。按广播稿的写作要求，大致可以把它写为：

本台消息 国务院副总理汪洋，二号在中南海会见了国际展览局的秘书长洛塞泰斯，此外，同在二号这天，国务院副总理汪洋，还会见了台湾地区电机电子工业同业公会的理事长郭台强及随行人员。

若用书面语言的标准来衡量，这样来写，文字是不如《人民日报》的原稿那么简练，甚至其中有的内容还出现了重复，但对于以口头语言为信息传播工具的广播来说，这种重复却是很有必要的，只有多作这样的重复，才有利于让听众听清听懂。

（4）以生动的语言来引人入胜

如果把一个新闻节目比作一条繁华的商业大街，那么，一篇新闻稿件就是这条街道上的一家商店，而一篇新闻稿件中的导语部分，就相当于这家商店的门面。

报纸上的新闻报道文章，由于是以书面语言文字来对新闻事件或事实进行传播的，它在叙事时无法借助到口头语言的生动、形象化来感染受众。而报纸这方面之短，恰好正是广播之长。写作广播新闻稿件，尤其是写作广播新闻稿件的导语，应充分发挥其在这方面的长处，尽可能把语言写得绘声绘色才好。如 1938 年 6 月 22 日，美国拳击手乔·路易斯战胜了德国拳击冠军斯基姆林的当天，美国国际新闻社发给电台的广播新闻稿，就是由于其导语用上了许多生动的语言，不但在播出时很引人入胜，而且许多听众听了都会经久难忘。该文的导语是这样写的：

> 听着，兄弟们，请好好听我们这段广播吧。写稿的记者由于精神过度紧张，现在仍手心汗湿，喉咙嘶哑。刚才，他观看了乔·路易斯同斯姆林的一场比赛，比赛的结果，至今使他目瞪口呆。

这篇稿件，所报道的的确是一条很大的新闻，因为黑人拳击手路易斯所战胜的不是一般的对手，而是曾一度称霸欧洲拳坛的拳击冠军；这场比赛，是在第二次世界大战期间举行的，美国和德国在二战中是敌对国，美国选手路易斯在赛场上战胜的这个对手斯基姆林不但是个德国人，而且也是一个狂热的法西斯分子，因而路易斯战胜了斯基姆林，美国人感到很解气。这篇新闻的导语，一开头就把记者在采访中由于对胜负的关注而出现的紧张心情及决出了胜负时记者那份按捺不住的欣喜之情表现了出来，不但对听众来说很有感染力，而且也很能吸引人继续收听下去。

又如，美国合众国际社一篇关于一家医院救治好了一位双目失明长达 32 年之久的盲人的报道，其导语由于生动地向听众展现出了事发地的现场情景，绘声绘色，因而很能吸引听众：

> 今天，二十三号病房里传出了一阵欢呼："我看见了，我看见了！"紧接着一个中年人忘乎所以地冲了出来，逢人便叫："我看见了，我看见了！"热泪盈眶的约翰·华伦医生追了出来，他强忍着激动的心情，一把揪住病人，好不容易才使他安静下来。医生对他说："听着，伙计，别太激动了，否则这个医学奇迹便会毁于一旦！"

再如，美联社记者约翰·唐宁 1889 年 3 月 30 日发的一篇消息稿，由于导语对新闻事件的事实叙述得形象、具体和生动，让人有如身临其境般感到真切，因而尽管这篇文章播出至今已过了一个多世纪，却依然为广播新闻界所称道：

> 南太平洋西岸有史以来最为猛烈、破坏性最大的风暴，三月十六号至十七号横扫萨莫亚群岛。结果有六条战舰和十条其他船只要么被掀到港口附近的珊瑚礁上摔得粉身碎骨，要么被掀到阿庇亚小城的海滩上搁浅。与此同时，美国和德国的一百四十三名海军官兵有的葬身珊瑚礁上，有的则在远离家乡万里之处的无名墓地上，为自己找到了永远安息的场所。

(5) 表现手法不宜过于花哨

报刊新闻的导语，除要以最富诱惑力的语言把读者吸引过来外，还得通过导语结构的新颖别致来挽留读者，迫使其在读完导语之后还会不由自主地接着往下阅读文章的主体。因而在写作手法上，各种新奇的表现手法都可以在报刊新闻的导语中"百花齐放"，记者用笔触驰骋的空间无边无际、极其广阔，而广播新闻的导语虽然也可进行多种尝试和创新，但其创新的活动空间却要受到广播传媒特点的限制而只能在一定的范围内进行。

例如 2012 年 11 月 20 日《江西日报》上的《一只白鹤坐飞机来鄱阳湖找亲人》一文的导语：

> **本报讯**（记者　刘勇）这是千百年来第一只不靠自己飞行来鄱阳湖越冬的白鹤。11 月 19 日，这只被命名为"白鹤三号"的小天使乘飞机从沈阳飞临鄱阳湖，在未来的几个月，它将在鄱阳湖这片白鹤越冬圣地疗养身体，寻找亲人。

在报纸上，读者对这条导语不但不难理解，而且还由于它在结构上的新颖别致而更有可能赢得读者的喜爱。但若在广播稿中也把导语写成这样，那就显得语句结构有些花里胡哨而让人难以听明白。

再如发于 1991 年 9 月 19 日《中国青年报》上的这条导语：

> 如果说上海市去年颁布的 10 项政策法规，主要目的是为浦东开发吸引海外资金的话，那么，今天颁布的《上海市鼓励外地投资浦东新区的暂行办法》等 3 项政策法规，无疑标志着浦东开发区这个新生儿睁开了她的第二只眼睛——吸引内资。

这条导语，在介绍上海市重视吸引外资的同时也注重吸引内资时，别出心裁地用上了"新生儿睁开第二只眼睛"这样一个比喻，使文章对"吸引内资"这一决策的重大意义的评价变得形象化而更便于读者接受。但若在广播稿中也把导语写成这样，那就显得语句结构有些花里胡哨，不但播音员播讲起来感到拗口，而且听众听起来也难听得明白，其结果只能是弄巧成拙。与其花费心思去让人听了"一头雾水"，倒不如"有话直说"，让人一听就能知道文章所报道的是什么。

（6）对最重要的事实应先做铺垫

报刊新闻的导语，在许多情况下都要求把最重要、最能吸引人、读者最关心的事实放在最前面来引起读者的关注，但在广播的宣传中，由于听众极少有正襟危坐在那里专门等着收听新闻的情况，绝大部分听众都是边干别的事边听的，若把最重要的内容写得过于靠前，待听众在无意中察觉到该新闻的重要性而想仔细收听时，最重要的内容已播过去再也听不到了，就会导致漏掉最有价值的东西。

因此，消息文章的导语，在遵循把最重要的事实放在前面这一常规的导语写作原则的同时，还要适当先做些铺垫，待听众对该则消息有所关注之后再把最重要的事实端出。如"总统今晚在剧院遇刺重伤"，这样的导语，由于播出之前听众并未意识到会有这么重大的新闻，因而一般不会及时全神贯注地进行收听，即使无意间听到了前面的"总统"二字，一时也还反应不过来甚至会误以为是自己听错，待要往下再听以证实或想要弄清到底出了什么事时，能听清的也只是后半句话或第二、第三句话，这样就把最重要的事实给漏掉了。若是在写稿时在前面先做些铺垫，如"今天晚上首都出了一件大事"，然后再把"总统遇刺"这么一个最重要的事实接上，听众在前面听说出了一件大事，自然会把精力集中过来倾听下文，这时恰好报告"总统遇刺"，听众便能把这最重要的事实听进去了。

（7）不宜罗列出太多的数字

报刊上的导语，有时为了说明问题，可以一下子罗列出较多的数字，读者通过各项数字的分析或对比，就能更好地体会出该新闻事件或事实所蕴含着的意义来，例如：

> **本报讯** 近 20 年来，我市城建工作步伐不断加快，成就令人瞩目，至今年 9 月底止，城区面积已由 1990 年的 8.4 平方公里扩大到了现在的 29.4 平方公里，城市道路总长已由原来的 44 公里延长到了现在的 254 公里，城市人口人均居住面积已由原来的 3.95 平方米扩大到 8.52 平方米，城市园林绿化面积已由原来的 90 公顷扩大到了 999.6 公顷……

这么一大堆的数字，用以说明成就固然令人瞩目，具有说服力，文章登在报纸上，读者也能看得懂。但如果把这样的稿子拿到广播上去播出，虽然听众也能听得清，但由于堆砌的数字过多，反而会使听众一个也记不住，听了也等于没听。因此在广播新闻稿中如需要用数字来说明问题时，也应尽可能少用一些，并在使用中设法把它们错开，将其分散穿插到对各项事实的分叙中去交代为好。

（四）广播消息文章背景部分的职能及写作概要

1. 广播消息文章背景部分的职能

消息文章中的背景部分，其功用大致有显义、释疑和揭"秘"这三种。

（1）显义

消息文章的背景，有时是用于显义，背景的"显义"又有两种情形，一种是通过对背景的交代来体现出被报道方所做的事的意义来。例如乌鲁木齐人民广播电台 2013 年 10 月 11 日播出的《反映庄仕华事迹的电影〈军医〉开机》一文：

> 本台记者王欢报道：10 月 10 日，由武警新疆总队医院院长庄仕华真实事迹改编的电影《军医》开机，预计明年 2 月与观众见面。
>
> 该电影是新疆电视台和武警新疆总队联合创作的。庄仕华入伍 39 年来，2011 年被评为全国道德模范，是感动新疆的十大人物之一。今年 3 月，中央文明委授予庄仕华"当代雷锋"荣誉称号，是继郭明义之后第二位获此殊荣的全国重大典型。
>
> 据了解，影片拍摄地取景于武警新疆总队医院、南山、吐鲁番等地，尽可能接近原型人物的工作、生活，以及内心的思想感情。这部电影浓缩了庄仕华与新疆各族患者众多感人至深的真实事迹，用艺术再现了一位军医心系边疆各族患者、不计个人得失的故事，传播真善美，传递正能量。

先进人物，各地和各行各业都有，但将先进人物的事迹拍成电影并不多见，当事方这么做，有必要吗？这个名叫庄仕华的人的事迹，够得上拍电影吗？拍摄这样一种题材的电影，是不是有点无聊？这是听众在听这条消息的时候很自然会产生的疑问。因而，这条消息的作者在导语中报告该电影的拍摄已经开机之后，接着就在第二段交代庄仕华这个人曾"被评为全国道德模范，是感动新疆的十大人物之一"，并且还交代了中央文明委曾授予他"当代雷锋"的荣誉称号等，有了这样的背景材料来说明他的"分量"，就体现出了当事方要将其事迹拍成电影的意义，让听众感到当事方这么做并非无聊。

再如中央人民广播电台1998年2月19日播出的《陕西商洛地区创出独具特色的"扶贫经济合作社"》一文：

> 陕西省商洛地区建立"扶贫经济合作社"，用扶贫贷款扶持农民。农民只要一周偿还一只老母鸡的钱，就可以得到一头老黄牛的扶贫贷款，洛南县依靠这一组织一年就摘掉了贫困帽子。
>
> 商洛是陕西省最贫困的地区。这个地区从实际出发，实行官办民营的"扶贫经济合作社"制度，"扶贫经济合作社"的同志跋山涉水，摸清了每个贫困户家底，有针对性地开展扶贫。洛南县磨子沟村四组的彭梅绒一九九七年初贷款一千元，当天就买了一头猪、一台打浆机和黄豆。丈夫磨豆浆、卖豆腐，彭梅绒用豆渣养猪、种香菇，头九个月就收入四千六百元。像彭梅绒这样的贫困户，洛南县去年扶持了一万四千户，合作社贷款一千五百万元，资金回收率百分之百，农户户办项目收入一千三百万元，农户收入九百一十元，全县甩掉了几十年的贫困帽子。
>
> 目前，商洛地区的这个做法已经在陕西十四个县一百五十六个乡镇推广。
>
> （黄立新　胡声桥）

这条消息的第二段，交代了"商洛是陕西省最贫困的地区"这么一个背景，言下之意就是说这个地区的群众由于贫困，没有钱来发展生产，要想脱贫致富，就得先有本钱来投资到生产上，要是不交代这一背景，听众不知道当地群众很贫困，且没有钱来发展生产，就有可能会怀疑当地成立这个扶贫经济合作社有没有必要，成立这个社是不是多此一举，而交代了当地很贫困这么一个背景，然后说当地"建立'扶贫经济合作社'，用扶贫贷款扶持农民"，就使当地之所以要建立这个社的意义显现出来了，能让人知道当地做这个事确实很有必要。

背景的另一种"显义"，则是用于体现作者之所以要报道这么一件事的意义。例如中央人民广播电台曾经播出过一条关于革命老区延安粮食亩产达到150多公斤的消息，乍一听来，会让人觉得有点可笑，在全国，粮食亩产五六百甚至上千公斤的地方多的是，中央人民广播电台都不报道，怎么却去报道一个亩产才达到150多公斤的地方呢？这样的事也拿来报道，是不是有点无聊呢？对于这样一种看似毫无意义的题材，就必须要通过背景的交代来体现出它的意义。该文在导语之后，接着就交代了一段新闻背景，说延安地区山高水冷，自古以来农业生产都是广种薄收，粮食亩产只有50公斤左右，这样一来，交代了过去的产量，听众就能感受得到报道这条新闻的意义来了，因为从亩产 50 公斤左右一下子提高到了 150 多公斤，虽然相对于别的地方而言这产量算不了什么，但与该地的过去比，产量已经提高到了原来的 3 倍，这成就很了不起，报道它当然也就很有意义了。

（2）释疑

一条新闻，是在向听众"报告一件事"，但若只是就事而叙事，有时又未必能够把事情说得清楚，以致听众听了往往会产生许多疑问。因此，广播新闻稿的背景部分，有时就应要起到为听众释疑的作用，即补充说明一些相关的情况，让听众不但能够"知其然"，而且还能"知其之所以然"。如中央人民广播电台 1997 年 4 月 11 日播出的《只埋头种地，不了解市场　三万江西椒农败走海南》这条新闻：

> 到海南种辣椒的三万江西椒农，因为不了解市场大亏本，近日返回家乡务农。
> 据南昌市蔬菜办公室负责人介绍，去年春节前后，南昌市的辣椒卖到每公斤五六十元，在海南种辣椒的七千多江西农民百分之九十都发了财。在这种高回报的刺激下，去年冬季前后，有三万多江西农民以三五人合股为主，陆续到海南省的三亚、陵水等地，租地种辣椒。
> 椒农们在田间搭起木棚，日夜辛勤劳作，盼望着丰收。谁知，去年遇上暖冬气候，加上内地大力发展大棚菜生产，南昌菜市场上菜多价平，辣椒便宜时只卖到每公斤五角钱。而在海南种的辣椒，运到南昌，加上损耗，每公斤的成本就在五角左右，因此大批去海南种辣椒的农民亏了本。
>
> （李振湘）

这条消息，如果没有第二段的背景来交代"去年春节前后，南昌市的辣椒卖到每公斤五六十元，在海南种辣椒的七千多江西农民百分之九十都发了财"，听众在听到江西有三万农民跑到海南去种辣椒来供应南昌市场时，并不一定能够理解为什么会有那么多人要种辣椒。如果没有第三段中的"去年遇上暖冬气候"一句来暗示南昌往年冬季寒冷，无法种植辣椒，听众就不一定能够理解这些农民为什么要从江西跑到海南去租地来种。

（3）揭"秘"

有些消息文章在报道一件事时，听众往往不但想要知道该事的经过和现在怎么样了，而且还想知道该事是在什么情况下发生的或者说是什么原因导致该事的发生。而在报道中说到某一个人时，听众往往也会不仅想要知道该人做了什么和怎样做的，而且还想知道一些有关该人的各方面的情况，比如说这人是哪里人，他过去曾经做过什么或他有什么特长、爱好等，因而当文章所报道的事件或事实中有这种情形时，就得要通过背景部分来进行揭"秘"，即把其中的"秘密"揭示开来让听众知晓。例如天津人民广播电台 2013 年 8 月 24 日播出的《本市南水北调配套工程"百日会战"九月启动》一稿，导语报告了该市的南水北调配套工程的建设已经进入了冲刺阶段。听了这个导语，听众自然就想知道天津市的南水北调配套工程都有些什么项目，因而作者接着就在背景部分里给听众揭开这个问题的"秘密"：

南水北调中线工程从湖北丹江口水库引长江水进入天津后，分为两路：一路经由西河源水泵站为中心城区供水；另一路经由曹庄泵站为滨海新区供水。其中，曹庄泵站和滨海新区一期供水工程已于去年建成。今年在建的两项配套工程分别是西河源水泵站工程和滨海新区供水二期工程。

这样，告诉听众天津市的南水北调配套工程有曹庄泵站、滨海新区一、二期供水工程、西河源水泵站工程，这样听众就能明白南水北调配套工程到底包括哪些工程了。

又如天津人民广播电台 2013 年 8 月 9 日播出的《天津市优秀人民法官石玉波同志先进事迹报告会在天津礼堂举行》一稿，标题和导语中都说到了"天津市优秀人民法官石玉波同志"这个人物，听了这个导语，听众自然就想知道这个"石玉波同志"的有关情况，因而作者接着就在背景部分里对他的情况进行介绍：

石玉波同志生前系天津市蓟县人民法院上仓人民法庭副庭长，2012 年 12 月 7 日，在办案过程中突发脑梗入院治疗，经抢救无效不幸逝世，年仅 37 岁。他生前曾荣获全国法院办案标兵、天津市"十大优秀法官"和天津市第六届杰出青年卫士称号。

有了这个对该人物的介绍的背景部分，听众就能知道他是怎样的一个人了。

2. 广播消息文章背景部分的写作要求

背景部分的写作，需要从如下几点来考虑：

（1）针对读者的思想实际来决定背景写作的目的

前面已经说过，消息文章中的背景材料的作用，主要是用于显义、释疑或揭"秘"。那么，具体到我们要写的文章上来，我们文章的背景，应当是要它起到哪一个方面的作用才好呢？这个问题，需要结合读者在看了导语后考虑问题的思想实际来决定。

①应把背景的写作目的定位在"显义"上的情形。

若导语部分所报道的事让别人一看就觉得不以为然，甚至觉得这样的题材根本就不值得报道时，在背景的写作目的定位上，就应该定在让它能够起到"显义"作用上才好，例如下面这条导语：

本台消息 位于柳青湖北岸的柳湾乡陶家村，最近几年来已有许多户人家盖了楼房，有的农户还买回了手扶拖拉机和农用汽车，村民们都说他们的日子已经越过越好了。

一个村里有许多户人家盖了楼房以及有的农户买回了手扶拖拉机和农用汽车，这在当今时代早就已经是再平常不过的事，听众听到这样的新闻，当然是不以为然的。因而在写作时给它所配的背景，就应当要把目的定位在"显义"上，给听众交代该村有什么特殊情况，以至于直到近年来才有人盖起了楼房以及买得起手扶拖拉机和农用汽车，这样才能显出此事是值得电台报道的。

又如下面这条导语：

本台消息 在今天召开的市直机关领导干部会议上，市长黄达光说，政府将划拨出专项经费来用于普法宣传教育工作。

普法宣传教育工作，政府有必要划拨出专项经费来开展吗？这是不是小题大做、乱花钱？这是听众很自然会产生的疑问，因而在给这样的导语配背景时，就得要说清楚为什么要划拨出专项经费来用于普法宣传教育工作，即应揭示出政府这么做的意义，这样听众才有可能赞同政府的这一决定。

②应把背景的写作目的定位在"释疑"上的情形。

若导语中存在让人费解的问题，那就得要把背景写作的目的定位在让它起到"释疑"的作用上，例如：

本台消息 接上级通知，我市公安机关将从今年五月十五日起至八月底止，在全市范围内全面开展清理"三非人员"的专项行动。

这条导语中的"三非人员"指的是什么人？恐怕绝大多数的听众都不清楚，因而在接下来的背景中就应当对它进行解释，这条导语的背景，就应当写为：

所谓"三非人员"，指的就是"非法入境"、"非法居留"、"非法就业"的外国人。

又如：

本台消息 市人民医院引进介入法技术来治疗心血管疾病的实验已获得成功，采用这一方法来治疗的多例病人，都已收到了良好的疗效。

这条导语中所说的"介入法"是一个医学方面的专业术语，可以肯定的是，绝大多数听众都不知道它到底是一种什么样的疾病治疗方法，因而，在随后的背景中，就应首先对其做出解释。

③应把背景的写作目的定位在"揭'秘'"上的情形。

若导语所报告的事或所提到的人中有读者普遍想要知道的关于该事或该人的相关情况时，在背景的写作目的定位上，就应是让它能够起到"揭'秘'"作用才好，例如乌鲁木齐人民广播电台 2013 年 9 月 30 日播出的《我市轨道交通一号线工程通过初步设计评审》一文的导语：

本台记者张婷二十九日从乌鲁木齐城市轨道集团有限公司了解到：乌鲁木齐轨道交通一号线工程顺利通过初步设计评审，这标志着首府地铁 1 号线已完成前期设计工作，正式进入全面建设阶段。

听众听了这条导语，自然就会想要知道到底这条"轨道交通一号线"沿途将要经过哪些地方，离自己所住的地方近不近，因而作者在随后的背景中所交代的"……连接了南郊客运站、新疆大学、大巴扎、南门、北门、八楼、铁路局等客流密集区"，将听众尚不了解的关于该线路的"秘密"揭开，就很有针对性。

（2）针对导语的内容实际来决定背景写作的内容

许多消息文章之所以需要写上背景，主要就是为了将听众并不了解但又有必要了解的一些相关情况进行介绍，使读者能够更好地理解文章所报道的事件或事实。因而，背景部分的写作，从内容上来说也必须要有针对性。如天津人民广播电台 2013 年 8 月 22 日播发的《本市地铁平安志愿者支队成立大会昨天举行》一文的导语是：

> **本台消息** 昨天上午，本市地铁平安志愿者支队成立大会暨"护航平安地铁"活动启动仪式在地铁 3 号线津湾广场站举行，五千多名平安志愿者即日起正式上岗，负责维护地铁运营安全。来听记者常林、通讯员景涛的报道。

在这条导语中，昨天的这个大会到底是在什么地方举行，为什么要成立这个志愿者支队，这五千多名志愿者都是些什么人，他们将怎样来维护地铁运营安全等几个问题都还没有告诉听众，当然也没必要把这几个问题全部告诉听众，因为听众也并不全都想要弄清这几个问题而只是想知道其中的某一个问题而已。那么，在这几个问题中，哪个问题才是听众想要了解并且也应了解的问题呢？

先看第一个问题：昨天的这个大会是在什么地方举行的？因为在什么地方举行或不在什么地方举行，对于开展维护地铁运营安全的工作都没什么关系，因而听众并不会去在意这个问题。

再看第二个问题：为什么要成立这个志愿者支队？成立这个志愿者支队是不是多此一举？这是一个关系到成立这个志愿者支队有没有意义的问题，听众自然会想知道，因而这个问题就有必要对听众解释。

最后看第三个问题：这五千多名志愿者都是些什么人，他们将怎样来维护地铁运营安全呢？因为听众并不会想要去认识这个志愿者支队的人，也不会想要去研究他们这样来开展工作好不好，因而也就不会关注他们是由什么人组成和将要怎么样来开展工作。

这样把不必要交代的情况排除之后，就只有"为什么要成立这个志愿者支队"是有必要解释的了，而作者写作的背景是：

> 目前，天津地铁一、二、三、九号线的运行总里程已经达到七十八公里，日均运送旅客近五十万人次，便捷高效的网络化运营基本形成，然而，一些不文明行为和社会陋习也随之显现。

在这个背景中，作者先说了天津市地铁营运线路之长和每天要运送的乘客之多，然后又说在地铁的营运中已出现了"一些不文明行为和社会陋习"的问题，这样，成立这个志愿者支队的必要性，也就显现出来了。这样结合导语的内容和听众思考问题的实际来写的背景，就很有针对性。

3. 关于背景部分的位置问题

在绝大多数的消息文章中，背景都是紧接在导语之后和在主体之前（即第二段）的，但这也并非完全绝对，根据内容表达的实际需要，有时也可以是把它放在后面的某个段落或让它作为文章的开头第一段。例如郑州人民广播电台2013年9月6日播出的《河南省首批新兵奔赴绿色军营》一文，就是把背景排在最后一段的：

> 郑州台记者张毅报道：昨天上午九点，在郑州火车东站，首批两百七十五名郑州籍新兵身披"当兵光荣、保家卫国"绶带，胸佩大红花，意气风发、斗志满怀，在亲人们的满怀期待中踏上了开往北京的G90次高速列车，奔赴向往已久的绿色军营，由此拉开了今年河南省新兵启运的帷幕。
>
> 出发前，在候车大厅举行了首批新兵起运欢送仪式。济南军区政委杜恒岩、济南军区政治部副主任张建华、河南省党政军领导周和平、李亚、卢长健、王宝贞，市党政军领导王璋、刘贵新、尚守道、张学军、李国记等出席了欢送仪式，并来到站台上与新战友握手话别。欢送仪式结束后，与会领导又走进车厢帮新战友整理军容，鼓励他们早日在军营建功立业，树立好河南兵品牌形象，为家乡人民增光添彩。
>
> 据了解，截至九月四号，郑州全市共安排八千三百三十七人进站体检，合格四千九百二十四人，为征集任务的一点二一倍，其中大专以上学历一千六百八十九人，高标准、高质量地完成了今年的征接兵任务。

有的消息文章，由于背景的内容比较少，就只有一句话或只有短短的两三句话，就不一定要单独成段而可以和主体共作一段，例如内蒙古人民广播电台2003年10月18日播出的《呼和浩特铁路局决定加开专列抢运甜菜》一文：

> **本台消息**　呼和浩特铁路局最近决定加开专用列车，突击抢运巴彦淖尔盟的甜菜。
>
> 今年，巴盟甜菜获得了大丰收，及时向外调运有困难，而包头、呼和浩特两大糖厂，经过技术改造，生产能力增加，又急需大量原料，为了解决这个问题，呼和浩特铁路派专人深入巴盟地区，调查核实甜菜运输量，组织落实装车货位、劳力及专用列车拉运方案。决定十一月份，从临河到东胜以及呼和浩特之间，每天增开两列甜菜专用列车，确保甜采运输和糖厂的正常生产。

这条消息的背景"今年，巴盟甜菜获得了大丰收，及时向外调运有困难，而包头、呼和浩特两大糖厂，经过技术改造，生产能力增加，又急需大量原料"，就是和主体部分同在一个段落里的。

而有的文章，由于需要交代的背景内容较多，为便于把情况说清楚以便听众能够更好地理解文章所要报道的新闻，也可把背景分散穿插到主体中去，例如中央人民广播电台2013年10月13日播出的《内蒙古畜牧业生产实现"九连增"牲畜存栏突破1亿头》一稿：

> **本台消息** 我国优质畜牧产品生产基地内蒙古自治区，今年牲畜存栏达到一亿一千八百一十九万多头，内蒙古农牧业厅宣布，自治区畜牧业实现了连续九年的稳定增长。
>
> 内蒙古素有"畜牧业王国"之称，畜牧业综合生产能力居全国五大牧区之首，农畜产品加工业发展势头强劲。目前，内蒙古生产加工的牛奶百分之八十五销往区外；京津地区的优质牛羊肉产品，一半以上来自内蒙古。内蒙古已形成年产肉类两百五十万吨、牛奶超过九百万吨、禽蛋五十万吨、绒毛十万吨的生产能力。
>
> 近年来，内蒙古不断加大畜牧业投入力度，加强棚圈等基础设施建设。同时大力推动农牧业产业化发展。目前在内蒙古，销售收入在五百万元以上的农牧业产业化加工企业已近两千家，销售收入超过三千亿元。全区一半以上的农牧户进入了产业化经营链条。大规模的畜牧业产业化带来的集约化、规模化、专业化效应正在日益显现，牛羊等大牲畜存栏稳步增长，质量稳步提升。目前，内蒙古农畜产品加工率已超过百分之五十。农畜产品加工业已成为继煤炭、冶金后内蒙古的第三大支柱产业。

这篇消息主体中的"内蒙古素有'畜牧业王国'之称，畜牧业综合生产能力居全国五大牧区之首，农畜产品加工业发展势头强劲"，"近年来，内蒙古不断加大畜牧业投入力度，加强棚圈等基础设施建设。同时大力推动农牧业产业化发展"都是背景，但作者并不让它们几种在一起而是把它们分散穿插到主体中去，就是为了便于把话说得更顺，把情况说得更清楚，使听众能够更好地理解文章所要报道的新闻。

（五）广播消息文章主体部分的职能及写作概要

1. 广播消息文章主体部分的职能

广播新闻的主体，就是对广播新闻导语中所提及的事件或事实进行展开和补充，并给导语所揭示的主题以佐证和支撑。主体的写作必须紧紧围绕着这两个方面来进行。因为只有对事件或事实予以充分的展开和补充，让听众完整地了解到事件或事实的全貌，听众才会对该事件或事实获得全面的认知和相信导语中所叙的事件或事实的真实；同时也只有通过对所叙事件或事实进行展开和补充使之丰满，才有可能使听众从对该事件或事实的认知中接受作者的观点，赞同作者对该事件或事实的评判。

如湖北省天门县广播站播出过的《干部硬赊强吃 个体店面临倒闭》一文，其导语为：

> 昨天下午，记者从工商部门了解到：李场区的个体工商户由于某些干部强行吃喝赊欠，有的正面临关门停业的困难境地。

这一导语，虽然已经提到了由于某些干部强行吃喝赊欠，使得李场区有的个体工商户正面临关门停业的困难境地，但这些干部到底怎样"强行吃喝赊欠"，听众还不得而知，因而在后面的主体中，就得将导语中已提及而又还没说清楚的事实进行展开和补充：

到四月三十号，李场区四十八家饮食个体户，赊销总数达到一万八千六百元，平均每户赊销三百九十多元，其中大部分是乡、村干部赊欠的。西皂乡舒滩村饮食个体户王祥盛，从一九八一年到今年四月，赊销额八百五十多元，其中区、乡、村赊销占四百六十多元。今年三月十九号，西皂乡党委书记廖坤雄，带着副书记、乡长、副乡长一行九人，一共吃了十八元，连招呼也没有打就走了，不知道这笔账应该记在谁的名下。西皂乡白上山村饮食个体户蔡云香，从一九八二年十二月到今年四月三十号，赊销额一千五百六十多元，其中村、乡干部赊吃款达到八百七十多元。村党支部副书记周泰二和其他几个村干部，只要一来客，就往蔡云香的馆子里一坐，要吃什么就点什么，吃完后嘴一抹就走了。

将导语中已经提到过的事像这样展开和补充之后，听众对当地那些干部到底怎样到个体饭店去"强行吃喝赊欠"的事就知道清楚了。

再如前面列举过的《只埋头种地，不了解市场 三万江西椒农败走海南》一文，在导语中已经提到了在海南种辣椒的三万江西椒农之所以败走海南，是由于他们"不了解市场"。这条新闻的导语所揭示的文章主题，就是"要致富，光靠'日夜辛勤劳作'是不够的，还得要了解市场，把握好市场行情"，导语揭示了这么一个主题，后面的文章主体就得要用事实来给这一主题以佐证和支撑。这条消息后面的主体中写道：

谁知，去年遇上暖冬气候，加上内地大力发展大棚菜生产，南昌菜市场上菜多价平，辣椒便宜时只卖到每公斤五角钱。而在海南种的辣椒，运到南昌，加上损耗，每公斤的成本就在五角左右，因此大批去海南种辣椒的农民亏了本。

这一段话，就是用事实来对导语中所揭示出的主题思想加以佐证和支撑，因而作者关于"要致富，需了解市场，把握好市场行情"的思想观点，也就很自然地能为广大听众所接受了。

只要能把导语中已经提到的事件或事实展开来补充说明清楚，或能对导语中所揭示出的主题思想加以佐证和支撑，主体部分也就算是基本上尽到了其职能，因而这两条消息的主体，均是交代完上述情况便结束。

2. 广播消息文章主体部分的写作要求

（1）主体写作所应解决的问题

从主体部分的职能来看，主体部分的写作，应当解决好如下几个问题：

①补充尚缺的新闻要素。

所谓补充尚缺的新闻要素，就是对导语中尚未交代、但又有必要让听众知道的新闻要素进行补充交代，使听众获知事件或事实的全貌。如广东人民广播电台播出过的《广州市郊将新增十个蔬菜市场》一文的导语：

　　本台记者烘森村报道：广州市郊区在近郊兴建十个蔬菜交易市场，有四个蔬菜交易市场已于近日动工兴建。

而它的主体则为：

　　这十个蔬菜交易市场土建面积共有三万三千五百平方米，用地面积六万三千七百平方米。这十个蔬菜交易市场建成后，可以基本解决每天一百多万斤蔬菜交易的场地，方便生产者和消费者。

两相对比便可看出，对于一些有必要向听众交代，但在导语中却又尚未交代的情况，如"土建面积共有三万三千五百平方米，用地面积六万三千七百平方米"、"建成后，可以基本解决每天一百多万斤蔬菜交易的场地"等属于"怎么样（How）"的要素，在主体中都作了补充交代，这样一来，听众对于这十个新增的蔬菜市场的基本情况，就知道得更全面和更具体一些了。

　　②解释尚未说清的新闻要素。

　　所谓解释尚未说清的新闻要素，就是对导语中已交代过但尚未交代清的新闻要素进行展开交代，使听众对事件或事实的认知更为具体。如前面已经提到过的《干部硬赊强吃 个体店面临倒闭》一文，在导语中虽然也已交代因为某些干部硬赊强吃，导致有的个体店已经面临倒闭这么一个情况，但这些干部到底是怎样"硬赊强吃"及个体店又是如何"面临倒闭"，却还没有交代清楚，因而在主体中就得要再进行展开交代，这样听众才能知道得更具体。

　　③将新闻内容进行拓展延伸。

　　所谓将新闻内容进行拓展延伸，就是对一些虽不属于新闻要素范畴但却能有助于表现好新闻或有助于体现好新闻主题的一些次要情况、附带情况进行补充，以增进听众对事件或事实的真实性的信服感，从而促成听众对作者观点的赞同。如一篇曾在中央人民广播电台播出，题为《浙江生产出价格只相当一头牛的小型拖拉机》的消息，文章在报道了浙江永康拖拉机厂生产出了价格只相当一头牛的小型拖拉机这一新闻及说明了有关这种小型拖拉机的各种情况后，按理说该文的任务也就算是完成了，但作者却在介绍完这种小型拖拉机的相关情况后，还把"农民拍手称赞"和"这家工厂今年计划增加产量"等一些不属于新闻要素范畴的次要情况也写进了主体部分，而"农民拍手称赞"和"这家工厂今年计划增加产量"这些从文章标题来看并不属于该文所需交代的内容，就属于"拓展延伸"。

　　"拓展延伸"若能用得恰当，可有助于新闻事实的介绍及文章主题的体现，但如果到处滥用，用得不当，就有可能"画蛇添足"、"狗尾续貂"，因而必须在必要的情况下才用，并且还要用得恰当。

　　④必要时应带上具体的例证。

　　在电影和电视上，我们常常可以看到，当银幕或屏幕上出现了一个人山人海的大场面后，接着总会出现一些人物的近景或出现一两个人物的特写。这在内容表现上叫做"有点有面、点面结合"，其中人山人海的大场面是"面"；个别人物的特写为"点"。若只有"点"而无"面"，反映不出大环境的概貌；若只有"面"而无"点"，则观众便像"雾里看花"一样模模糊糊，什么也看不清。同样的道理，广播消息稿件在向听众"报告一件事"时，也只有以"有点有面、点面结合"的方式来"报告"，才能使听众既获知该事，又能对该事留下一些真切的印象。因此，在消息文章的主体中，除了应对导语中已经提及的事件或事实进行展开和补充外，还应就所报道的事件或事实举出一些具体的例证以增强文章的说服力。如前面已列举过的《陕西商洛地区创出独具特色的"扶贫经济合作社"》一文的主体，在交代该地的扶贫经济合作社在扶贫中如何发挥作用的概貌时，还举出了一个具体事例：

> ……洛南县磨子沟村四组的彭梅绒一九九七年初贷款一千元，当天就买了一头猪、一台打浆机和黄豆。丈夫磨豆浆、卖豆腐，彭梅绒用豆渣养猪、种香菇，头九个月就收入四千六百元。

由于有了这么一个具体的事例作为例证，因而也就能使文中的"像彭梅绒这样的贫困户，洛南县去年扶持了一万四千户，合作社贷款一千五百万元，资金回收率百分之百，农户户办项目收入一千三百万元，农户收入九百一十元，全县甩掉了几十年的贫困帽子"等内容的说服力得到增强。

再如上海人民广播电台播出过的《劳动模范和先进人物的健康状况值得引起重视》一文，在说到劳动模范和先进人物普遍因负担过重而使健康受到影响时，也举了一个具体事例来说明问题：

> ……如上海群英绸布店营业员朱福宝被评为财贸的好职工后，报刊一宣传，本市不少顾客找上门去，许多外地顾客写信和汇款给朱福宝，要他代购商品。老朱只得利用业余时间为大家奔波效劳，弄得他寝不安席，食不甘味。最近，他一直感到浑身无力。

电影和电视剧中接在人山人海的大场面后的人物特写画面，并不是随便将一个人物推成特写而是要有所选择，从众多的人中挑选最有代表性的人物来将其推成特写。如要表现正面人物时，一般都要挑选形象美一些的人来出特写；要表现人们干活的干劲大时，也总是要挑选出那些干活最卖力的人来表现。

和影视中的特写画面的运用一样，消息文章主体中所举的例证，应是那些最有代表性，即最典型的人和事来做例子，这样才会具有说服力。

另外，一篇消息文章中所举的例证，必要时也可以不止一个。但若所举的例证不止一个时，就得要注意所举的每一个例子都应代表着一种不同的情形而不应当重复。

（2）主体写作应当注意的事项

主体部分的写作，应注意以下两个问题：

①避免与导语的内容相重复。

消息文章的主体，是要对导语中已经提及的事件或事实进行展开和补充而并非是对导语中已经提及的事件或事实进行重复。但常有一些初学者由于把握不准这一关系而把"展开和补充"理解为"再说一遍"或"换个说法来再说一遍"；也有的初学者虽然明知并非"再说一遍"或"换个说法来再说一遍"，但却想不出除了"再说一遍"或"换个说法来再说一遍"之外还可以另说些什么。因此很有必要多看些报纸和多听些广播，多分析一下别人的稿件中是如何来解决好这一问题的。

②处理好与附属部分的关系。

前面已经说过，有的消息文章的背景由于只有一句话或只有短短的两三句话，就不一定要单独成段而可以和主体共作一段。而有的文章，由于需要交代的背景内容较多，为把情况说清楚以便听众能够更好地理解文章所要报道的新闻，也可把背景分散穿插到主体中去。另外，为了能使听众对所报道的事件或事实感受得更真切一些，有的消息文章的主体部分还要带上一两个例证。

写作消息文章的主体，如果文中需要带上这种附属部分时，应注意把话写顺，要使它们能够与主体部分"水乳交融"，浑然一体才好。

（六）广播消息文章结尾部分的职能及写作概要

消息文章，多数情况下均是说完即完而不允许拖泥带水，因而一般不必专门进行"结尾"。但有时在报道某些需要补叙相关情况或在报道某些需要直接表明作者观点的事件或事实，某些需要向听众提出问题、发出呼吁之类的题材时，也可以安排一段"结尾"来终结全文或在主体内容之后紧接着用上一两句话作为"结尾"来终结全文。

1. 广播消息文章结尾部分的职能

消息文章结尾部分的职能，通常是要起到补充、总结、点题、表态、议论、提问、呼吁等作用。

（1）补充

消息文章的结尾，有时应要起到补充的作用。例如：

> 徐大妈的行动，激起了欢迎群众的共鸣，人们除了向她投来敬佩的目光、赞颂的语言外，还情不自禁地纷纷解囊相助，捐款给徐大妈。当徐大妈要把人们捐来的钱退回时，捐款的人谁也不肯收回自己的钱。徐大妈又急又感动，禁不住流出了眼泪说："他们是保卫国家的英雄，我慰问他们是应该的！"
>
> ——云南人民广播电台《徐大妈慰问子弟兵》

该文之所以要带上这个结尾，就是因为文章虽然已把徐大妈慰问子弟兵的经过说清了，但补充再说这些情况，就能让听众知道她所做的这件事，影响了别人，起到了一个良好的带头作用。

（2）总结

当文章里所报道的事件或事实内容比较多比较杂，听众不易把内容梳理清或者是所报道的事能给他人以较大的影响作用时，如果要给文章带上一个结尾，则所写的结尾就应对文章内容起到总结的作用。例如前面已列举过的中央人民广播电台播出的《陕西商洛地区创出独具特色的"扶贫经济合作社"》一文的结尾：

> 目前，商洛地区的这个做法已经在陕西十四个县一百五十六个乡镇推广。

这个结尾，就总结出了该事在当地所起到的良好影响作用。

（3）点题

有的文章在把所要报道的事件或事实报告完后，如果担心听众理解不了文章所报道的事件或事实的意义，而要再写结尾，就应当是让结尾起到点题的作用。例如：

> 到目前为止，全镇过去设有庙堂的五个村已全部把庙堂改为图书室或娱乐室，面貌焕然一新。
>
> ——广西武鸣县广播站《武鸣锣圩新鲜事：农村庙堂改建娱乐室》

这篇消息的题目说的是当地将庙堂改做娱乐室，而在结尾里说的也是和文章题目一样的内容，这样的结尾，就起到了点题的作用。

（4）表态

有的文章，在报道了某一事件或事实后，为了让听众知道作者对该事的态度，而要在文章后面带上结尾，所带的结尾就应当要起到表态的作用。例如：

> 对于这次整治广州火车站治安问题的进展情况，本台还将继续进行连续报道。
>
> ——广东人民广播电台《广州火车站治安整治战役拉开序幕》

这个结尾，就表明了电台对这个事很重视，不但现在报道，而且往后还要继续进行跟踪报道。

（5）议论

有的消息文章，在把所有报道的事件或事实报告完后，要是作者对该事比较看重，也可写上一段或几句议论的话。议论，既可以是作者把自己的看法说出来，也可以是借用别人或文中所提到的某个人的原话来进行。例如：

> 个体户对少数基层干部的行为十分不满，又无可奈何。他们说："一年生意十年账，收账比讨债还难。这些人我们得罪不起，只要能从他们手中收回一半钱就心满意足了。"
>
> ——湖北天门县广播站《干部硬赊强吃　个体店面临倒闭》

在这里，作者就是以别人的话来发议论的。

（6）提问

当需要使听众对消息文章所报道的事件或事实引起重视时，若想在文章末尾再写上结尾的话，则也可以用一句提问结尾。例如：

> 面对这样的情景，谁会相信这就是曾经号称"十万富翁"的阮相明的家呢？
> ——广西田东县广播站《富了不扩大再生产，大吃大喝挥霍浪费——一个"十万富翁"重陷贫困境地》

这个结尾，就是通过提问来提醒听众对文中所报道的人物的惨痛教训引起重视。

（7）呼吁

有的消息文章，作者除了要把事件或事实告诉听众之外，还希望人们怎样做，那么，若要在结尾处再写上结尾时，则所写的结尾就应当是用来发出呼吁的。例如：

> 因此，我们感到有必要为这些劳模和先进人物的健康大声疾呼：请有关领导进一步采取有力措施，减轻劳模和先进人物的工作负担，主动关心他们的实际困难，做出妥善安排。希望社会各方面多体谅劳模和先进人物的难处，再也不要加重他们的负担了。
> ——上海人民广播电台《劳动模范和先进人物的健康状况值得引起重视》

这个结尾中，作者说的"请有关领导……希望社会各方面……再也不要……了"，就是呼吁。

2. 广播消息文章结尾部分的写作要求

前面已经说过，消息文章大多是说完即完而不必带上结尾，而如果确有必要带上的话，也应当是要有针对性地来带，若盲目乱带，那就有可能会变成画蛇添足，非但无助于对新闻的报道，反而还会有损文章主题的突出。

三、各种表达方式在广播消息文章中的运用

广播消息文稿的写作，在叙事、描写、议论、抒情等表达方式的运用方面的要求是：

（一）叙事

广播消息文稿的内容，应以叙事为主。其叙事也和标题一样应是"有话直说"、从实道来，以朴实的语言来赢得听众。

（二）描写

为了让听众能更准确、形象地了解文章所"报告"的事件或事实，在广播消息的写作中，必要时也可用上一些描写手法来进行叙述。例如前面已提到的《富了不扩大再生产，大吃大喝挥霍浪费——一个"十万富翁"重陷贫困境地》一文中的下列描写，就很有助于听众理解文章所报道的内容：

> ……每天太阳还没下山，阮家就传出喝酒的猜码声，一直到深夜都不停……
> 现在，阮相明全家人仍然住在一间低矮的泥墙屋子里，家产只有两床既破又脏的蚊帐，两个架床的床板是用竹条代替的，碗柜里摆着几个碗、三只断了把的匙羹；屋

堂中间堆着约两百公斤玉米包，是全家的口粮，牛栏里养着一匹马和一头牛，是全家的生产资料。现在，全家人不是想办法重新振作，而是为过去花钱不公平经常吵闹不休……

再如新疆沙雅县广播站播出过的《我县科技"大篷车"在街头为农民服务》一文的下列描写，也能给人以身临其境之感：

> ……正在赶巴扎的男女老少社员立即拥上去，把大篷车围起来，他们聚精会神地听取科技人员介绍何为选种、浸种，如何施肥等。社员们当场提出了许多问题，如"冬麦返青时出现死亡是咋回事？"、"治'地老虎'用什么办法？"等，科技人员都一一作了通俗易懂的解答。社员们听得津津有味，不住地点头。有的还掏出本子做记录。他们高兴地说："太解渴了。"

（三）议论

在广播消息文稿的写作中，有时也可适当地在叙述中穿插一些议论，所发的议论，既可以是先议后叙，也可以是先叙后议，还可以是夹叙夹议。如广西人民广播电台曾播出的《北流县人民政府奖励落标者》一文，就是先议后叙：

> 按常规在企业向社会公开招标时，中标者兴高采烈，落标者灰溜溜的。然而，在今年五月二十二号十七点钟结束的北流县建筑公司实行社会公开招标会议上，却爆出新闻……

而云南人民广播电台曾播出的《我省鼠疫防治工作成绩显著》一文，则是在叙述完新闻事实之后才发议论：

> ……这一重大发现，不仅解决了我国南方是否存在鼠疫自然疫源地的历史悬案，还暴露了鼠疫动物病的隐患，避免了由此而带来的严重后果。

夹叙夹议，就是叙到有必要发表议论的时候立即进行议论，论完一个话题，再叙另一话题。例如前面已经提到的上海人民广播电台播出过的《劳动模范和先进人物的健康状况值得引起重视》一文，文章在叙述了上海市一位女劳模由于疲劳过度，在开会时突然晕倒而被送往医院急救的事实后，作者马上就发了一句议论：

> 这种情况还不是个别现象……

接着，文章列举了有关数字，说明了当前许多劳模都负担过重，然后又穿插进自己的议论：

……这些兼职过多的劳模，他们的身体也都不太好。也有一些劳模和先进人物，由于社会各方面过多地求助于他们，使他们的健康受到影响……

如果把写作消息文章比作"画龙"的话，则议论就应当是"点睛"。无论是先议后叙、先叙后议或夹叙夹议，都应是以叙为主，以议为辅；叙为基础，议为补充。因为消息文章是要向人报告新闻而不是要向人摆道理的，因而能不议论就尽量不议论。确有必要议论的，也应尽量少议论。并且，所发的议论还应恰是其时、一语中的才好。

（四）抒情

消息文章是要向人报告新闻而不是要向人抒发感情的，因而在这种体裁的文章中，是绝不允许进行抒情的。只要把"一件事""报告"完毕了，其任务也就完成了，若再胡乱抒发什么感情的话，那就成了"画蛇添足"。

四、广播消息稿的文章结构样式

广播消息稿的文章结构样式，较常见的主要有金字塔式、倒金字塔式和逻辑关联式这三种类型：

（一）金字塔式

金字塔式消息又可称为宝塔式或顺叙式消息。

说它是金字塔式，是因为写作这种形式的消息文章时，就像建造金字塔一样，先打好下面的基础，再往上逐渐升高。在这种消息文章中，前面的内容要为后面的内容做铺垫，而后面的内容则需得有前面的内容做基础。即只有在说清了前面内容的前提下，以前面的内容为依托，才有可能把后面的内容说清楚。

说它是宝塔式，是因为宝塔的结构特点与金字塔的结构特点一样，都是脚重头轻、下大上小。

说它是顺叙式，是因为它的叙述步骤是按事件的发生、经过、结局的顺序逐一道来。

金字塔式的消息，由于是按事件或事实发展的时间顺序来安排文章的结构，较易把事情说清楚，且其条理清晰，听众容易听得明白，因而在广播新闻的写作中，这种方式用得还比较多。如下面这条曾在浙江省德清县广播站播出的消息：

据本站通讯员蔡泉宝报道：今天上午，南京军区首长在七〇一三货场检验了我县三桥公社基干民兵，并抽三十名进行了实弹射击。

八时整，两颗红色信号弹在靶场腾空升起。接受点验的一百六十五名基干民兵排着整齐的队伍，跑步进入靶场。

一声令下，被抽查的三十名男女民兵，手持56式半自动步枪进入射击阵地。啪、啪、啪，一发发子弹应声穿过靶心，历时一个多小时，靶场上空升起了绿色的信号弹，射击结束。

经检验，这次实弹射击有二十八名优秀，一名良好，一名及格，合格率达百分之百，优秀率达百分之九十三，其中三个女民兵全部优秀。获得江苏、安徽、浙江和上海四省市十一个被检查单位的第一名。南京军区顾问郭金林称赞他们说："动作符合要领，打出了好水平。"

参加检查的还有省军区张副司令员、嘉兴军分区魏司令以及江苏淮阴军分区、安徽滁县军分区的首长。我县人武部第一政委孟宪斋、县武委会主任马化东、县人武部政委孙化品、部长张怀义等陪同检查。

（二）倒金字塔式

倒金字塔式消息也称倒宝塔式消息。

在消息的写作中，有时为了突出重点，在写作上完全忽略事件或事实的发展过程，而是将需要告诉听众的情况按照重要程度来进行排列。把最重要的内容排在最前面，次重要的内容紧随其后，再次重要的内容接在次重要的内容之后，不大重要的内容又在更后面一些，最不重要的内容则放在最后面。即越重要的内容越在上面，越不重要的内容越在下面，这种头重脚轻，就像一个倒立的金字塔一样头大脚小的消息文章，就叫做倒金字塔式消息或倒宝塔式消息。

倒金字塔式的消息，由于越重要的内容越排在文章的前面，因而这类消息文体无论是对于听众、编辑或是记者来说，都有许多便利。

对于听众来说，倒金字塔式的消息，能让人尽快掌握到消息的核心内容，即使没有时间听完全文，光听一个开头也能大致知道该条消息所报道的是怎样一件事，可为没有闲暇去认真收听全文的听众节省一些时间。

对于编辑人员来说，因为倒金字塔式的消息是把最重要的事实放在了文章的前面，因而在选稿时，只要看完导语的内容，便可知道整篇文章的大致内容和能较快地估计出该消息的新闻价值了。这样就很有利于在较短的时间内对文章做出取舍决策，从而可以节省出选稿所要花费的不少时间，能够提高稿件取舍中的办事效率。

另一方面，由于倒金字塔式的消息文章的结构顺序是按内容的重要程度来排序的，一篇文章不论在哪个段落结束都照样能够显得完整，因而编辑人员在编辑中就很方便。如在改稿中认为哪个内容可以不要，只要将该内容所在的段落整段删掉即可；若觉得文章过长而想进行删节，那就更是省事，只要根据所需保留的篇幅大小，从后往前一段段地删，删至哪个段落时篇幅合适就删到哪个段落，稿件审处很省事。

而对于记者来说，倒金字塔式的消息文章便于迅速写就，能使稿件尽快脱手。如急需赶车赶邮发稿，可不一定将内容全部写完，时间结束时写到哪里就在哪里停止，反正不论写到哪个部分结束，消息都是完整的，台里都可以采用，因而有利于使急稿能够尽快得以播出。

在广播电台播出的广播新闻稿中，倒金字塔式的消息文章也很常见。如下面这条丹东人民广播电台 2014 年 5 月 25 日播出的消息：

本台记者胡佳良报道：昨天下午，蒙古国驻华大使策·苏赫巴特尔一行到丹东港参观考察。

策·苏赫巴特尔一行实地考察了丹东港的部分港池、粮食货场、超大型矿石码头及丹东老东北农牧有限公司，详细询问了港口的中转条件及生产经营状况，对丹东港的发展现状和规划情况表示赞赏。

丹东港集团的高层管理人员向来访的蒙古国驻华大使策·苏赫巴特尔等客人详细介绍了丹东港的发展规划和建设情况，并告诉客人说目前丹东港正致力于建设国际通道枢纽、临港工业基地、现代有机农业项目等。

昨天，在接待来访的蒙古国驻华大使策·苏赫巴特尔一行时，丹东港集团的高层管理人员还说，希望今后能够加强与蒙古国的交流与合作，并愿意发挥好丹东作为东北亚重要国际航运中心的优势，积极为蒙古国经济发展提供港航物流服务。

据了解，蒙古国矿产资源丰富、储量巨大，由于交通基础设施不完善，制约了资源的深度开发和经济的加速发展。而作为东北亚新的出海大通道，丹东港是距离蒙古国较近的港口之一，作为北方天然不冻良港——丹东港有着其他港口无法比拟的优势，再加上丹东港集疏运体系完善，通关便捷，丹东港是蒙古国货物出口日、韩最便捷的出海口。

这条广播消息，就是按内容的重要程度来排序的，因而如果要对其进行压缩删节，只要是从后往前整段地删节，则不论删到哪段，都不会影响到整篇文章的完整性。

由于在广播电台播出的广播新闻中倒金字塔式的消息用得很多，因此每一位从事广播新闻工作的记者、编辑，都必须要熟悉这一样式的消息文体的写作方法，熟练驾驭好这种文体的写作技巧。如果说，消息写作技能是记者赖以供职的看家本领的话，那么，倒金字塔式消息写作的技能，则是记者的看家本领中的关键。

但是，由于倒金字塔式的消息文章是按内容的重要程度来排序的，写作上受的束缚较多，存在着不少的局限，如果每篇文章都这样来写，新闻报道就会变得模式化而显得单调，不利于写作手法的创新。因此，仅仅只会这种写作方法还远远不够，作为一名新闻记者，要想能够应用自如地开展好新闻报道工作，则还应学会新闻文章的各种表现手法，"十八般武艺"样样都会才好。

（三）逻辑关联式

消息作品的结构形式，除了前述的金字塔式、倒金字塔式以外，还有许多样式各异的文章结构形式。尽管它们的结构形式各不相同，但在布局谋篇上也都是遵循着事物间的某些逻辑关系来安排结构的，因而我们将之称为逻辑关联式结构。

在逻辑关联式的消息中，按文章结构所遵循的逻辑关系来分，又可以分为并列关系式、因果关系式、递进关系式、主从关系式、对比关系式和点面关系式等多种形式。

1. 并列关系式

有的新闻，所要介绍的对象不止一个，而所需要逐一介绍的数个对象，它们间的关系又是平等的，遇上这种情况，就得"平分秋色"地对其进行分叙，这种形式的消息文章就叫做并列关系式的消息文章。

并列关系式的消息文章，除了开头部分像一根螺杆一样有一个大头之外，主体部分就无法像倒金字塔式的消息那样按内容的重要程度来排序，而只能是像一根螺杆的杆身一样处处大小均是相等。这种导语部分像螺帽、主体部分像螺杆的杆身一样处处大小均等的消息文章，也有人把它称为"螺杆式消息"。

并列关系式的消息文章，在广播节目中也经常可以见到。如：

本台消息　在今天召开的金华市第二届见义勇为表彰大会上，我县沈华好、孔文卫、吕赵法三名见义勇为先进个人受到了市委、市政府的表彰。

二〇〇八年二月二十三号下午，我县仁川镇柳坡村有一户人家发生了火灾，窗户和楼板都着了火，而楼上又堆有很多稻草，如果不及时把火扑灭，让火苗蔓延到楼上的稻草，临近的许多人家就会跟着遭殃，家在附近的该村村民沈华好发现火灾后，马上赶到着了火的人家，冒火冲到楼上拼命扑救，由于这户人家的房屋已经年久失修，楼板腐烂断裂，沈华好在灭火中不慎从楼上跌落下来，造成了腰椎压缩性骨折。

在今天召开的金华市第二届见义勇为表彰大会上，市委、市政府授予了沈华好"金华市见义勇为勇士"称号，并给他颁发了两万元的见义勇为奖金。

二〇〇年八月三号晚上，我县县城发生了一起飞车抢夺案，两名骑摩托车的歹徒在抢走了一名路人的金项链后仓皇逃离现场，县中天衣夹厂员工孔文卫闻讯后马上主动参加追捕，在原东仙线老路，孔文卫发现了目标后，马上奋不顾身地扑向作案嫌疑人，将作案嫌疑人摁倒在地，并与随后赶到的民警一起把作案嫌疑人制服。

在今天召开的金华市第二届见义勇为表彰大会上，市委、市政府授予了孔文卫"金华市见义勇为积极分子"称号，并给他颁发了一万元的见义勇为奖金。

今天下午，我县受到市委、市政府表彰的还有冷水镇冷水村的联防队队员吕赵法，二〇〇九年九月二十二号，我县冷水镇一家电器材商店发生了盗窃案，三名作案嫌疑人偷了东西后开车逃跑，吕赵法知道这事后，马上骑上摩托车去追赶，在追上了作案嫌疑人时，其中一名作案嫌疑人眼看跑不掉了，就举起一根木棍向吕赵法打来，面对凶恶的作案嫌疑人，吕赵法毫不畏惧，英勇搏斗，最后将作案嫌疑人制服，然后，他又配合随后赶到的公安民警，一起抓获了另外两名犯罪嫌疑人。

在今天召开的金华市第二届见义勇为表彰大会上，吕赵法也获得了市委、市政府授予的"金华市见义勇为积极分子"光荣称号和获得了一万元的见义勇为奖。

——浙江磐安县广播电视台 2011 年 12 月 22 日播出

这条消息，除了在导语中报告了最重要的事实——我县有 3 名先进个人受到了市委、市政府的表彰外，主体中所介绍的三名人物，都是受表彰的先进个人，文章逐一对他们进行介绍，这样的结构关系就是并列关系。

2. 因果关系式

有的消息文章，在报道事件或事实时，需要交代事件或事实的发生或存在的原因，在写作这种题材的消息时，就得按其间的因果关系来排序。

因果关系式的消息文章，可以是因前果后，也可以是果前因后，至于采取哪种形式才好，有时要看内容表达之需，而有时则可根据作者的风格、习惯而定。如前面已列举过的《只埋头种地，不了解市场　三万江西椒农败走海南》和《富了不扩大再生产，大吃大喝挥霍浪费——一个"十万富翁"重陷贫困境地》两篇消息，就是属于因果关系式的结构形式。其中前者文中的"只埋头种地，不了解市场"就是"因"，"败走海南"就是

"果"；后者文中的"不扩大再生产，大吃大喝挥霍浪费"就是"因"，"重陷贫困境地"就是"果"。

3. 递进关系式

有的消息文章，在对所报道的事件或事实进行陈述时，需要采取由浅入深、由表及里的办法来叙述，这种采用层层深入的表现手法来写作的消息文章，由于其篇章结构中层和层之间的关系表现为接力式的递进关系，因而称为递进关系式。如前面已经提及的《劳动模范和先进人物的健康状况值得引起重视》一文，先是通过一位女劳模因疲劳过度突然晕倒在会场并因身体过于虚弱而流产的具体事例来说明"劳动模范和先进人物的健康状况值得引起重视"的道理，然后指出此问题并非个例，进而再分析之所以劳动模范和先进人物的健康状况普遍每况愈下的社会原因，就像剥竹笋一样直到揭示关键问题为止。

4. 主从关系式

一篇消息文章，就是要向听众"报告一件事"，但有的题材的新闻，在"报告一件事"时，还有必要再把与之相关的情况进行补充说明。这样一篇消息文章中所要交代的情况，就存在主要情况和次要情况之分，这种既交代主要情况又交代次要情况的消息文章，其结构形式就是主从关系式。如天津人民广播电台 2013 年 10 月 16 日播出的《海津大桥明天起断交施工》一文：

> **本台消息** 作为快速路东南半环的"嗓子眼"路段，海津大桥的堵车问题一直困扰着市民。从今年起，本市着手对海津大桥进行拓宽改造，在完成下部结构和拓宽部分的箱梁主体后，将从明天夜间起，对海津大桥北侧进行断交施工，这标志着海津大桥拓宽改造将进入原桥与新桥的桥体连接阶段。
>
> 据了解，这次拓宽工程的设计内容为在东南半环方向现有上、下行主桥外拓宽，增加一个车道，将现状主体双向六车道拓宽成双向八车道。
>
> 施工期间，快速路东南半环由河西向河东方向正常通行，河东区到河西区方向车辆可绕行富民桥、国泰桥、光华桥等，富民桥调整为由河东向河西方向机动车单行。
>
> （记者　陈彤）

从文章标题来看，该文只要向听众报告什么时候该座桥梁开始中断交通来进行工程施工即可，但作者为了使听众能够获得更多与此"断交"相关的信息，在文章的末尾还补充交代了如下一些相关情况：

> 施工期间……河东区到河西区方向车辆可绕行富民桥、国泰桥、光华桥等，富民桥调整为由河东向河西方向机动车单行。

所补充说明的上述这些情况，就是从属于主要事实的相关情况。

在一篇消息文章中，既写主要情况，又写相关情况，先写主要事实，后写相关事实，这种消息文章的结构形式，就叫主从关系式。

5. 对比关系式

在所要报道的新闻中，有的题材的新闻，其事件或事实可通过与相关的事件或事实对比以体现出作者的观点，在写作中采用对比的方式来体现主题的消息文章，就是对比关系式。如广西博白人民广播电台 1988 年 12 月 1 日播出的《我县一万一千多农民"解商归田"搞种养》一文中，作者就是采用对比的办法来叙述的：

> 三滩镇良茂村农民刘景云短短两年间，先后跑遍了大半个中国，经营过中药材，由于不懂质量标准，加之信息不灵，大部分是高价买来低价抛出。干了几年不赚分文。因此他毅然回到家乡，把精力花在七亩水田上，第一年便收得一万八千斤谷子。一跃成了县内有名的"吨粮田"能手。与此同时他承包十亩土地，投资三万元，从科研单位引种了四百株良种龙眼。还培育出近十万株良种树苗，至今已收入五万多元。

文章在写出了三滩镇良茂村农民刘景云过去外出经商"干了几年不赚分文"之后，接着又用上他"解商归农"后才一年时间便"一跃成了县内有名的'吨粮田'能手"、"至今已收入五万多元"等事实做对比，说明了外出经商并不一定就能致富，而耕田种地也并非就发不了家，两相对比，就很具说服力。

6. 点面关系式

有的题材的新闻，在报道时需要先从某个具体事例说起，然后才扩展到面上，使作者的观点能为广大听众所接受，即先说"点"，让听众对"点"上的事理信服以后，才推而广之地把"面"提了出来，既然听众能对"点"上的事理信服，那么，对于与其同出一辙的"面"上的事理，也就顺理成章地接受了。以这样一种由点到面、先点后面来说明事理的消息文章，就叫做点面关系式的消息文章。如前文提到的《我县一万一千多农民"解商归田"搞种养》一文，除了属于对比关系式外，同时也属于点面关系式的结构形式：其中的一万一千多返乡务农的农民是"面"，而所列举的三滩镇良茂村农民刘景云等人就是"点"。

文章写作的章法，向来是"大体则有，定体则无"。同样，广播消息稿的写作，在篇章结构的安排上也是可以灵活掌握而不应套入哪一种固定的模式，不必过多地受各种框框条条约束，只要大致遵守消息文体的写作的基本原则，做到能"把事说清"和使作者的观点为广大听众所接受即可。

第三节　广播谈话的写作

广播谈话是广播传媒所特有的一种文体形式，它是一种由播音员直接以第一人称的口气来向听众报告一件事、讲解某一事理或阐述作者对于某个问题的观点的一种广播新闻文体。

广播谈话的特点是：在文章的写作上，要求要像与知心朋友"聊天"一样，通过自然、亲切的"悄悄话"的方式，把作者所要报道的新闻、所要讲解的事理或所要阐明的观点向听众从容道来；在文稿的播出上，电台在播出广播谈话文章时，其播出的速度一般比较慢，播出的语气也比较柔和，目的是为了通过富于感情的娓娓叙说来缩短作者与听众间的心理距离，给听众以亲近感，从而打动听众，使其对文章所播报的新闻信息能够深信不疑，对文章所讲解的事理能够完全接受或对文章所宣传的思想观点能够予以认同。

广播谈话文体的用途，可以用于播报新闻、说明事理或阐明观点等方面。但在实际运用中，广播谈话用于播报新闻事件的并不多，而一般是用于政策、法律宣传和科普知识介绍或用于阐明作者对某一问题的思想观点，解答听众普遍存在的一些疑难问题等。如：

吸烟有害健康

听众朋友们，在这次《科学与生活》节目时间里，我给大家讲讲，吸烟有害健康的问题。

吸烟有害健康？是的，吸烟会有害于健康。为什么说吸烟又会影响到人的身体健康呢？这就得先从烟草里所含有的化学成分谈起，在烟草中，含有焦油、尼古丁等多种化学成分，其中……

有人说抽烟可以消除疲劳，可以提神，这是没有科学依据的，因为香烟里的成分不但不能给人提神和消除疲劳，相反地，只会使人的身体受到损害。所以说，那种"饭后一支烟，赛过活神仙"的说法是没有任何科学根据的，吸烟只会有害健康而对人毫无益处。

也许，有的朋友会问，既然吸烟会有害健康而毫无益处，那为什么我们国家还要允许种植烟草，还要办卷烟厂和允许销售香烟呢？那岂不是国家也故意要危害人民群众的身体健康了？要说清这个问题话比较长，因为在过去人们还不知道吸烟会有害健康之前，就有许多人已经养成了吸烟的不良习惯，要是突然全面禁止吸烟，这些早就有了吸烟习惯的人就接受不了，考虑到这部分人的实际情况，因此国家目前只是以疏导的方式，来让人们知道吸烟的危害，从而自觉地把烟戒掉而不进行硬性禁止。比如，规定生产厂家在香烟的包装盒上，要印上"吸烟有害健康"的字样；在火车上、汽车上、影剧院和会议室里等公共场所一律禁止吸烟；并且，所有的宣传媒介，一律不许发布烟草广告等。同时，对烟草的生产和销售，收税也特别高，目的就是为了通过加重吸烟者的经济负担，来促使他们自觉地把烟戒掉。等到大家都自觉地不再吸烟时，不用国家禁止，烟草的生产和销售，也会自行失去市场的。

说到这里，也许有的朋友会问，现在社会上也有不少人吸毒，为什么国家允许吸烟而又严禁吸毒呢？这是因为：尽管吸烟有害人体健康，也在一定程度上有害社会，但吸烟对人体和对社会的危害程度，远不像吸毒那么严重，因此在一定时期内还可允许吸烟现象有限制地存在。

说到这里，我想大家也已清楚了吸烟的危害。由于吸烟会影响人的健康，听众朋友，如果你有抽烟的习惯的话，建议你最好是把烟戒掉，因为吸烟是有害健康的。

刚才大家听到的是，广播谈话，题目是：《吸烟有害健康》。广西人民广播电台，听众朋友，这次的《科学与生活》节目播送完了，谢谢各位收听。

——广西人民广播电台 1997 年 8 月 16 日播出

广播谈话文章的篇章结构，大致可以分为导言、正题和回报三个部分。

一、导言

导言是广播谈话的开头部分，其职能是要唤起听众的注意并把听众的注意力引导到将要叙说的话题上去。它一般可包括呼号、招呼、问候语、自我介绍、报告栏目名和交代话题等六项内容：

（一）呼号

由于收音机能接收到许多家电台的广播，为了让听众能知道其所收听的节目是来自哪一家电台和现在所收听的是哪一个栏目的广播，因而在广播谈话的开头，一般要先进行呼号。所谓呼号，就是播报广播电台的台名。呼号可以只呼一次，也可以连呼两次。

（二）招呼

由于广播谈话是以"悄悄话"的方式来和听众像知心朋友般进行"聊天"的，既然是"聊天"，就应是在彼此关系融洽的氛围下才好进行，为了营造这样一种彼此融洽的氛围，在呼号之后，接下来还应向听众打个招呼，让听众获得亲近感。

"招呼"应视栏目所面向的听众群而定，若栏目内容所面向的听众不是专对某一特定群体，也可笼统称呼。

（三）问候语

在称呼听众之后，为了让听众能够感受到更多的亲切感，也可再加上一些问候语。问候语可根据节目播出的时间而定，也可采用所有时候都适用的通用语。

（四）自我介绍

在问候语之后，播音员（或文稿作者）也可接着先做个自我介绍，让听众更感亲切。自我介绍一般只介绍自己的姓名，而所介绍的姓名既可以是自己的真实姓名，也可以是笔名。

（五）报告栏目名

广播谈话的导言，在"招呼"或"问候语"之后，还应报告现时所播出的栏目名称，让听众知道将要播出的文章在电台当天的众多节目中所处的方位。

（六）交代话题

交代话题，即把本文所要谈论的话题说出来。话题的交代，有时可以是直接说出文章的题目，有时也可以是说出文章的内容提要或主要论点。如：

> 海峡之声广播电台，海峡之声广播电台。亲爱的台湾同胞们：春节好！我是××，在这次的《天涯共此时》节目时间里，我准备要和大家谈论的话题是：以任何借口来搞"台独"都不得人心。

在这一导言中，接连两遍播出的"海峡之声广播电台"就是"呼号"，"亲爱的台湾同胞们"是"招呼"，"春节好"是"问候语"，"我是××"为"自我介绍"，"这次的《天涯共此时》节目时间"为"报告栏目名"，"以任何借口来搞'台独'都不得人心"

则为"交代话题"。

在实际运用中,有时导言也不一定要六项内容全部齐全,如问候语、自我介绍等项有时也可不要。此外,在各项内容的写作上,也可因文制宜而并非都要千篇一律。

二、正题

广播谈话的正题,其内容因文章题材的不同而异。

在以报道新闻为文章内容的广播谈话中,正题部分的内容与广播消息的写法相似,只是在对事件或事实的叙述上,要求尽可能采用像给熟人讲故事那种娓娓道来的手法,并适当穿插一些设问,使叙述显得更为自然、亲切。

在以讲解事理为文章内容的广播谈话中,正题部分的内容与书刊上的说明文的写法相似,只是在语言的运用上,要求具备广播文稿的语言运用特点;在对事理的讲解中,要求合乎"谈话"文章的语气,即应娓娓道来,给人以自然、亲切之感。

在以阐明某种观点为文章内容的广播谈话中,正题部分的内容与一般的议论文的写法相似,即也要具备议论文所必须具备的"论点"、"论据"和"论证"这三个要素。此外,在语言的运用上,还应具备广播文稿的语言运用特点及合乎"谈话"文章的语气要求。

正题的写作,尽管其因题材内容的不同而分别与消息、说明文或议论文等文体相似,但由于广播谈话这种文体还得要兼具广播文稿的语言运用特点及要求在表述上合乎"谈话"文章的语气,因而在这种文体的写作中,还需注意做到如下几点:

第一,多借助自问自答的设问句式,把所要突出的内容进行反复强调,这样不但有利于让听众听清在说些什么,而且由于关键内容的反复出现,还能起到加深听众印象的作用,促使听众记住并经久不忘。

第二,谈话内容的逻辑关系要顺,当所要说的内容不止一个时,如所谈的内容之间是并列关系,则不要忙于一下子把要谈的内容都罗列出来,应先说完一种内容后才转入另一种内容;如所说的内容之间是递进关系,则应以内容的层次进行排列,由近到远,由表及里,由浅入深,使之脉络分明、条理清晰。

第三,对事实的叙述时间关系要顺,一般应按事情发展的先后顺序来展开,以便于听众理解。

第四,文章的内容虽是以聊天式的口气来展开,但同样要讲究结构严密,不得信马由缰、漫无边际。由外围话题进入中心话题和中心话题与中心话题之间,应有恰当的过渡,使之衔接紧密。

第五,为使谈话气氛显得更为真实自然、贴近生活,给听众更多一些的亲切感,在体现谈话的语气时,应较多地使用各种语气助词,如:"嗯"、"呢"、"吗"、"哪"、"哇"、"啊"等。

三、回报

既然广播谈话是以一种知心朋友间的聊天方式来报道新闻、讲解事理或阐明观点的文体,结束时也就应像朋友间的分手一样做个告别。广播谈话文体中所用的"告别"语,就叫做谈话文章的"回报"。

广播谈话文章的"回报"，一般可包括有交代话题、呼号、招呼、报告栏目名和告别词等五项内容，如：

> 刚才大家听到的是，广播谈话：《外出打工应当注意的几个问题》。中央人民广播电台，各位农民朋友，本台这次的《致富天地》节目播送完了，明天同一时间，再见。

在这个"回报"中，"《外出打工应当注意的几个问题》"就是"交代话题"，"中央人民广播电台"就是"呼号"，"各位农民朋友"就叫"招呼"，"《致富天地》"就是"报告栏目名"，"再见"就是"告别词"。

在实际运用中，回报有时也不一定要五项内容全部齐全，如"招呼"有时就可省掉。此外，在各项内容的写作上，也可以因文制宜而并非要强求一致。

第四节　广播对话的写作

广播对话是一种由两名或两名以上的播音员分别扮演不同的角色，通过在一起"聊天"的方式向听众报道新闻、讲解事理或阐明观点的。其适用范围也和广播谈话一样，可以用于播报新闻、说明事理或阐明观点等方面。但在实际运用中，它也很少用于播报新闻事件而多用于政策、法律宣传和科普知识介绍，或用于阐明作者对某一问题的思想观点、解答听众普遍存在的一些疑难问题等方面。

广播对话与广播谈话的不同之处是：广播谈话是播音员以朋友间的"悄悄话"的方式来向听众娓娓叙说，这种谈话是单向性的，没有交流；而广播对话则是由两名或两名以上的播音员分别扮演不同的角色，通过在广播话筒前相互对话来播报新闻、说明事理或阐明观点，它是一种双向性的、彼此间进行相互交流的谈话。

广播对话由于是双方的交谈，因而它既可以是以"悄悄话"的方式来聊天，也可以是大声的一问一答，甚至还可以有激烈的争论，气氛可以显得热烈。

广播对话文章的篇章结构大致可以分为导言、铺垫、正题、结尾和回报五个部分。

一、导言

广播对话的导言，包括呼号、招呼、报告栏目名和交代话题四项内容，如：

> 中央人民广播电台，听众朋友，现在又到了每周一次的《生活大百科》节目时间，在这次的节目时间里，我们给大家安排了一场精彩的对话，题目是：《节食与减肥》。

广播对话导言的写作，也可不拘一格、灵活运用和创新。

二、铺垫

铺垫是广播对话的正题的前奏。它一般是以一个顺乎自然的由头来挑起对话，待把对话开展起来后，便尽快转入主题。

例如中央人民广播电台曾经播出的《谈谈兰考新面貌》一稿，其铺垫就铺得很有分寸，一两句寒暄之后，紧接着便马上切入正题：

> **女：** 哎，怎么好些日子没见你呀？
> **男：** 哦，我呀！出了趟差。
> **女：** 上哪儿啦？
> **男：** 兰考。
> **女：** 噢，焦裕禄当过书记的那个县。
> **男：** 对了，河南省兰考县。
> ……

这篇对话的题目说的是《谈谈兰考新面貌》，因而一开场，作者很快就把话题引到对兰考的介绍这一主题上去，铺垫铺得很薄，一旦足以将正题带出来便立即打住，显得简洁、流畅、顺乎自然。在以一问一答的寒暄来做开头，把对话挑起之后，马上就通过第二问来将"兰考"这一地名引出，让回答方通过回答交代了出来，而回答方后面的重复，既补充了"河南省"这一地方归属，又重提了"兰考县"这一地名。并且，由于有提问方的一句"焦裕禄当过书记的那个县"在前，说起听众熟悉的焦裕禄，人们自然就会想到兰考县，而一说到兰考县，人们自然也会想起焦裕禄。只通过简单的几句问答在开头略做铺垫，便将"何地"要素带了出来，且由于所谈的是人们普遍熟知的地方兰考县，因而就很容易引起听众的关注。

广播对话的铺垫，有时也可以是为营造对话的氛围而设。先营造好一定的氛围后再切入正题，可给人以自然和谐之感。如南京人民广播电台在《生活顾问》节目中曾播出的《推荐几本儿童暑假读物》一稿的铺垫，就是为营造对话的氛围而设的：

> **播音员：** 各位听众，我市中小学校都已放暑假了，孩子们正在愉快地过暑假生活，宁大姐家的院子里也顿时热闹了起来。
> （音响：男女孩子们做游戏的各种声音）
> **男、女孩：** 宁阿姨，您回来啦！
> **宁大姐：** 哎，回来了，瞧你们玩得多高兴啊，你们这暑假有好长时间吧？
> **一男孩：** 是啊，阿姨，暑假这么长，我们不能光是玩，我们都喜欢看书，阿姨，您给我们说说，看些什么书好啊？
> **宁大姐：** 那你们喜欢看哪方面的书呢？
> **一男孩：** 我最喜欢看能给我们长知识的书了。
> **宁大姐：** 噢，这很好啊！江苏人民出版社最近出版了一套介绍科学知识的书，书

名叫《儿童科学文艺丛书》，这些书啊，很适合你们看！

……

为营造氛围而设置的铺垫，也并不一定就要把它写得很长，有时只用三言两语也可进入主题，例如：

一天，去上海出差的老张和小李怀着兴奋的心情参观了上海世博会中国馆，在回来的路上，他俩热情地交谈着。

李：哎，老张，今天看了世博会中国馆的展览，真是大开了眼界，长了很多见识啊。

张：是啊，特别是我看了"低碳行动"部分的展览……

这篇对话，通过紧接在播音员的开场白后切出的双方对话，一呼一应，使一场对话从一开场就进入了"低碳"这个主题，铺垫不多，但氛围十分适宜。

广播对话的开头，也不一定都要先做铺垫，根据内容表达的需要，有时也可开门见山地直奔主题。如：

女：今天，我来向大家介绍一个村由穷到富的经验。

男：一个村由穷到富？

女：嗯！

男：哪个村？

女：是嘉荫县乌云镇大沟口村。

男：嘉荫县乌云镇大沟口村？

女：是的，就是嘉荫县乌云镇大沟口村。

男：这个村怎么啦？

女：这个村过去很穷，但由于大力发展袋栽木耳种植以后，短短几年时间，就由穷村变为了富村了。

……

——黑龙江人民广播电台 2008 年 3 月 11 日播出

这样的开头，不兜圈子，不卖关子，几问几答，便将好几个重要的要素交代完毕，内容明了，主题突出。

三、正题

广播对话正题部分的写作，其原理与广播谈话正题部分的写作原理基本相同，只是在问题的提出、层次间的过渡、对疑难问题的解答和在表述中所用的语气等方面有一些区别：

（一）问题的提出

在广播谈话中，一般是通过设问的方式来把问题及其答案带出来。而在广播对话中，由于有两人或两个以上的人参与，因而问题的提出和解答，都是以提问和回答的方式来带出。

在广播对话中，对问题的提出和解答，一般有如下几点要求：

第一，所问的问题应是听众不易弄懂而需要解答，并且又是作者能够圆满解答的问题。

第二，对问题的提出，一般应是由一方以出于好奇而打听的口气或以虚心求教的口吻提出，然后由另一方给予解答。

第三，在提出问题之前，应先营造好恰当的氛围。

第四，对问题的提出和回答均应顺畅、自然，给人以真实感和亲切感，而不得弄成像盘问般机械式的一问一答，更不得弄成类似审问、质问般的强制式或被动式的答问。

第五，提问的顺序应循序渐进，遵循由近及远、由表及里、由浅入深的原则。

第六，对于提问方所提出的各个问题，回答方一般都应先把提问重复一遍后才进行回答，让听众意识到往下将要解答的是什么问题，以便及早集中精力等候收听或做好记录的准备。

第七，回答方在回答问题时，对关键的内容应适当重复，使听众能够听清并能记住。

（二）层间的过渡

在广播谈话中，层次间的过渡一般是用过渡句或过渡段来实现的。而在广播对话中，层间的过渡则是由其中一方以顺乎自然的聊天口气或在不经意的问答中将新话题带出，接着另一方再将话茬接了过来，于是便自然而然地实现了由一种内容向另一种内容的过渡。如中央人民广播电台播出的《大家都来植树造林》一稿，在说完了紫穗槐树的枝、叶的用处后，要把话题转到树木的成材周期长、造林合不合算的问题上去时，话题转换得就很自然：

女：哎，听说紫穗槐的叶子是挺好的饲料和肥料呀？
男：是呀！它的枝条还可以编筐编篓。
女：看起来，恐怕就是解决木材问题的时间得稍长些。
男：长，当然得长一些，不过也不是像有的同志所想象的那么长……

在上文中，一句"恐怕就是"，完全是在不经意间便把话题由紫穗槐的用途转到了植树造林生产周期长、划算与否的问题上来了。

又如前述的《谈谈兰考新面貌》一稿，在叙述完兰考生产有了很大发展之后，当要把话题从生产发展转到农民群众生活水平的提高上来时，话题的转换也是在顺乎自然的聊天中实现的：

女：哎，社员家庭情况怎样啊？
男：嗨，那可是鸟枪换炮啦！

（三）重点的突出和难点的讲解

1. 重点的突出

写作广播对话，对于一些需要重点说清的问题，应通过多做重复来突出，例如有一篇介绍怎样做豆腐的广播对话，就是这样来突出重点的：

> ……
> **男：**那敢情好。你就说说啥叫"五巧秘诀"吧。
> **女：**成，成。"五巧秘诀"呀，概括起来就叫做"巧用水，巧撒面，巧使盐，巧点卤，巧加压"，下面呐……
> **男：**你等一等，我先记住这"五巧"。叫做"巧用水，巧撒面，巧使盐，巧点卤，巧加压"，没错吧？
> **女：**没有错，下面咱们就一巧一巧地说清楚。
> **男：**好，先说第一巧，"巧用水"。
> **女：**对，这第一巧是"巧用水"，这巧用水，实际上是多用水，用好水。
> ……

> ——山东人民广播电台 2005 年 4 月 3 日播出

在这个片断中，重点要说和想要让听众记住的"五巧"，就是通过让回答方再重复一遍来让听众能有机会重听。还有，接着又通过让双方重复"没有错，下面咱们就一巧一巧地说清楚"和"好，先说第一巧，'巧用水'"的对话，既可让听众通过多听一遍来把内容听清，同时由于做了这样一个重复来拖延了点时间，也可使那些想要做记录的听众能来得及去找出纸和笔来做记录。

2. 难点的讲解

在写作广播谈话稿中，若文章内容涉及一些不好理解的词语需要进行讲解时，例如谈论历史问题的稿件中要提到某个鲜为人知的史实或在介绍科普知识的稿件中涉及一些专业术语时，一般也是以设问的方式来提出并加以解释，而广播对话对这类疑难问题的解释，则也是和问题的提出一样，由一方以请教的口吻提出来，然后由另一方来给予解答。

广播对话中难点的提出和解答要顺乎自然，要与即时的对话氛围相和谐而不应给人以生硬、节外生枝之感。

为使穿插于对话间的问题解释能与是时的对话氛围相协调，对各种问题的解释，最好是通过双方的问答来将所要解释的问题自然地带出。如中央人民广播电台《农业科技广播》节目中曾播出过的《棉籽饼——喂猪的好饲料》一文，在提到了"氨基酸"这么一个不为广大农民听众所熟悉的名词而需要对它进行解释时，就是以顺乎自然的方式来把它带出的：

> **甲：**棉籽饼、菜籽饼不光蛋白质含量丰富，它们的蛋白质里还含有动物需要的多种氨基酸。

乙：氨基酸？这个名词是听说过，可我还不清楚是怎么个东西。

甲：氨基酸是构成蛋白质的基本单位，也就是说，所有的蛋白质都是由各种各样的氨基酸构成的。

……

（四）语气的运用

在广播谈话中，因播音员是以朋友间的聊天方式来播报新闻、讲解事理或阐明观点的，因而在语气的运用上就应是以"悄悄话"的形式娓娓道来，给人以亲切感。而广播对话是两人或两个以上的人在一起交谈，因而它在语气的运用上既可以是用"悄悄话"来"聊天"，也可以是大声地一问一答，甚至也可以有激烈的争论。

四、结尾

一篇文稿在广播节目中播出时，往往总有许多听众不一定是从头听起；即使是从头听起的听众，如果文章篇幅较长，那么等听到后面的内容时，往往也有可能会忘记前面所说的是什么。而广播对话这种文体的篇幅往往都比较长，为了让听众能记住对话的话题及稿子的主要观点，在对话稿的结尾，一般都要对篇首的内容进行呼应。

呼应的对象，应是一场对话的主题而不能是那些用于铺垫、营造气氛之类的寒暄话语。如《谈谈兰考的新面貌》一稿，其结尾处的呼应就是针对主题来进行的：

女：记得焦裕禄同志生前说过，不改变兰考的面貌，死不瞑目。如果焦裕禄同志看到了今天的情景，该有多高兴啊！

男：就是啊！我们每一个关心兰考的同志，都在为兰考的变化而高兴！

中央人民广播电台，刚才播送的是，广播对话：谈谈兰考的新面貌。

五、回报

在上文中，"刚才播送的是，广播对话：谈谈兰考的新面貌"一句，就是该对话的"回报"，这一"回报"，既照应了对话开头的内容，又起到了点题的作用。

因广播对话与广播谈话的"回报"部分的功用及写作要领基本相同，因而在此不另外细细陈述。

第五节　广播通讯的写作

通讯文章和消息文章，都是由古代的记事文演变而来的，都属当代记叙文的分支。

报纸产生以后，它们随着报纸要对某些人或事进行详细、生动、具体的报道而逐渐从一般的记叙文中分离出来，形成各具特点的新文体。

刚从一般记叙文中分离出来的通讯文章与消息文章并无多少区别，只不过是在记人叙事方面，通讯文章比消息文章叙述得较为详细而已。

电报问世以后，为了提高报纸的新闻时效，19 世纪末，这项科学新成就很快就被普遍运用到新闻文稿发送方面上来。记者外出采访，遇到重大事件、突发性事件时，都通过电报来往报社发回稿件，它使新闻的时效性得到了空前的提高。

用电报发稿虽然能够抢得比邮发快得多的时效性，但由于拍发电报需得先将报文译成电码才能拍发，很费时间，而且拍发电报的费用也很昂贵，因此，通过电报拍发的新闻稿就必须写得很简洁。

对于一些内容较为丰富的新闻事件，仅通过电报拍发回的简短文章来报道，很难满足读者想全面了解该新闻事件或事实的欲望，因此遇上较大的题材时，记者除通过电报拍发包含"何人"、"何事"、"何时"、"何地"、"为何"、"如何"等必要新闻要素的短稿外，还得另写内容比较详细的长篇报道文章并通过邮局寄回报社。为了区分通过电报拍发和通过邮寄传递回报社的这两种文章，报社便把通过电报拍发回的短篇报道稿件称为"电讯"或"消息"，而把经邮局寄回的较长篇的报道文章称为"通信"或"通讯"，这就是通讯文章的由来。

由于报社在收到电报稿后已将"消息"稿刊发，后面寄回的"通讯"就必须写得生动一些才能吸引读者，因此，记者为了把"通讯"这种长篇报道文章写得生动感人，就得调动描写、议论、抒情等多种手段来增强文章的可读性。

通过不断的探索和实践，"通讯"文章与"消息"文章分离后，于 20 世纪初逐步发展成为新闻报道的一种独立文体。

一、通讯文体与消息文体的区别

通讯文体与消息文体两相比较，二者之间大体有着如下一些不同：

1. 文章标题

消息文章的标题，一般多为有话直说，而通讯文章的标题，则往往表现为比较含蓄或富于诗意；消息文章的标题，可有引题或肩题，而通讯文章的标题，则可带引题或副题。

2. 稿件标志

消息文章的稿件标志通常被称为"消息头"（若属电传至编辑部的稿子，其"消息头"也称"电头"），它一般置于文首的导语之前，而通讯文章的稿件标识则是置于文末，用以交代发稿单位及发稿时间。

3. 篇章结构

消息文章的篇章结构，有相对固定的结构形式，如由导语、背景、主体、结尾等部分所组成，而通讯文章的篇章结构则是文无定法，没有固定的组成部分和相对稳定的结构形式。

4. 文章职能

消息文章的职能是"报告一件事"，而通讯文章的职能则是"再现一件事"或"讲一个（或一些）故事"；消息文章写作的立足点是要让人知道有那么一件事，而通讯文章写作的立足点是要通过一件（或一些）事来感动人。

5. 文章内容

消息文章的内容一般比较简单，只是粗线条地勾勒出所报道的事件或事实的大致梗概，而通讯文章的内容则比较厚实丰满，它要将所报道的事件或事实描摹得活灵活现，给人以置身其间之感。打个比方说：如果把一篇消息文章比作一幅画作，则一篇通讯文章就是一尊雕塑；如果把消息文章比作画作中的速写画，则通讯文章就是绘画作品中的素描或油画。具体而言：通讯文章既是要"再现一件事"或"讲一个（或一些）故事"，那就不但要说清该事的来龙去脉、前因后果，还得要将其发生、发展过程中的一些重要情节交代清楚和将一些关键细节展现好。

6. 表述方法

在对内容的表述上，消息文章是有话直说，而通讯文章则较讲究文采；消息文章是以叙述为主，可以适当进行一些描写和发表一些议论，但绝不允许进行抒情，而在通讯文章中，则叙述、描写、议论、抒情等各种手法均可使用，不受约束。

广播媒介诞生以后，通讯这一新闻文体又被新闻记者们从报纸上引进到广播中来，由于广播这一新闻园地适合它的生存和发展，通讯文章很快便在这一园地上扎下了根，不久便发展成为广播新闻宣传文体中的重要体裁之一。

二、通讯文章的构成及篇章构架的安排

（一）文章的布局谋篇

通讯文章的结构，一般是由标题、开头、主干、结尾和稿件标识等几个部分所组成。在文章的布局谋篇上，通讯文章的内容安排的一般要求是：

1. 动静结合

一篇通讯文章，尤其是事件通讯和人物通讯文章，往往都是既有"动"的内容，也有"静"的内容。对于这样的题材，在写作内容的安排上，就应当是动静结合、交替排列，使文章的内容显得有张有弛、有急有缓才好。

2. 虚实相间

对于新闻报道所写的内容，原则上都要求尽可能地把情况写实，这样文章才会有分量，但要求写实，也并非就很绝对。在一篇通讯文章中，除了很多内容需要写得具体实在之外，也有的内容是可以或者说是需要写得虚一点的，因为只有有虚有实，虚实相间，文章才会显得错落有致而更耐品味。

3. 波澜起伏

一首歌曲，有高音也有低音，有长句也有短句，有顺承也有转折，才可能动听。一篇通讯文章也应当像一首歌一样，波澜起伏，曲折跌宕，这样才更能把读者吸引住。

4. 详略得当

通讯文章要求把情节写细，但也并不是所有的内容都要写得很细而是要有详有略，详略得当。

（二）文章表现形式的要求

1. 比例要协调

前面已经说过，通讯文章的结构，一般是由标题、开篇、主干、结尾和稿件标识等部分组成。这些组成部分中，每一个部分该占整篇文章的多大比例才恰当呢？这虽然没有具体的比例标准，但大致也有些规则，那就是要得当、协调。

2. 构架形式要基本一致

通讯文章的篇章构架，这一外在的结构形式在一定程度上也能体现出一篇文章的风格格调来，因而，想要使一篇文章能够自始至终保持一种风格，使文章的节奏与韵味从头到尾都能保持一致，则除了文章的开头与结尾之外，主干部分中的各个部分，其外在的结构形式，也应当是大致相同才好。

三、通讯文章写作的一般要求

（一）用"讲故事"的方式来报道新闻

前面已经说过，通讯文章与消息文章的不同是后者是要向人"报告一件事"，而通讯文章则是要给人"讲一个（或一些）故事"，因而在通讯文章的写作上，应致力于把所要报道的事件或事实用"讲故事"的方式说出来，这样才能使受众感到文章内容的有滋有味。例如发于1980年4月23日《广西日报》上的《金钟山下取宝人》一文的开头：

> 桂西边缘，有一座海拔一千八百多米的金钟山。传说，很久很久以前，这里本是座万宝山，贮存着无数金银珠宝。后来，玉皇大帝怕偷懒的人不劳而获，派蚂拐将军扛来一口金钟，把山罩住。从此，只有那勤劳勇敢的英雄，念真经，牵钟耳，蚂拐将军才把金钟拱起，露出财宝……
>
> 传说归传说。而现在，金钟山下确实有一个取宝人，他并不会念什么真经，他只有一颗实事求是、为人民造福的赤诚之心！
>
> 他，就是……

这样的写法，用的就是给人"讲故事"的口吻，很能引人入胜。再如发于1996年11月15日《人民日报》上的《十品官》一文的开头：

> 湖南平江县伍市镇跃进村的文家洞是个穷得叮当响的村组，人均只有四分田。村民牢骚多、怨声大。作为组里的"十品官"也就难当，三年下来就换了五个。去年的组长又辞了"官"，外出打工去了。

这个开头，虽然不那么引人入胜，但用的也是"讲故事"的方式，把所要报道的情况一五一十地娓娓道来。

（二）把事写"实"，把人写"活"

消息文章对新闻的报道，仅仅只是为了让人知道有这么一件事就够了，而通讯文章对新闻的报道，就不单单是给人知道有这么一件事而是要让人能够"活灵活现"地感受该事的发生和发展过程中的每一个情形，而要做到"活灵活现"，所"讲"的"故事"就要既有情节也有细节，尽可能把事写"实"和把人写"活"，这样文章对受众才会有吸引力。例如《广西日报》1986年6月12日的《洒向人间都是爱》一文：

> ……

一九八二年七月的一天中午，在手术台前紧张忙碌了大半天的陆祥嘉正要下班，突然又来了一位被手扶拖拉机碾伤的农民，陆祥嘉水没喝一口，返身又走上手术台。一检查，伤员整个臀部像被绞肉机绞过似的，没有一块完整的肌肉，骨盆也多处破裂。陆祥嘉仔细地清洗了伤口，将那些被撕碎的肌肉剪掉，然后一针一针地缝补。简陋的手术室里闷热得像个蒸笼，极度饥饿，劳累，加上阵阵的肝痛，使陆祥嘉头晕目眩、两腿发软，汗水把他的白罩衫也浸透了。可他仍然咬牙坚持着。一位青年助手支持不住，换上了别的医生，他却始终操纵着手术刀。夜里十一点多钟，手术结束，伤人得救了，可陆祥嘉却累得连解口罩、脱手套的力气也没有了。他趔趄着回到家，不吃不喝倒头便睡。可是第二天一早，他又照样到病房查房去了。

……

这样的细节，就如同电影中的特写镜头一样，把现场的情景一一展现在读者面前，让读者看了能从事实中感受出文章所报道的人物的的确确是个把救治做病人看得高于一切的好医生。

（三）表现手法要尽可能出新

通讯文章要给人"讲故事"，固然需要用讲故事的口吻来叙说，但如果每一篇通讯都是用"在很久很久以前，在一个很远很远的地方，有一个很老很老的老人……"来开头，一到中间紧要关头时又是用"说时迟，那时快，只见他……很快就……"来交代故事经过的话，听众也会厌烦。因而，在"讲故事"时，就得要一个故事有一个故事的讲法才好。而通讯文章的写作也是一样，应当是一篇文章有一篇文章的写法而不要雷同才好。

四、广播通讯文章与报刊通讯文章的区别

广播通讯文章与报刊通讯文章虽然都是要给受众"讲故事"，但出于广播传媒的特点，广播通讯文章和报刊通讯文章在写法上也有许多的不同。例如下面这篇发于 1963 年《北京日报》的通讯：

哑巴媳妇回娘家

杨作景

离家 这天是保定大韩记村生产队社员刘福的哑巴媳妇回娘家的日子。公鸡刚叫过头遍，她就挎着包袱，抱着一岁多的孩子上路了。临走时她和刘福约定好，在娘家住三两天就回来。

刘福媳妇的娘家在定县，要坐火车，好在这条道她常来常往，所以她这次出门，刘福是放心的。

转眼过了十天，媳妇还没有回来，留在家里的三个孩子，整天向刘福要妈妈。刘福到定县去接她，可是娘家根本没见姑娘回来，这下可把刘福急坏了，他到处去找，总也没有下落，愁得他看着几个孩子落泪。

进京 哑巴媳妇坐车上定县，本来应当向南去，但她坐了开往北京的车。火车进了北京站，刘福媳妇扒着车窗往外看，这里不像定县，可是旅客们都下净了，她只好也随着下来。到这时她才知道是坐错车了。她抱着孩子出了车站，顺着大街一直走到交道口，一路上逢人便打手势，可是别人不懂，别人说话她听不见，后来有个热心群众把她送到公安机关。

在市公安局接济救护站，工作人员给她安排了饮食，安置了住处，答应帮助她找到家。

跑城 刘福媳妇不识字，不懂正规聋哑手语，救护站的工作人员陈万云和她谈几次，也没弄清她姓什么，家住哪里。

救护站里电话铃声不断，"05"服务台、城郊区公安分局、派出所，以及一些大工厂、大单位都问遍了，哪里都没有这样的走失人口。

看起来这样查找下去不会有结果了，陈万云决定带着她到各处走走，希望在外边跑一跑能遇到她的家属和亲友，遇到她熟悉的街道。这些天来，陈万云抱着孩子，带着她跑遍了四城。一次在路上遇到一个掏粪工人，刘福媳妇忙着比划，意思是她爱人也掏粪积肥，陈万云琢磨了半天，却估计她爱人是掏粪工人，立刻带她到海淀、安定门外等几个粪场，辨认了所有掏粪工人，但没有结果。

刘福媳妇在北京住了近两个月，陈万云带着她差不多跑遍了北京所有的街道，但始终没有结果。

遇叟 刘福媳妇因为找不到家，有时愁得整天皱着眉头，吃不下饭。逢到这种情况，工作人员就鼓励她不要灰心，同时多抽出时间和她手谈，一方面安慰，一方面通过手谈多了解一些查找线索。一次，刘福媳妇要求帮政府干点活，她用手比划她会纺线，会织布。陈万云突然想到，石家庄、保定一带产棉区的妇女都会织布，她是不是石家庄一带的人？她把这个想法告诉别的同志，有个同志也想起，刘福媳妇脖领上绷着条红布，河北省南部农民为取"吉利"有这样装束。大家研究，认为刘福媳妇可能是石家庄一带人。经领导同意决定带她到保定、石家庄一带铁路沿线去查找。

陈万云带着刘福媳妇到了保定车站，刚到大街，正遇到一个大韩记村到保定办事的老人，老人看到了这母子俩，急忙跑了过来，大声说："这不是刘福媳妇吗？她男人找她都急坏了！"

团圆 保定市公安局一辆汽车开到了刘福的家门口，车里走出了刘福的媳妇，一家人见面又是高兴又是难过。刘福拉着陈万云的手激动得半天说不出话，还是在保定遇到的那个老人代他说出了心意，他说："多亏了现在人民政府把他母子送回来了，要是在旧社会饿也得饿死！"

而北京人民广播电台编辑丁图将该文编辑之后的播出稿是：

哑巴媳妇回娘家

北京人民广播电台，现在是《在北京》节目。

各位听众，现在，跟大家说一个哑巴媳妇回娘家的故事。

这个哑巴媳妇是河北定县人，出嫁到保定大韩记村，是大韩记村生产队社员刘福的媳妇。因为这位妇女是个哑巴，人家又叫她哑巴媳妇。

哑巴媳妇和他商量好，要回一趟娘家。这天，公鸡刚叫过头遍，她就挎着包袱，抱着一个一岁多的孩子上了路。临走的时候，她和丈夫刘福约定好，回定县，在娘家住三两天就回来。

回定县，要坐火车，这条道，哑巴媳妇常来常往，这次媳妇出门，刘福并没有放心不下的。哎……可是，谁知道，两天过去了，三天过去了，一转眼十天工夫过去了，媳妇还没有回来，留在家里的三个孩子，整天向刘福要妈妈。刘福没法儿，只好亲自去一趟定县，准备把媳妇接回来。嘿！刘福不去定县还好，一去老丈人家，倒真急坏了，他这位哑巴媳妇根本没有回定县，她娘家人根本没有见着女儿的面哪！

这事真蹊跷！哑巴媳妇到底到哪儿去了呢？打这儿起，刘福就到处找，到处打听，可总是一点儿音信也没有，眼看着这刘福，愁得不行，对着身边几个孩子直掉眼泪。

听众一定也会为刘福发愁，一定也会为哑巴媳妇的下落担忧。这哑巴媳妇到底去哪儿了呢？

事情是这样的：哑巴媳妇去定县，本来应该坐往南去的火车，不料她弄错了方向，坐上了往北开的火车。上错了车，刘福媳妇还不知道，等车到了终点站，刘福媳妇扒着车窗往外一看，哎嘿！这才心里打起鼓来，这不是定县呵！那定县站来来往往多少次，不是这个样儿呀！可是，当她犹豫的时候，同车的旅客们都已经下车走光了，她也只好跟着下了车。

各位听众，哑巴媳妇坐错车来到的这个终点站，不是别的地方，正是我们伟大的首都——北京。

哑巴媳妇抱着孩子走出了北京车站，顺着大街一直往前走，不知不觉已经来到了交道口。哑巴媳妇一路上看着这大马路、大楼房，瞧着这么多汽车、电车，这么多行人，嘿！这是多么大多么好的一个城市呵！无奈自己走错了地方，并没有心思观赏这里的一切，她只是一路上跟人打手势，努力要弄明白，这是什么地方，她怎样才能回到定县娘家，怎样才能回到保定市大韩记村她丈夫和孩子身边。

这一连串复杂的问题，光靠打手势，很难使人理解，别人问她话，她也听不见，在这种情况下，热心的群众就陪她来到了公安机关。北京市公安局接济救护站的工作人员，给她安排了住处，安排了饮食，答应她一定会帮助她找到家，这哑巴媳妇当然不免要高兴一番。

各位听众，你们是知道的，北京市公安部门年年要帮助人民群众办许多好事，公安人员帮助多年失去联系的人们找到亲人的故事，那本是说不完、数不清的。可是，碰上这位哑巴媳妇，那可把有经验的公安人员也难住啦！第一，这位哑巴媳妇不懂得正规的那一套聋哑人的手势，你按着聋哑学校里那一套手势跟她比划，她一点也不明白。第二，这位哑巴媳妇不识字，你用写字来代替说话吧，也不成。真可以说是完全没有共同语言。救护站的工作人员陈万云和她比划了半天，就是弄不清她姓什么，叫什么，家住在哪里。

这一天，救护站里，叮儿叮儿，电话铃声响个不停，"05"服务台、城区和郊区的公安分局、派出所都问遍了，都说没有走失这么一个哑巴妇女，连一些大工厂、大单位也都问到了，也都说不知道有这么个人。

看起来，这样查下去不会有什么结果，公安部门决定采取另外的办法，他们派陈万云带着这位哑巴媳妇出去溜大街，目的是希望在各处走一走，也许能碰上她的家属或者亲友，遇不上熟人，也许会遇上她熟悉的街道、胡同，那不就好办了吗？这些天来，陈万云抱着孩子，带着哑巴媳妇，溜完了东城溜西城，溜完了内城溜外城，地方走得不少，可就是一点线索也没有发现。陈万云心中万分焦急，可是一点办法也没有。呃，有这么一次，在路上遇到一个掏大粪的工人，哎，这个哑巴媳妇高兴了，忙着用手比划，意思是说她丈夫刘福在农村也掏粪积肥。她这么一比划不打紧，可把公安人员又忙乎了一阵。那陪着她的陈万云，根据她的表情手势，琢磨来琢磨去，满以为她丈夫也是个掏粪工人，既是掏粪工人，就得去粪场找。

陈万云带着哑巴媳妇走遍了海淀、安定门外几个粪场，结果是，一场欢喜又落了空。本来嘛，那保定市大韩记村生产队掏粪积肥的社员刘福，怎么能在北京粪场上找得到呢？

刘福媳妇在北京一住就是将近两个月，陈万云同志带着她差不多跑遍了北京所有的街道，只是一点眉目也没有。陈万云这份焦急姑且不说。那哑巴媳妇找不着家，见不着丈夫孩子，又担心丈夫孩子为她发愁，一想起这些，她吃饭也不香，睡觉也不甜，整天锁着两根眉毛。这份忧愁多么使人同情啊！碰到这种情况，陈万云和同志们就鼓励她不要灰心，同时，更多地抽出时间来和这位哑巴媳妇打手势，一方面安慰她，一方面也希望尽可能多找到点线索。

有一次，刘福媳妇要求帮政府干点活，她打手势表示她会纺线，会织布。哎，这是一个新发现！陈万云想到，石家庄、保定一带，是产棉区，那里的妇女大多会织布，她会不会是那里的人呢？唔，她把这个想法告诉了别的同志，有一位同志也被她提醒了，他说，这位妇女领子上绷着条红布，这也是一条线索。原来，河北南部农民有这么个习惯，为了取个吉利，爱在脖领上绷个红布条儿。嗯，这媳妇多半是石家庄一带的人！这一发现很有价值，领导同意派陈万云带着这妇女去保定、石家庄一带铁路沿线去查找。

这一天，陈万云带着哑巴媳妇到保定下了车。说来，真也凑巧，当她们刚刚到大街，正遇着一位大韩记村来保定办事的老人，这老人一见哑巴媳妇就大嚷了起来："这不是刘福媳妇吗？她男人找得她好苦啊！"这真是踏破铁鞋无觅处，得来全不费工夫。当时，这老人、刘福媳妇和陈万云的那份欢喜就不用细说了。保定市公安局当下派了汽车把他们一齐送到大韩记村刘福的家门口，两个多月无影无踪的媳妇突然回了家，简直就像从天上掉下来一样，那刘福激动得只顾流泪，说不出话来。还是在保定遇到的那位老人代他说出了心意，他说："多亏了现在人民政府把他母子送了回来，要在旧社会，即使不碰上坏人，那饿也早饿死啦！"

各位听众！哑巴媳妇回娘家的故事说完了，让我们一起为刘福一家的团圆幸福，感谢那些忠心耿耿为人民服务的公安人员吧！

两相比较不难发现，同是报道一件事，报刊上的通讯文章的语言比较简洁，在转换话题时只要读者能看得懂，就不一定要用过渡语来过渡而直接说出新的话题来，而广播通讯文章每次要转换话题，就要用上过渡句来过渡，使前后内容间的衔接流畅。此外，为使听众感到亲切，在广播通讯中，不但要用上较多的语气助词，而且还可添加上一些对听众说的话。

五、广播通讯文章写作的总体要求

广播通讯文章的写作，与报刊上的通讯文章的写作原理是一样的，但出于广播传媒自身的特点，又决定了它的写作，在一些技术问题的处理上必须有所不同。这些不同之处主要是：

（一）线索必须单一

在一篇广播通讯文章当中，只能安排一条线索而不得有多条线索。这是因为广播与报纸不同，报纸所展现给读者的是一个"面"，读者可从这个广阔的面上去领略、感受新闻事件或事实的全貌。而广播听众理解广播中所报道的新闻事件或事实时，只能是顺着播音员开篇时引出的一条线索往后探究延伸，如若在故事的播讲中岔离了这条线，或者是在播出中同时展开几条线索，各条线索齐头并进或相互交叉，听众听了就会厘不清所以然，就会越听越糊涂。如报纸上的这篇文章：

> 伊夫琳人到中年，遇到了婚姻危机，她想尽办法要改变这种状况，然而收效甚微。
> 一次偶然的机会，伊夫琳结识了乐观、热心的老人宁尼，宁尼给她讲述了一个发生在汽车站饭馆里的故事：
> 露丝是伊吉长兄巴迪的女友，巴迪的去世给露丝的心灵蒙上了阴影。
> 后来，露丝嫁给了粗鲁的弗兰克，身心备受折磨。
> 伊吉救出了露丝，和她一同开起了饭馆。
> 弗兰克借口索要孩子前来捣乱，惨遭杀身之祸。然而凶手却不是伊吉。
> 数年后，露丝因病去世，把孩子留给了伊吉……
> 从宁尼的故事中，伊夫琳懂得了许多道理，她决定将无家可归的宁尼接到家中，并和丈夫一起重新开始了新的生活。

全文连标点符号在内仅仅才256个字，但其线索却很复杂，头绪纷纭，其中光是大的线索就有两条，而在每条大线索中，又分别包括了四条小线索。

其中第一条大线索中的小线索是：

①露丝因男友巴迪去世而很伤心，只好嫁给性格粗鲁的弗兰克，但婚后备受折磨。

②巴迪的弟弟伊吉看到露丝受苦，就把她从弗兰克那里救了出来，两人一起开了家饭馆。

③弗兰克借口向露丝索回孩子，到伊吉和露丝开的饭馆捣乱时被打死，凶手是谁无法

弄清。

④数年以后露丝因病去世，丢下孩子让伊吉抚养。

第二条大线索中包括的小线索是：

①中年妇女伊夫琳与丈夫感情破裂，家庭面临解体危机。

②伊夫琳试图改善家庭关系，多方努力均未奏效。

③无家可归的老人宁尼是个性格乐观的热心人，他知道伊夫琳的处境后，就把露丝的故事讲给她听，启发她如何处理好家庭关系。

④伊夫琳听了宁尼所讲的露丝的故事以后，悟出了许多道理，她决定把宁尼接回自己家中，并和丈夫一起重新开始了新的生活。

这么多的大小线索交织在一起，就是登在报上，读者也得颇费心思才能厘清其头绪来，如果把它拿到广播上去播出，听众就更觉费解。因而只有把其中的各条线索逐一理顺，按逻辑关系把它们串接起来成为一条连贯的线索，让听众顺着这条线索收听、思考下去，才有可能让听众明白说的是些什么内容。

（二）层间要有过渡

由于广播听众不像报纸的读者那样文章在手、可以对其进行反复阅读和可对文中某些一时不易理解的内容进行仔细琢磨，因而，要想让听众能够准确地理解文章的内容，在广播通讯文章中的各部分内容之间，就必须做好必要的过渡，使之连接顺畅自然而不得互为脱节，不然，听众就不易听得懂到底说的是些什么。例如报纸上有的通讯文章，在不同的内容之间只是用"一、二、三……"或"1、2、3……"等序数来隔开而没有过渡句；有的采用"断裂行文法"来安排文章结构，内容跳跃性很强的通讯文章，常是说完一种内容之后马上就"跳"到另一种内容去了，像这样的文章发表在报纸上，读者并不难以理解，甚至，由于文章篇章结构的跳跃性强而能体现出其所特有的"结构美"来。但这样一种文章，由于不同内容或不同情节之间缺少衔接，若是在广播电台播出，听众就不但不容易听得懂，甚至还会被弄得莫名其妙了。因而，写作广播通讯文章，绝不可以采用报刊上某些通讯文章的这几种结构形式，而是在不同内容、不同情节之间，必须都要用上恰当的过渡语来进行过渡，以保证前后内容能够衔接起来。例如前面第六章第二节中所列举的通讯《总理和农民共度国庆》，如果是在广播里播出，开头部分末尾的"从北京径直来到河北省滦平县农村，看望农民群众，了解农民生产生活情况，和群众共度国庆节"与正文第一部分开头的"滦平是国家扶贫工作重点县"之间，正文第一部分末尾的"我们正在为乡镇卫生院配备基本医疗设备，让农民看病更方便"与正文第二部分开头的"深秋的田野稻子黄了、玉米熟了"之间，正文第二部分末尾的"这样干群关系才会更加和谐"与正文第三部分开头的"温家宝接着又来到山后村"之间，就要把序数"一"、"二"、"三"去掉而改用过渡语来过渡，这样听众才容易听得明白。

（三）结构不宜花哨

写作广播通讯，在安排文章的篇章结构时，为了增强文章对听众的吸引力和感染力，虽然也可对各种材料进行较为艺术的剪裁组合，甚至有时也可根据需要适当用上一些诸如设悬念、埋伏笔之类的艺术处理，使文章结构显得峰回路转、波澜起伏和多姿多彩，但由于广播通讯文章是供播音员播讲出来给人听的而非印在纸上给人看的，因而各种艺术手法的运用分寸若把握不当，也极易让人越听越糊涂以致弄巧成拙。因而在安排文章的结构时，一般不宜搞得过于繁杂花哨，那种故事中套故事、故事外有故事的结构手法由于过于艺术，在广播通讯文章的写作中还是不用为好。

（四）常与听众"交流"

电台在播出广播通讯文章时是以"讲故事"的口气来播出的，而"讲故事"，不但应是像亲人或朋友之间的聊天那样娓娓道来，而且讲的人还应随时顾及听者的反应和情绪。电台的播音员在播讲通讯中没办法与听众交流，但也应顾及听众的感受和心理反应，有针对性地来照顾一下听众的情绪和心理反应。而这种顾及或照顾，并不是播音员所能自作主张的，还得要稿件的作者在写稿时就有意识地安排好才行。也就是说，由于广播通讯文章的篇幅一般都比较长，作者在写稿时，不应是自说自话而应顾及听众，注意在文稿的适当地方，写上一些与听众"交流"的话语，例如《哑巴媳妇回娘家》一文中的"各位听众，哑巴媳妇坐错车来到的这个终点站，不是别的地方，正是我们……"、"各位听众，你们是知道的，北京市公安部门年年要帮助人民群众……那本是说不完、数不清的"等，这样听众就不会觉得播音员是在"自说自话"而"冷落"自己了。

（五）议论可略多些

一般来说，一篇广播通讯文章，只要按照听众收听广播时的心理活动规律，顺着听众的思路发展来安排篇章结构，并遵循广播文体在语言运用上的通俗化、口语化的要求，听众是不难听懂文章内容的，因而在广播通讯文章中，许多情况下都可不必发表什么议论。

前面已经说过，通讯文章中的议论，应当是在新闻事实的深刻含义不易为听众所领悟的情况下所发，而不宜随意乱发。但有的时候，某些内容听众虽然能听懂，叙述的事实中所包含的事理听众也能感悟得出，但因为听众在收听广播中把主要精力用在收听上，不便分心来思考问题；或虽能略作思考感悟得出事实中的事理，但由于听众受节目播出速度的牵制而对事实的理解和对其中所包含的事理的感悟未必够深，在这种情况下，文章中也可写进一些议论，因而在广播通讯文章中的议论可比报刊通讯中的适当多一些。

六、广播通讯文章各个组成部分的写作

（一）广播通讯文章标题的写作

前面已经说过，电台播出的广播消息稿是不带有标题的，但在播出广播通讯文章时，都要播发文章的题目，因而写作广播通讯文章的标题，也和写作通讯文章的正文一样得要认真对待。

广播通讯文章标题的写作也和报刊上的通讯文章的标题的写作一样，大致应从如下几个方面来考虑：

1. 把话说得含蓄些

由于通讯文章是一种比较讲究艺术性，在写作中要经过"精雕细琢"才发表的文章，因而作为文章的组成部分之一的文章标题，自然也就应当写得艺术一些，而含蓄往往也是艺术的表现，把标题写得含蓄一些，朦朦胧胧，如果处理得当，就能给受众一种朦胧之美。例如《曾到此地寻旧梦》、《花海中唯有你最娇艳》、《在那桃花盛开的地方》等，虽然因含蓄而让人觉得朦胧，但却能让人感觉出文章当中或许会有一种很美的意境。

2. 带上些文学色彩

为了使文章更富艺术性，通讯文章的标题写作，还应考虑让她能带上一些文学色彩。例如《亚洲大陆的新崛起》、《天下不敢小聊城》、《危难时刻见深情》、《洪湖水哟》、《人说山西好地方》等，还有上面所列举的那些文章标题，就都具有较为浓郁的文学色彩而显得很富诗情画意，因而也就能给受众以美的享受。

3. 可适当透露些文章所要报道的内容

通讯文章标题的写作，也可以是适当透露出一些文章所要报道的内容，让受众能大致知道文章所报道的是什么。例如《大漠深处的石窟守望者》、《一位土默川汉子的"筑路梦"》、《让每一笔钱都用在刀刃上》、《此心牵挂昆仑水》等，就能让受众从标题上猜出文章所写的大致是些什么方面的内容来。

透露文章所要报道的内容，也可以是由副标题来透露，例如有篇题为《他　她　她——一个买书、让书的故事》的通讯文章，就是由副标题"一个买书、让书的故事"来透露文章的内容的。

4. 一般不使用引题

报刊上的通讯文章的标题，可以只有一个主标题，也可以既有主标题也有副题或引题，还可以既有主标题又有副题和引题。而由于广播是通过口头语言来向受众传播新闻的，如果所说的话太多太长，或者所说的话的语句构成太复杂，听众就不容易听得懂和分得清。而尽管电台在播送广播通讯文章时也播报文章的题目，但所播报的题目也应当是简洁一些才好，而写作广播通讯文章的题目，假如不是必需的话，一般不应用上引题。

5. 也可以是"有话直说"

通讯文章标题的写作，也并非是每一篇文章的标题都必须要含蓄和带有文学色彩，而可以是直来直去地"有话直说"，例如《县委书记的榜样——焦裕禄》、《人民的好医生李月华》、《领导干部的楷模——孔繁森》、《"三北"造林记》等，就是直来直去地"有话直说"。

（二）广播通讯文章开头部分的写作

1. 切入点的选取

广播通讯文章开头部分切入点的选取，需要结合所报道的新闻题材的内容来考虑。若文章所要报道的事中矛盾着的双方之间有着比较激烈的冲突或形势比较紧张的话，那就可以先写出现场激烈冲突的场面或现场的紧张气氛来，然后再回头交代事情发生的起因和经过等情况。例如：

> 四月三十号晚上十点多钟，一辆着了火的大油罐车突然从山西省临汾市晋阳化工厂的大门里冲了出来，只听"轰"的一声巨响，火光顿时染红了半个天空……

像这样一开始就"展现"出一个扣人心弦的紧张场面，就很有利于把听众吸引住。

如果所要报道的事中没有激烈的冲突或紧张气氛，那就找找看在所要报道的事中有没有什么最具有"卖点"的东西（即最能吸引听众的东西），如有，那就以最具"卖点"的内容来开头。例如：

一名"水底神探"，接连八天潜在四十米深的海底深处，搜索过了上百万平方米的海域，终于找到并打捞起了杀人凶手作案的物证和被害人的尸体，使得困扰了湖北省警方长达半年之久的一起命案终于得到侦破。然而这事，却直到今天中国国际工业博览会在上海开幕之后，才被人们所提及。

其实，这位"劳苦功高"的"水底神探"，既不是湖北省公安部门的刑侦人员，也不是上海市的公安干警，而是上海海事大学教授朱大奇和他的科研团队一同研制出来的一款新型水下机器人。

像这样把能够吸引听众的"卖点"放在文章的开头，就很容易把听众吸引住。但要是所要报道的题材中既无扣人心弦的紧张场面，也无能够吸引听众的"卖点"时，那就应当考虑以所要报道的事件或事实中的核心内容来开头了。例如曾在中央人民广播电台播出的《我国北方工业名城——哈尔滨》一稿的开头：

在我国东北美丽的松花江畔，有一座新兴的工业城市——哈尔滨，它是黑龙江省的省会，政治、经济、文化中心。

这篇广播通讯，由于它所要报道的内容是反映哈尔滨市工业建设方面所取得的巨大成就，这样的题材，就不可能会有什么扣人心弦的紧张场面，也不可能有什么能够吊起读者胃口或足以让听众"眼睛一亮"的精彩"卖点"。因而，选用新闻报道题材中的核心内容来作为文章的开头就比较恰当。

2. 表达方式的选用

广播通讯文章的写作，要是文章所要报道的事件或事实中有着比较精彩的场面时，可以采用描写的方式来开头。例如曾在北京人民广播电台播出的《为首都"点睛"》一文的开头：

秋月，把它那银白色的光辉尽情地泻入莲花湖中。湖岸上，竹林边，月华里，一个妙龄少女斜坐在石阶上吹箫。她发髻高悬，身着古装，面容文雅，秀丽端庄。箫声在驾着风儿飘荡，湖面掀动着细细的底纹，竹林发出了萧萧的低语，本来就十分幽静的园林，显得更加幽静了。

你也许要问：这少女是谁？是的，不少的人都曾猜测过，有人说是林黛玉，也有人说是莫愁女，其实猜得都不对，她只是一件普普通通的雕塑艺术品，是北京城里近两年立起来的几十座"城市雕塑"中的一座。

这个开头，先把"镜头"对准一座雕塑及其周围的环境来进行描写，然后将"特写镜头""拉开"，让听众"看到"整个"全景画面"——北京城里近两年立起来的几十座"城市雕塑"，让听众通过"曲径"来"通幽"，就很能吸引住听众。

以描写来开头的写法，也不一定是只能用在报道某些有着比较精彩的场面的题材上，如果在所要报道的题材中有着某些比较美好的场景，也可以用描写来做开头。例如曾在广西人民广播电台播出的《光荣而可爱的城市》一文的开头：

> 登上人民公园的古炮台，俯瞰南宁全景，万千气象映入眼帘，纵横交错的宽敞柏油马路，车辆来往穿梭，人流鱼贯而行，米黄、乳白色的建筑群，掩映在飞花点翠的浓荫之中；雄伟的邕江大桥，像纽带把南北两岸连成一体；邕江水面在巍然屹立的防洪大堤傲视下，汽笛争鸣，百船竞发。

当作者对文章所要报道的事件或事实有某种看法而很想先说出来时，可以先发表议论然后才对所要报道的事件或事实进行介绍。例如曾在贵州人民广播电台播出的《小草的哲学》一文的开头：

> 小草，是平凡而渺小的。然而，青年诗人周嘉堤，却甘愿做一棵小草。

又如曾在重庆市江北区广播站播出的《喜乘农村夜班车》一文的开头：

> 夜班车，在城市是司空见惯了。在农村，还是很稀奇的事，一月二十二号晚上……

如果在所要报道的事件或事实中，既没有什么精彩的场面适合描写，作者也不想先对所要报道的事件或事实发表什么议论的话，也可以采用叙述的方式来开头。例如曾在广西昭平县广播站播出的《爱心作答》一稿的开头：

> 在美丽的昭平县城，有一个感人的故事，一位从贵州遵义来的姑娘，二十五个春秋，九千多个日日夜夜，精心照顾高位截瘫的丈夫和把四个孩子抚养成人，用纯真的爱创造了医疗护理的奇迹。她，就是……

再如曾在新华社播发的《抢财神》一稿的开头，也是不卖关子，不兜圈子，而是直接把文章所要报道的事说出来：

> 我们听说，扶沟县曾发生抢"财神"的事，情节非常生动。这次我们到了扶沟，就专门去访问了这个"财神"。

(三) 广播通讯文章主干部分的写作

主干部分的写作任务，就是要把文章开头所提到的事的详细情况"展现"出来，使受众能够对该事件或事实有一个全面而清楚的了解。

1. 主干部分所应包含的内容

通讯文章的主干部分也就是"故事"的正题部分，整篇通讯文章所要讲到的"故事"，绝大部分的内容都是集中在这一部分之中。因而这一部分的内容，既要说清事件或事实的前因后果、来龙去脉，还得要有情节和有细节，把现场上的情景甚至环境气氛都逼真地再现出来，给人以身处其境般的真切感受。

除了要把"故事"讲得生动之外，在主干部分中，如有必要，也可带上一些议论和抒情。

2. 主干部分不同内容之间的层间过渡

一篇通讯文章所讲述的内容，往往又有几个部分或几个层次。在报纸上，通讯文章中的不同内容之间有时可以断开，用小标题将其分隔，读者也不会感到费解。而在广播通讯文章中，不但不能把它们分隔开来，而且还得要做好过渡来将其衔接起来，这样才能使听众听得明白。

广播通讯文章中的内容、层次之间的过渡方法大致可有如下几种方式：

（1）设置过渡段

在广播通讯文章中，通过设置过渡段来实现层次之间的过渡，这种手法运用得最普遍。例如在前面已列举过的广播通讯《哑巴媳妇回娘家》一文中，就有多处采用了这种方式来实现情节的过渡。如在说了哑巴媳妇失踪之后，文章为了转入对她的下落的介绍，就用上了这么一个过渡段：

> 听众一定也会为刘福发愁，一定也会为哑巴媳妇的下落担忧。这哑巴媳妇到底去哪儿了呢？

当故事说到北京市公安局接济救护站收留了哑巴媳妇、决心为她找到家时，往下就得叙述如何帮她找家的问题，在"决心找"和"如何找"之间，文章也同样是以过渡段的方式来衔接：

> 各位听众，你们是知道的，北京市公安部门年年帮助人民群众办许多好事，公安人员帮助多年失去联系的人们找到亲人的故事，那本是说不完、数不清的。可是，碰上这位哑巴媳妇，那可把有经验的公安人员也难住啦！第一，这位哑巴媳妇不懂得正规的那一套聋哑人的手势，你按着聋哑学校里那一套手势跟她比划，她一点也不明白。第二，这位哑巴媳妇不识字，你用写字来代替说话吧，也不成。真可以说是完全没有共同语言。救护站的工作人员陈万云和她比划了半天，就是弄不清她姓什么，叫什么，家住在哪里。

（2）使用设问句

在广播通讯文章中，除了可通过在段落之间设置过渡段来实现内容的层次与层次之间的过渡之外，有的时候，这种过渡也可使用设问句来进行。如前面已经提过的《抢财神》一文，在说到当地尽管已经培养出了20多名农民技术员但还是不够用，这些技术员还是经常被各村群众抢来抢去之后，作者为了把当地后来是怎么样解决好这一问题的办法带出来，就是用设问句来进行过渡的：

这种抢"财神"的矛盾怎么解决呢？现在有了一个好办法，就是……

（3）借助关联词

层次之间的过渡，有的时候也可既不用过渡段，也不用设问句，而是只用上一两句带有连接或转折作用的关联词的话便可实现。如陕北新华广播电台 1947 年 9 月 25 日播出的《西瓜兄弟》一文，就多次采用了这种方法：

……西瓜老二听见他们谈的是他的西瓜，心痛得像刀扎一样。可是叫他奇怪的是，这些兵说了就走了，他们连脚也不停一步，一股劲往南开去……

……他一边说着，一边就站起来，提着刀子，跑到地里抱起一个大西瓜，往路边一放，刺刺地就切开了，"吃西瓜呀！弟兄们！"可是队伍还是不停地移动着，也没有人答应他。他又向另外一些兵叫道："走路渴了！来吃块西瓜吧！"那些兵却说："谢谢你，老乡，俺不吃！"……

这里，只用上"可是"、"一边……一边"、"却"等关联词，就实现了内容情节的过渡。

（四）广播通讯文章结尾部分的写作

广播通讯文章的结尾，也和报纸上的通讯文章的结尾一样，大多是正文一完文章也就结束了，而不需要另外进行结尾，例如前面所列举的《西瓜兄弟》一文就是这样：

西瓜老二捧着瓜，直愣愣地在西瓜地边站着，队伍还是肩并肩地往南走，前面看不见头，后面看不见尾。

再如曾在浙江人民广播电台播出的《小木匠遇到的为难事》一文也是这样，正文的故事一说完就结束，干脆利落：

以后，陶礼强碰上别人冲他埋怨，只得苦笑着说："想不到，大丰收还会让我们做木匠的这么为难！"

但也有一些广播通讯在主干部分结束之后，还另外写上一个结尾的，例如所列举过的《哑巴媳妇回娘家》一文，就专门用一个段落来收束全文：

各位听众！哑巴媳妇回娘家的故事说完了，让我们一起为刘福一家的团圆，感谢那些忠心耿耿为人民服务的公安人员吧！

又如前面已经列举过的《我国北方工业名城——哈尔滨》一文，作者在主干部分结束之后，也还写上一段结尾：

哈尔滨，这座祖国北方的工业名城，在实现四个现代化的新长征中，像松花江水，波涛汹涌，滚滚向前！

而前面所列举过的《爱心作答》一文的结尾则是：

在漫长的二十五年中，李在贤没有睡过一个囫囵觉，为了丈夫，为了支撑这一个家，她无私地付出了一切。如今，李在贤的四个孩子都已成家立业，并都在县城的单位工作。她和丈夫也从乡下搬到了县城跟孩子生活在一起，去年还在县城河西开发区建了一幢三层楼的新居，一家人过着幸福美满的日子。

广播通讯文章，要不要带上结尾部分，要视主干部分对"故事"的叙说情况而定。若觉得还有必要带上结尾，则所带上的结尾部分，就应当是要起到补充、议论、表态、抒情、总结、点题、提问、呼吁、照应文章的开头等作用才好。例如这里所列举的《哑巴媳妇回娘家》一文的结尾，就是用来向听众发出呼吁的，《我国北方工业名城——哈尔滨》一文的结尾，是用来对所报道的事发表议论的，而《爱心作答》一文的结尾，则是用来对所报道的事作补充的。其余各种用途的结尾，因大家并不难理解，因而在此就不再一一列举。

第六节　广播特写的写作

广播特写也称广播新闻特写。在清播新闻中，除了广播消息、广播通讯之外，就数它最常用了。

新闻特写是一种属性界限不很明确的文体，它有时表现为与消息文体中的"现场短新闻"完全一样，有时又表现为和通讯文章几乎无法区分，而有时还与报告文学很相似，因而既有人认为它是通讯的一个分支，也有人认为它是消息、通讯和报告文学相结合的"混合物"。其实，新闻特写文体只是在某些情况下会与消息文体中的"现场短新闻"和通讯、报告文学相交叉，而实际上它就是它，而并不是和哪一种文体完全等同。

一、特写文体与消息、通讯、报告文学的不同之处

为便于了解新闻特写文体与消息、通讯和报告文学的不同，我们先来看看下面这篇曾发表于 2010 年 1 月 29 日《郑州晚报》的特写：

迎着炸药扑上去

我市警方昨日又显神威，在马路中央成功制服了一名胸绑炸药的男子，制服过程不足 10 秒钟。

据目击者介绍，这名男子是昨日 13：50 到陇海路与京广路交叉口欲图谋不轨的。

记者赶到时，附近围观群众已达数千人，交通受阻；警方与这名男子正在紧张对峙。记者看到，这名男子胸前捆着数瓶的炸药，左手握一用以引爆的手电筒，并连连发出威胁要与警方谈判，但又不许警方人员靠近，对峙长达1个小时。

二七公安分局、巡警三大队数名民警身着便服，内藏短枪，在激烈的对话中逐渐靠近这名男子。市公安局副局长关福昌与民警正面喊话，以分散其注意力。时间一分一秒地过去，现场气氛异常紧张。14：50许，当这名男子威胁着又向西移动时，在其前侧和右侧的巡警支队副队长韩海斌、巡警三大队二中队中队长冯献彬，一个箭步冲上去，控制其两手，以迅雷不及掩耳之势，将引爆装置拿下，冯献彬等民警一拥而上，将这名男子摁倒在地制伏。围观群众纷纷叫好。民警们从出手到将这名男子制服，用时不足10秒钟。

警方从该男子身上搜出4个盛满爆炸物的仰韶酒瓶子，内有炸药、柴油及锯末等物。据警方初步审讯，这名男子名叫李桂欣，漯河郾城人，44岁。

（李建峰）

再看新华社播发的下面这篇新闻特写：

美国"天空实验室"碎片散落
像放焰火和地震一样

新华社北京七月十四日电 据西方通讯社报道，七月十二日凌晨，美国"天空实验室"的数吨残骸碎片像光雨般地泻在南印度洋和西澳大利亚荒凉的沙漠地带，目睹者说，燃烧的碎片划破长空，色彩缤纷，景象壮观。

据美国国家航空和航天局的最新估计，"天空实验室"碎片的"足迹"开始于南印度洋，经过澳大利亚的西南沿海，一直伸向澳大利亚的内地，然后进入昆士兰州外的珊瑚海，止于巴布亚新几内亚（起于东经八十六度南纬四十八度，终于东经一百四十五度南纬十度）。距离海滨城市珀思以东约六百公里的卡尔古利镇被认为是残骸散落的主要地区。

在这一地区的人们，目击了这一壮观的夜景，说就像是放焰火和发生地震一样。

在珀思的一位职员说，"它在地平线上五度到九度之间从南到东运行着"，"它就像你所想象的货物着了火的一列火车，一路上扔下它的车厢"。

一位名叫安德森的飞行员说，他看见两盏很大的蓝色的灯光，后来变红，接着就裂成五大片，后面跟着一些红色小片组成的尾巴。

另一位名叫霍克斯的飞行员说，他看见天空有一长串燃烧的物体，从白色变为红色，"它十分耀眼，并持续了大约四分钟"。

埃斯佩兰斯的一位家庭妇女说，"我当时正站在屋外，一些人喊，来啦！我一看，像是光雨，像是一枚火箭，没有声音，通过头顶，大约半分钟就听到隆隆声响"。

牲畜站的经理约翰·塞勒说，"当我听到撞击地面的巨大声响时，整个房子都在震动，数以百计的闪光，散落在我住宅的周围，整个时间都伴随着巨大的隆隆声，可能持续了一分钟，这声音惊动了牲畜，马在狂奔乱跑，狗在不停地吠叫，我无法使它们安静下来。大地停止震动以后，空气中有一种强烈的燃烧的臭味，持续了约半个小时"。

七月十二日以来，澳大利亚人纷纷乘机、坐火车，甚至步行，前往澳大利亚西南部寻找残骸碎片。许多人都说找到了第一块。美国驻珀思领事馆的一位发言人说，接到人们像潮水般打来的电话，说他们发现了"天空实验室"的碎片。

将这两篇新闻特写拿来与消息文体中的现场短新闻、通讯、报告文学相比较，就可以看出它与这些文体的不同来：

（一）与消息文体中的现场短新闻的不同

一些篇幅比较短小的新闻特写文章，和消息文体中的现场短新闻一样，都是以细腻的笔触来把新闻现场事件发生、发展的过程翔实地展现出来，让受众就像身在现场一样，不但能够清楚地"看到"现场上所发生的一切，而且还能真切地感受到现场上是时是境的气氛，这样的文章，就既可以把它看做消息文体中的现场短新闻，也可以把它视为新闻特写。例如前面这篇《迎着炸药扑上去》就既可以把它看做消息文体中的"现场短新闻"，也可以把它视为新闻特写的文章。

尽管现场短新闻同时也是新闻特写文章，但许多新闻特写文章却并不属于现场短新闻。因为，新闻特写文章除了可以写事件发生发展过程中现场的情况外，也可以带上一些与文章所要报道的事相关的别的方面的情况，例如前文中的《美国"天空实验室"碎片散落》特写中的第二段和末尾一段所写的，就不是"碎片散落"的现场情况而是与该事相关的情况。

此外，现场短新闻的文章写作，事发时作者必须在现场，通过自己的仔细观察来掌握事件发生、发展的全过程，而新闻特写文章的作者，在事件的发生和发展的过程中却并不一定都得在事件现场，而可以是通过目击者的描述或别的文字材料来集纳成文。例如前文中的《美国"天空实验室"碎片散落》特写，就是作者将所获得的第二手材料进行整合而成的。

（二）与通讯文体的不同

前面所列举的《迎着炸药扑上去》一文，除了既可以把它看做消息文体中的现场短新闻，也可以把它视为新闻特写的文章之外，由于它的内容是通过绘声绘色地描述现场的情景来"讲故事"的，因而同时也可以把它归为通讯文章。

尽管有的新闻特写文章同时也是通讯文章，但许多通讯文章却并不属于新闻特写。因为新闻特写文体与通讯文体中的事件通讯虽然也有交叉，但它们却并不等同。这方面的差异主要是：

1. 新闻特写文章所写的事的时空跨度很小

通讯文章的时空跨度可以很大，纵可贯古今，横可及天南地北，而特写文章所写的事的时空跨度则很小，通常是只写几分钟、十几分钟或几十分钟至几个小时内现场所出现的情形，如果事件的时间持续很长的话，则也不一定把全过程都写完，而仅仅只是截取其中的一段最精彩或最扣人心弦的片段来写。也就是说，在写事上，通讯文章既可以是截取事件的横断面也可以是截取事件的纵深面，而新闻特写文章所截取的则只能是一个横断面。

2. 新闻特写文章的内容主要是以描写来表现

尽管在许多通讯文章里也常用到描写手法来表现人或事，并且有的描写也很形象和细腻，但却并非每一篇通讯文章都用到描写，尤其是在工作通讯文章里，这种手法用得就更少。甚至就连一些事件通讯，也不一定带有描写，如前面所提过的《他　她　她——一个买书、让书的故事》一文就没做任何描写，而无论在任何一篇特写文章中都必不可少地会有描写，并且整篇文章的内容也主要是以描写来表现。

3. 新闻特写文章里一般都不带有抒情

在通讯文章中，为了感染受众，作者还常常要进行抒情，但由于特写文章较之于通讯文章更注重"用事实说话"，因而它多是只致力于逼真地展现好现场情景来让受众自己去获得真切的感受而不抒发出作者的思想感情，只把现场上的情景展现好即可。

4. 新闻特写文章里大多要引用到一些人物的语言

通讯文章里也常要写上一些人物的语言，但是否要引用人物语言，还要看文章对现场情景的交代的详略而定。而新闻特写文章则不然，由于新闻特写文章得要"绘声绘色"地把现场的情景展现好，因而现场上有谁说了些什么话和其是怎样来说那句话的，也都得要交代得很具体才好。

（三）与报告文学文体的不同

新闻特写文体与报告文学相比，虽然两者在对事件或事实的交代上都有很多地方写得很细，并且两者在语言的运用上往往都带有比较浓的文学色彩。但新闻特写文体是纯粹的新闻报道文体，它所写的事以及在写事时所用的每一句话和每一句话中的每一个字、词，都必须得要完全符合事件或事实的实际，能"经得起受众去核实"。而报告文学则是介于新闻和文学两种文体之间的文体，其文章里所写的内容并不一定是完全真实而或多或少会有一些出入，并且这些出入，又都是作者为了表现好思想主题的需要而有意对客观事实进行的改动或"移花接木"。

二、广播特写文章写作概要

写作广播特写文章，大致应从如下几个方面来考虑：

（一）在选题上要选小弃大或只取局部而弃整体

特写文章的写作，在题材的选取上应着眼于小事而舍弃大事，或着眼于大事中的某一个局部而舍弃事件的整体，即在考虑写什么题材的时候，应是从作者所知道的各种各样的事中挑出某一件比较小或者是十分小，但其所能体现的意义却并不小的事来作为写作的题材，例如下面这篇中央人民广播电台 1986 年 11 月 27 日播出的由新华社记者刘光辉采写的特写，写的就是一件十分小的小事：

康世恩的三鞠躬

胜利油田钻井公司今年干得漂亮，不但在开发孤东油田中立了大功，还在钻井的多项指标上达到了全国最高水平，提前五十天完成全年任务。有了这样的成绩，十一月二十二日的祝捷表彰大会自然是一个喜庆气氛。为我国石油工业奋斗多年的国务委员康世恩坐在主席台上，格外高兴。他问钻井公司的领导同志："你们昨天汇报的那个打斜井成功的钻井队来了代表吧？"钻井公司党委书记魏学仪回答："打斜井的四五三三钻井队记了二等功，他们的队长今天来开会了。"康世恩对台下大声说："请这个钻井队的队长上台来！"

阵阵的掌声中，一位身披红绸彩带的青年人，高高兴兴登上主席台。就是他，带领着钻井队在胜利油田的小断块油层上成功地打出了两口三千米左右的定向斜井，获得了日产原油百吨以上的好成绩，大大节约了投资。康世恩从座位上站起来，紧紧握住年轻人的手："你叫什么名字？""张玉亮。""今年多大年纪？""二十五岁。"康世恩笑了："差不多是我的三分之一。"全场活跃，一阵笑声。

年轻的钻井队长告诉康世恩，他带领的钻井队成立不久，六十多人，大多是技校刚毕业的青年，但大家团结苦干。康世恩说："你们是立了功的，小伙子，你是钻井队长，有功之臣，我向你三鞠躬。"在群众的掌声中，康世恩恭恭敬敬地向钻井队长三鞠躬。年轻的钻井队长脸红心热，一时有点手足无措了。康世恩又对指导钻井队打定向斜井的工程师赵文义说："你是小伙子们的后台，也是有功之臣，我同样向你三鞠躬。"这位中年工程师忙解释说："不敢当，不敢当"，并向康世恩回敬了三鞠躬。

面对这样的情景，会场上掌声更响，有人涌出了泪花。

胜利油田党委书记李晔从座上站起来，深情地叮嘱同志们："这位年逾古稀的老人的三鞠躬是鼓励，也是鞭策。希望你们再接再厉，为把胜利油田建成第二个大庆建立新的功绩！"

这篇特写所写的，并不是什么令人震惊或能够引人注目的大事，而是只挑前国务院副总理、国家石油工业部部长康世恩给年轻的钻井队队长和指导他们打井的工程师分别鞠了三个躬这么一件小得不能再小的事来作为文章写作的题材。

不难推想，作者在写作这一文章的时候，无论是康世恩本人还是胜利油田，在当时所做的工作中肯定都有许多比这件事要大的事，但作者都不去写而看中了"三鞠躬"这么一件小小的事，其实就是因为作者看出了这件事虽然很小，但却能反映出身为国家领导人之一的康世恩对劳动人民的尊重。因为从社会地位来说，康世恩的身份为国务委员，并且还曾担任过国务院副总理，而对方只是胜利油田一个钻井队的队长、工程师，听众只知自古以来下级要对上级毕恭毕敬而从没听说过那么高级的领导干部会对自己所领导的平民百姓也能礼仪有加；即使是抛开社会地位的高下不说，只从年纪辈分的长幼尊卑而言，听众也只是知道自古以来都是晚辈要敬重长辈而不会有长辈给晚辈鞠躬的，当时的康世恩已经是70多岁的老人，而那位钻井队的队长只有25岁，只"差不多"够得上康世恩岁数的"三分之一"，那位工程师的年龄虽然文中没有提到，但估计大概也不过是三四十岁或40来岁，这位年过古稀的老人竟然会向自己的儿辈孙辈的年轻人恭恭敬敬地连鞠三躬，就很能体现出康世恩的平易近人和礼贤下士。写这样一种事情虽小但意义并不小的平凡事，就很有新闻价值；报道这样的小事，其意义并不在于能够有效地宣传好康世恩本人，而是能给各级领导干部树立起一个榜样，即无论自己的社会地位有多高和年纪多大，都应当平易近人，充分尊重为国家作出了贡献的人以及尊重在工作上作出了成就的人而不应摆官架子或倚老卖老。

特写文章的写作选题，如果要写的是一些比较大的事，则应着眼于该事的某一个局部而舍弃事件的整体，因为只要能够把其中的一个小小的局部写实写活了，受众也就能够从"一斑"中而"窥"出"全豹"。例如前面所列举过的《美国"天空实验室"碎片散落》一文，就是只截取了"碎片散落"这一局部来写，而不写"天空实验室"返回地球时的整个坠毁全程，但受众却也能知道该实验室在坠毁时的骇人场面了。

（二）"放大"小事，"聚焦"局部

写作广播特写，之所以在选题上要选小事而不选大事，只写局部而不写整体，就是为了通过把小事或大事中的某一个局部展现好来让听众以小见大或从"一斑"来"窥"出"全豹"。因而写作这种体裁的广播稿，就应将所要写的事"放大"或对所要写的事件的片段进行"聚焦"，让听众能够清晰地"看清"该事或该片断中现场的情景及现场的各色人等的言行举止乃至表情和心理活动状况等。例如前面所列举的《康世恩的三鞠躬》一文，就是将"鞠躬"这么一件小小的事拿来"放大"的，而下面这篇湖南省桃源县广播站 1985 年 12 月 11 日播出的特写文章，则是对事件中现场最关键的时刻的情景进行"聚焦"的：

风雪中抢救滑向悬崖的客车

十二月九号清早七点，湘运 18-60810 客车载着四十四名乘客从桃源县汽车站出发了，它朝着一百零五公里以外的大山区瓦儿岗乡开去。车到半路上，天突然下起大雪。

上午十一点二十分左右，客车行驶到了瓦儿岗境内一个叫梯儿岩的山岭路段。山上，风雪交加，刚落下来的雪就在这高山公路上结成了冰。

为了不让乘客们被阻隔在路途，司机杨井安驾驶着客车朝梯儿岩路段的最后一个陡坡爬去，当坡快要爬完的时候，车突然倒着向右后方一条五十来米深的悬崖滑行，一下滑了五米多远。右后车轮离悬崖边只有一米左右了，车仍然没有停下来，乘客中顿时一片混乱。

突然，坐在二号座位上的一名乘客猛地站起来，一把抓起放在驾驶室操纵杆后的一只三角木，奋力扒开挤在车门口的乘客，急忙跳下车，连跑带滑向车后冲去，闪电般地把三角木塞在右后轮底下。但是，车并没有停下来，车轮推着三角木继续向悬崖滑去。眼看右后车轮离悬崖边只有一米来远了，车身在慢慢向右后方倾斜，垫三角木的人赶紧扑向三角木，半卧倒在车轮后方，两只手死死地按住三角木。

渐渐地，三角木嵌进了冰雪，又嵌进了悬崖边的泥土，客车停下来了，右后车轮停在离悬崖边只有八寸多远的地方。

当垫三角木的人站起身的时候，人们热泪盈眶地拉着他的手说："搭帮你！""多亏了你啊！杜乡长！"

原来，垫三角木的就是瓦儿岗乡二十九岁的新任乡长杜新民。他是在参加完县里的农村整党工作会议后搭上这趟车的。

这篇特写，不写平时这位新任乡长是怎样对待工作、怎样对待人民群众，也不写该趟班车从车站发车至到达终点站的整个行程中的情况如何，而是只截取了客车滑向悬崖时的现场情景来进行"聚焦"，就把新任乡长杜新民在关键时刻能够挺身而出、敢于置个人生死于度外的无私无畏的精神表现出来了。

（三）通过"精雕细刻"来把事写"实"把人写"活"

特写文章的写作，要把现场的情景或人物的言行举止外貌神态等展现好，就得要借助细致的描写来"精雕细刻"，这样才有可能把事写"实"和把人写"活"。例如《康世恩的三鞠躬》一文的这段场面描写：

……康世恩说："你们是立了功的，小伙子，你是钻井队长，有功之臣，我向你三鞠躬。"在群众的掌声中，康世恩恭恭敬敬地向钻井队长三鞠躬。年轻的钻井队长脸红心热，一时有点手足无措了。康世恩又对指导钻井队打定向斜井的工程师赵文义说："你是小伙子们的后台，也是有功之臣，我同样向你三鞠躬。"这位中年工程师忙解释说："不敢当，不敢当"，并向康世恩回敬了三鞠躬。

这一场面描写虽然着墨不多，但却能把事写得很"实"：一个年轻的钻井队队长，居然有幸接受到国务院原副总理、时任国务委员、已有79岁高龄的康世恩同志的鞠躬，而且还是连鞠三躬，面对这一突如其来的礼遇，文章写出了他的"脸红心热"、"手足无措"，就显得十分真切，让人感到文章对现场上的情况交代得很实在。

而当康世恩接着向工程师赵文义也三鞠躬时，一则赵文义已目睹了康老向钻井队长鞠躬的场面，自然感悟到了中央领导向平民百姓、古稀老人向毛头小伙子鞠躬实不敢当；二则赵文义是工程师，作为知识分子的他，对这种突如其来的事的反应能力当然比较强，并且又是岁值中年，阅历也比年轻的钻井队长更丰富，因此能够马上说出"不敢当，不敢当"及当场作出了"回敬三鞠躬"的反应。这样既写出了这位工程师处事的沉稳大方、举止得体，很符合人物的身份及其在是时是境中所应有的表现。因而除了能让人感到十分真实自然、可信之外，文章在对事情的交代上也写得很扎实。

而这一片断在写康世恩时用上了"恭恭敬敬"来形容，在写年轻的钻井队队长面对这突如其来的鞠躬"脸红心热"、"手足无措"，也让人感到很真实，这样来交代人物，就很准确、形象和生动，把人物的内心活动和外在表现都写"活"了。

又如《风雪中抢救滑向悬崖的客车》一文中的这一片断：

……右后车轮离悬崖边只有一米左右了，车仍然没有停下来，乘客中顿时一片混乱。

突然，坐在二号座位上的一名乘客猛地站起来，一把抓起放在驾驶室操纵杆后的一只三角木，奋力扒开挤在车门口的乘客，急忙跳下车，连跑带滑向车后冲去，闪电般地把三角木塞在右后轮底下。但是，车并没有停下来，车轮推着三角木继续向悬崖滑去。眼看右后车轮离悬崖边只有一米来远了，车身在慢慢向右后方倾斜，垫三角木的人赶紧扑向三角木，半卧倒在车轮后方，两只手死死地按住三角木。

这个片断，由于采用了类似于影视作品中的"特写镜头"的手法来将"镜头"始终对准现场的紧张场面中最关键的场面，把现场当时的情景展现得十分扣人心弦，这样来写，就不但能让人感受到文章写得很"实"，同时也由于写的是人物在最紧要关头的表现，因而也能把人物写鲜活了。

再如《美国"天空实验室"碎片散落》一稿，也是重在表现变化着的过程（即坠毁的全过程）中最关键的时刻（即坠毁）的情形来把事写"实"的。例如文中所借助他人的原话来写的这些片断：

> "它就像你所想象的货物着了火的一列火车，一路上扔下它的车厢"。
>
> ……两盏很大的蓝色的灯光，后来变红，接着就裂成五大片，后面跟着一些红色小片组成的尾巴。
>
> ……一长串燃烧的物体，从白色变为红色，"它十分耀眼，并持续了大约四分钟"。
>
> "……我一看，像是光雨，像是一枚火箭，没有声音，通过头顶，大约半分钟就听到隆隆声响"。
>
> ……"当我听到撞击地面的巨大声响时，整个房子都在震动，数以百计的闪光，散落在我住宅的周围……巨大的隆隆声……可能持续了一分钟，这声音惊动了牲畜，马在狂奔乱跑，狗在不停地吠叫，我无法使它们安静下来。大地停止震动以后，空气中有一种强烈的燃烧的臭味，持续了约半个小时"。

由于引用了这么多事件的目击者的原话来对事件中的重要部分进行有声、有景、有色、有味的细致描绘，因而文章就显得很"实"。

第七节　广播专访的写作

广播专访是一种把对某一专门对象进行采访的过程记录下来的新闻文体。这种文体，从表现形式到文体名称，自 20 世纪 80 年代末 90 年代初起就已发生变化，逐步演变成了现在的表现形式，文体名称也已演变成"广播访谈"了。而传统的广播专访，在现在的广播电台的节目中，也已很少见到了。

对于后来演变而成的、与传统的广播专访在内容和表现形式上都已发生了很大变化的"广播访谈"，本书拟在下一节里再作介绍。而本节里所说的广播专访，指的则是过去传统的"广播专访"。尽管传统的广播专访在现今的电台新闻节目中已很少见到，但本书既然是一本介绍广播新闻业务知识的专业书，也就还有必要对它作些简要的介绍，这样才有利于大家对广播新闻文体的种类有一个比较全面的了解。也就是说，在本节里所说的广播专访，指的只是传统的广播专访文体。

一、广播专访的内容及文体的表现形式

广播专访的内容，主要是用于反映某地有了什么可喜的变化，某单位或某人在某方面取得了什么可喜的成就或用来报道某地所固有的某种独特的风土人情等。

在广播专访文章里，一般是不出现被访人的谈话录音的，被访人对记者所说的话，全是由播音员来转述。

二、广播专访文章的篇章构成及各个组成部分的写作

(一) 广播专访文章的篇章构成

广播专访文章的篇章构成，大致是由标题、开篇、背景、正题和收尾等几个部分所组成。

(二) 广播专访文章各个组成部分的写作

1. 标题

广播专访文章标题的写作，既可以是"有话直说"，直接写为"×××（姓名或地名、单位名等）访问记"或"××××（身份或职务或称号）×××（姓名或地名、单位名等）访问记"或"访××××（身份或职务）×××（姓名）"的形式；也可以是用受访人所说的某一句话或将受访人的观点提炼成一句比较好懂易记的话来做主标题，然后再用"——××××（身份或职务）×××（姓名）访问记"来做副标题。

由于广播专访文章是一种文学色彩比较浓的广播新闻报道文体，因而它的标题的写作，也可以是像通讯文章的标题那样带有些文学色彩，甚至还可以写得富于诗情画意一些，给听众以美的感受。

2. 开篇

广播专访文章的开篇，一般应是先交代为什么要进行专访和访的是谁，把话题引出，开宗明义地让受众知道本文的大致内容，做好必要的铺垫以后才切入正题，把主题展开。如曾在中国国际广播电台对外广播节目中播出的专访《〈丝路花雨〉和敦煌壁画》一文的开头：

> 听众朋友们，中华人民共和国甘肃省歌舞团创作并演出的大型历史舞剧《丝路花雨》，将要在米兰同意大利观众见面了……这个舞剧从一九七九年上演以来，已经演出了五百多场，场场满座，其盛况始终不衰。
>
> 为什么这个舞剧能在观众中引起这样大的反响呢？因为它把敦煌壁画中动人的舞蹈形象复活了……
>
> 怎样把古老壁画中一些人物的舞姿搬上舞台，使它复活，记者认为这一定是许多听众在有机会看到《丝路花雨》之前所希望知道的。在甘肃省歌舞团离开北京前往米兰之前，本台记者访问了这个团的编导之一许琪。

广播专访文章的开篇，也可以是先对所要访问的对象的情况作个简单的介绍，然后再说记者什么时候对其进行了访问。例如曾在广西人民广播电台播出的《访侗族鼓楼》的

开头：

> 请听本台通讯员采写的专访，题目是《访侗族鼓楼》。
> 侗族鼓楼是侗寨中具有独特民族风格的传统建筑物，是侗族人民聚会和开展文娱活动的中心，很有民族特色。最近，我们到三江侗族自治县做了一次访问，感受更为深刻。

3. 背景

在引出话题之后，接着就应补充一些必要的新闻要素和一些被访者的情况等有关背景材料。如前面所列举过的广播专访《〈丝路花雨〉和敦煌壁画》一文，在开头写了记者于什么时候去访问了谁之后，接着就对这部大型历史舞剧的情况作介绍：

> 《丝路花雨》以闻名中外的中国敦煌莫高窟壁画和丝绸为题材，描写了中国盛唐时期莫高窟画工神笔张和女儿英娘在石窟中的艺术创作生活，他们的悲欢离合，以及他们与波斯商人伊努斯之间的生死之交，颂扬了中国古代人民和来往于丝绸之路上的各国朋友之间源远流长的友谊。

除了交代出这部舞剧是怎么样的一部舞剧外，由于这篇专访文章所访问的对象是身为这部舞剧的编导之一的许琪，因而文章在交代了记者是对她进行专访之后，接下来还要对她的相关情况进行介绍：

> 许琪是一个有才华的女编导，四十岁左右。她的一举一动，使人感到她是一个舞蹈艺术的行家里手。

而曾在江西萍乡人民广播电台播出的专访《扑向新知识的前沿》一文，由于话题是直接切入的，在进入话题时就已交代了时间、地点等要素，因而接下来便是背景材料：

> 这个函授学习班，是从六月下旬开始授课的。讲授的是电子计算机基本语言：BASIC 语言。每天上午和晚上各授课一次……

4. 正题

专访文章在交代要素、被访者情况等有关背景材料之后，接下来就应进入主题内容，展现出访谈的过程，即应进入文章的正题部分，让听众知道该次访谈的顺序和经过是怎样的，从对访谈过程的展现中，使听众获知各种问题的答案。如曾在广西人民广播电台播出的《访侗族鼓楼》一文，在交代了"最近，我们到三江侗族自治县做了一次访问"的时间背景及"几乎每一个侗寨都有一座鼓楼"的情况背景之后，接下来便进入了正题：

在三江访问期间，我们浏览了几十座鼓楼……在马胖鼓楼里，我们遇到了这座鼓楼的建造者、七十岁的木匠雷文新老大爷，他向我们谈起了鼓楼的今昔。他说……

三江侗族的鼓楼以它的建筑的美吸引着人们，鼓楼里的侗族文娱活动也以独特的民族风格被人们所称赞。一天晚上，我们来到林溪公社冠洞大队，一进寨子，阵阵动人的歌声从鼓楼里飘然而出，歌词唱道：……我们踏着歌声走进鼓楼，只见一个须发斑白的侗族老人，怀里抱着琵琶，坐在大厅中央，边弹边唱。他的四周，围着一群男女老少，聚精会神地听着他的弹唱……

而《扑向新知识的前沿》一文，在交代完背景情况之后，也是接着便进入了专访的正题：

我们走进考场，只见应考人员个个伏案疾书，专心致志地解答试题，整个考场静悄悄的，只听到笔尖在纸上滑动发出的沙沙声。

在第十七考场，后排坐着一个年近五十、干部模样的人，他前面第二个座位上坐着一个消瘦而有精神的少年。组织这次考试的林增悦老师悄声介绍说："这是父子俩，父亲叫罗胜生，二十年前毕业于铁道兵学校；儿子叫罗东，还是个初中生。"真是无巧不成书，在隔壁考场里正好有母女俩参加考试，还有一对夫妻应考。我们随林老师来到操场树荫下，林老师继续说："我看了几个考场，大家都答得不错，看来……"

听众收听专访文章，除欲知道所谈话题的内容情况如何外，有时对访谈中的场合环境及人物说话时的神色、动作、姿势、形态等情况也需了解。因此在专访文章的正题部分中，有时还应对这些情况也适当作些交代，这样才更有助于主题的体现及有助于把"访谈"过程中的融洽氛围写活。否则，若只简单地把访谈中的一问一答内容记录下来，那就不是专访文章而变成"答记者问"了。如在《〈丝路花雨〉和敦煌壁画》一文中，作者就不但写出了"访谈"的过程，而且还特意写出了被访者在说话时的神色、动作、姿势、形态等。如：

讲到这里，许琪站起来，摆出了一个反弹琵琶的姿势，兴奋地说：……

又如：

许琪带着陶醉的神情，一边讲，一边用手势比划各种舞姿，仿佛把她也带进了敦煌石窟，与古代的人民和天上的仙女们在一起。
……

这样把人物在谈话时的神色、动作、姿势、形态等形象地展现出来，就能给人有如置身现场、直接耳闻目睹被访者的神态样貌般的真切感受。

5. 收尾

专访文章的收尾，也是根据内容表达的需要，既可精心安排一些叙述或议论、抒情来收束，也可话题一完立即打住。上述的《扑向新知识的前沿》一文，就是以议论来结束的：

考试终场了，学生们一一离去，走远了，但我们仿佛仍然听到他们那扑向新知识前沿的急促、雄健的脚步声。

而曾在湖南人民广播电台播出的《桃花源里好风光》一文，也是用议论来收尾的：

记者带着十分鲜明的印象从桃花源出来。今天，这里人民勤劳幸福的生活，已经远远超过了旧中国人们的幻想。

专门用一个段落的议论、抒情来结束文章，可使专访文章的主题得以突出；如能用得恰到好处，还可对访谈的主题内容起到"画龙点睛"的作用。但有些专访文章，要是给它加上一段结尾，反而显得是狗尾续貂、多此一举。

因此，文章的收束方式应视内容而定，该专门做收尾时才做，如果在文章的正题部分的末尾已经把作者想要说的都说完了，那就不必再专门写上一段结尾来收尾了。例如前面所列举过的《〈丝路花雨〉和敦煌壁画》一文，正题的末尾是以受访人许琪的话的结束来结尾的：

"……同时，我们也将利用一切机会向意大利人民学习，向意大利辉煌而悠久的文化艺术学习。"

受访人许琪的话的这个结尾，同时也可以作为整篇专访文章的结尾。因而作者也就在此打住，后面直接接上"听众朋友们，刚才播送的是……"的回报便可收束全文了。这样来结尾，文章显得干脆利落，效果还更好。

再如《访侗族鼓楼》一文，其结尾处也是这样见好即收：

我们正在鼓楼里欣赏侗族老人的弹唱，一会儿，一群侗族姑娘，尾随着老人的余音，唱起了优美的侗歌：金灿灿的油茶果罗结满坡，满坡的油茶罗满坡歌，颂歌曲曲献给党啊，千人唱来万人和……

侗族姑娘们在鼓楼里满怀深情唱出的这段侗歌十分甜美，用它作为全文的结尾，正好可使文章与绕梁侗歌一道余韵悠长，比起再写上一段收尾来收束全文，效果明显要好得多。

思考与练习

1. 除了用语需要力求口语化之外，广播快讯稿与报刊上的简讯稿还有些什么不同之处？

2. 除了用语需要力求口语化之外，与报刊上的消息文章相比，广播消息稿的导语写作有些什么不同的要求？

3. 除了用语需要力求口语化之外，广播通讯文章与报刊上的通讯文章在写作上还有些什么不同的要求？

4. 除了用语需要力求口语化之外，广播特写文章的写作，大体上有些什么要求？

5. 广播谈话和广播对话这两种文体，有什么不同？

6. 怎样才能实现广播通讯文章中不同内容、层次之间的过渡？

7. 自找题材，分别写出一到两篇广播消息和广播通讯投给附近的广播电台或广播站。

8. 自找题材，分别写出一到两篇广播谈话和广播对话投给附近的广播电台或广播站。

第十章　广播录音报道与配音报道

第一节　广播录音报道概说

广播录音报道，是将新闻内容以新闻事件发生时在新闻现场采录到的实况录音与记者（或播音员，下同）的叙说相结合来向听众进行报道的一种报道形式。

录音报道由于有新闻现场的实况录音来配合记者叙说共同表述新闻，能使听众获得身临其境般的现场感，因而能使所报道的新闻内容更具说服力和具有更强的感染力。例如柳州人民广播电台2009年11月10日播出的下面这篇报道，就属于录音新闻：

柳州市汽车年产量达到一百万辆

[录音] 自治区党委书记郭声琨：“我宣布，柳州二〇〇九年年产汽车第一百万辆下线……”

（出现场锣鼓音效及记者压混录音）

记者： 听众朋友，我是记者唐卉娟，随着自治区党委书记、自治区人大常委会主任郭声琨的宣布，柳州二〇〇九年年产第一百万辆汽车五菱鸿途身披彩带，从生产线上缓缓开出。

主持人：二〇〇九年，在国际金融危机影响尚未彻底消退的情况下，上汽通用五菱汽车股份有限公司创下了我国汽车生产企业单月销量破十万台的纪录。公司总经理沈阳：

[录音] 沈阳：在突破年产一百万辆后，还有更重要的任务，产业链要持续提升，在做大的同时更要做强。

主持人：上汽通用五菱的辉煌业绩只是柳州汽车工业强劲发展的一个典型，除此之外，东风柳汽、五菱集团、重汽运力等也是实现柳州一百万辆汽车的主力军。柳州市委书记陈刚表示：

[录音] 市委书记陈刚：十二五期间，我市汽车工业将着力打造知名自治品牌，不断提升我市汽车产业的竞争力和影响力，努力把柳州建设成为广西汽车集群中心和中国汽车城。

主持人：柳州汽车产量突破一百万辆，是柳州汽车工业和工业发展的里程碑，这标志着柳州汽车工业迈上了一个新台阶，正式进入全国首批年产汽车过百万辆城市的行列，将在中国汽车工业历史上写下浓墨重彩的一笔。

再如河北人民广播电台2009年12月26日播出的下面这篇报道，也属于录音新闻：

才饮珠江水，又食武昌鱼
我省唐山研制的高速动车跑出世界第一速

播音员：今天武广高速铁路客运专线正式运营，由我省唐山轨道客车有限责任公司研制的具有完全自主知识产权的高速动车，跑出平均时速三百四十一公里的世界第一速。请听本台记者孙立宏、霍惠兰、万强发来的报道：

（现场音响，压混）
记者：各位听众，现在是上午九点零八分，由我省唐山轨道客车有限责任公司研制的中国高速动车CRH3型"和谐号"动车G1002次已经从广州北站首发奔向武汉。我们现在是在动车的第八节车厢为您报道。我们前方车厢的电子屏幕上现在不断显示出车速，三百公里、三百二十公里、三百三十公里，运行不到十分钟，车速达到了三百五十公里。乘客们禁不住地发出欢呼声。

（现场音响3秒）

武广高速铁路客运专线全长一千零六十八点六公里，唐山研制的高速动车运行时速三百五十公里可维持在一小时以上，并且在试运行时，曾跑出了时速三百九十四点二公里，创世界高铁最高时速。唐山轨道客车有限责任公司总工程师孙帮成告诉记者，如何使列车在长距离上保持持续的高时速，唐山轨道客车有限责任公司攻克了这一世界铁路客车装备制造业的技术难题。

[录音] "我们唐车公司在几年前还是一个普普通通的铁路客运装备企业，过去也只能设计时速一百六十公里的车，现在我们为什么拥有多项完全自主知识产权技术呢？我们靠的是引进、消化、吸收和再创新，正是通过这些，我们唐车公司四年走完了国外企业二十年的路，自主创新让我们唐车公司越来越感到自信。"

上车前我们注意到，与目前法国、日本等发达国家高铁采用单车运营模式八节车厢不同，G1002次列车有十六节车厢。同乘的铁道部副总工程师张曙光介绍，列车采用两车"重联"运行方式，简单地讲，就好比两个人，一前一后牵着手，以同样的速度、同样的姿势飞奔向前。单人跑变双人跑，载客量更大，多拉快跑，跑出世界第一速。

[录音] "目前世界上高速铁路平均旅速（时速）最高的是法国，大约是两百七十公里，日本的是两百四十三公里，德国的大约是两百三十公里。我们武广线的平均旅速达到了三百四十一公里，说明我们至少在这个速度级上领先五到十年，肯定是世界第一速。"

才饮珠江水，又食武昌鱼。中午十一点四十五分，动车到达武汉火车站，仅用了不到三小时，比原来行程缩短了八个小时。走下车的乘客魏伟琼非常兴奋。

[录音] "能够坐上我们国家自己自主研发设计的、有自主知识产权的这种高速列车感觉特别自豪，在列车上我觉得非常快，我坐在里面，如果我不看那个显示器，完全感觉不到这个车是在以三百五十公里的时速在走，所以我觉得真是太不可思议了。"

一、广播录音报道节目的构成要素

广播录音报道，由录音素材和记者叙说两大要素构成。

（一）录音素材

录音报道中所用的录音音响，必须是在现场采访中采录到的客观音响，即新闻事件发生时在现场同步采录下来的实况录音或当事人、目击者、知情人的叙说录音，它绝不允许事后补录、模拟访制或采取移花接木的方式用别的相同或类似的音响来顶替。

录音报道中所用的录音音响，又叫录音素材。

1. 录音素材的种类

录音素材是构成录音报道的主体。它的种类大致可有如下几种：

（1）事件本体音响

事件本体音响指的是新闻事件在发生、发展过程中由事件本身产生、引发出来的各种声响。如炮击、山崩、房屋倒塌、轮船鸣笛、火车行驶、汽车相撞、人们敲锣打鼓、鸣放鞭炮、人的说话、哭笑、呼喊、歌唱、争吵和动物的鸣叫、野兽的咆哮等都会发出声音，如果这些发音体属于事件的构成部分，或者其参与了新闻事件的发生、发展，则这些发音体在事件中所发出的声响，都属事件的本体音响。

事件本体音响，是开展录音报道中采录录音素材的主要对象。

（2）事件现场客观环境音响

事件现场客观环境音响指的是事件发生、发展过程中在事件现场本来存在，但与事件本身并无关联，并且在事件发生后和发展过程中始终未参与新闻事件的构成而游离于事件之外、纯属现场客观环境固有的音响。如集市上某商店营业员与一名顾客在争吵，店外熙熙攘攘的声音、过往汽车的鸣笛声、天空飞过的飞机声均与这场争吵毫不相关，并且在整个争吵事件的全过程中，这些声响始终都没有介入到这一争吵事件中去，并未参与此事的构成而完全游离于这场争吵事件之外，这类音响则属事件现场的客观环境音响。

事件现场客观环境音响，对于事件本体音响来说，它属于一种噪音，它的存在是多余的，但由于在采录事件本体音响时无法把它剔除，因而尽管它与所需采录的事件本体音响完全无关，但因其混在本体音响中而必然同时被录下，成为录音素材的组成部分。

（3）事件或事实本体派生音响

事件或事实本体派生音响指的是由于事件的发生或事实的存在引起记者的关注而前往采访，在记者的采访中所引发出来的人物言谈、哭笑、歌唱、演示或采访中触发的现场物体的各种响声。这类声响虽是由新闻事件或事实所派生，但它已参与新闻事件或事实的构成，有时甚至还成为了事件或事实的主体，因而在开展录音时，派生音响也是采录素材时的必录对象。

（4）资料性音响

在开展录音报道中，为了交代新闻背景或为了表现主题的需要，所采用的录音素材，除主要是采用新闻事件发生、发展过程中由事件本身产生或引发出来的各种声响的实况录音外，有时还得要用到一些历史音响录音或既往音响录音。这些非专门为当次节目之需而录的历史实况音响和既往实况音响，都属资料性音响。

资料性音响对于某些题材内容的录音报道来说，也属必用对象。它虽来自资料带中，但它过去的形成，也是来自新闻现场。

2. 录音素材的特性

录音素材的特性，大致可有如下几个方面：

（1）真实性

录音素材，因为是来自新闻事件发生时的新闻现场，记录的是现场上新闻过程的实况，因而它所反映的音响内容是当时现场上确确实实出现过的声响，它对音响事实的反映，具有真实性。

（2）客观性

录音素材在采录过程中，只有现场确实存在的音响才能采录得到，并且凡在采录的同一时间内现场上存在的各种音响，无论作者的好恶如何，也都必然会在采录中被同时记录下来，因而录音素材对现场上各种声响构成的反映，具有客观性。

（3）可塑性

录音素材只反映现场上客观存在的实有音响，对于录音报道的需要来说，它并不明确表现为可以适于体现什么样的主题和能够适用于什么体裁。在运用中，多是把它用于哪种体裁的报道，它就适合那种体裁的报道需要；把它用于哪个题材，它就可以成为那个题材的素材；它对各种体裁和不同主题的报道都具有较强的适应性，也即在运用上具有较强的可塑性，这决定了赋予它什么主题，它就具有什么样的思想意义。

3. 录音素材的作用

在录音报道中，录音素材的作用，主要是用于交代环境、渲染气氛和体现主题三个方面。

（1）交代环境

录音素材在录音报道中，常可用来代替播音员的解说，实现对环境的交代。如放一段划拳猜码的录音，听众就可以知道该环境是一个用餐的地方；放一段火车行驶声和车站的广播声，听众就可以知道这是一个火车站；放一段锤打钢钎的音响，听众就可以知道这是一个采石场或开山工地。

（2）渲染气氛

录音素材不但能起到交代环境的作用，在对环境的交代中，往往还能起到渲染环境气氛的作用。如江苏南通人民广播电台播出的《周玲美家今天沸腾了》一稿，说我国运动员周玲美在亚运会上夺得金牌后，家乡人民纷纷到她家去向其父母祝贺时，用上了当时在现场上录下的"喧哗声、问候声和此起彼伏的鞭炮声"这一实况音响，就把那"沸腾了"的环境气氛烘托了出来。

（3）体现主题

如前文已述的，许多家庭都有这样一种情形：吃晚饭的时候，父母有时会告诉小孩，今天谁坐自行车在什么地方摔了一跤，头破血流，已住进了医院。或者是说谁家的哪个小孩，因为偷了人家的什么东西而被人家打了之类的情况，父母把这事告诉小孩，其目的并不在于让小孩知道谁摔了跤住了院，更不是想让自己的小孩也去偷人家的东西，而是为了借这事来提醒孩子坐自行车出门时要多加小心或教育孩子做人要规矩本分。借某人坐自行车不小心而摔跤这事来提醒孩子出门时要多加小心，借谁家的孩子因偷东西而挨打来教育孩子要做一个好人，这才是父母讲出这些事的真正用意。

同样，一篇报道虽然都是要"报告一件事"或"再现一件事"，但作者的写作目的却不仅仅在于让受众知道"一件事"，而是要借对该事的报道来表达某种思想观点。作者所致力于表达的这种思想观点，就是一篇报道文章的写作主题。

在清播文稿中，作品的思想主题完全得靠对事实的叙述来体现，而在录音报道中，却可由录音素材配合记者叙说来共同表达，甚至有时还可单独由录音素材来实现。例如我们如果在报道某个歌唱家在什么演唱会上出场演唱时，假如想要体现他唱得好，那就可以不必去评价他唱得如何的好，只要把他的一段演唱录音播放出来即可说明问题；例如我们想要体现他的演唱赢得了观众的喜爱，只要把观众的热烈掌声播放出来也就实现了目的。

在录音报道中，虽然录音素材对不同的主题思想都具有较强的适应性，也即在运用上具有可塑性，但在实际运用中却并非可以随意乱用或可原封不动地运用。因为，不同的录音素材在对报道主题的体现效果上程度是不一样的，代表性强的录音素材，对主题思想的体现能力也就较强。例如上文所述，我们要想体现某位歌唱家唱得很好时，在录音素材的运用上，就应当挑选他唱得最精彩的片断来采用，这样才能更好地说明问题。

同样一个道理，无论在什么样的录音报道中，对录音素材的运用，也都是要挑选好最有代表性、最典型的录音素材来运用，这样才能体现好报道的主题。

（二）记者叙说

在录音报道中，除了录音素材以外，构成录音报道的要素还有"记者叙说"。

1. 记者叙说的含义

这里所说的"记者"，指的是广义上的"记者"，即不仅可以是记者本人，也可以是按记者写出的文稿来进行播讲的播音员。

录音报道中，对于记者叙说这一构成成分的出处要求，不像对录音素材的出处要求那么严格。记者叙说，既可以是记者本人在采访现场随着事件发生、发展的进程同步叙说时将它连同当时现场上的各种音响一并采录下来，也可以是事后在制作节目时由记者本人补叙或由播音员代讲后叠加上去。

2. 记者叙说的职能

记者叙说在录音报道中的职能主要有：

①对录音素材表达不了或不好表达的新闻要素进行交代。

②在录音素材的不同内容、层次之间充当过渡的"桥梁"。

③对录音素材中听众听不懂或容易产生歧义的音响进行解释。

④对新闻事件发生的现场及事件的进程进行说明。

⑤对所报道的事实进行议论评价以揭示出报道的主题。

⑥就所报道的事实抒发记者的情感。

二、录音报道文体写作基本常识

录音报道的各种体裁文稿写作，与清播文稿的相应体裁文稿的写作方法基本一样，但由于录音报道作品是由录音素材和记者叙说两个部分所构成，因而在各种文体的录音报道文稿的写作中，构思作品时就应先考虑好如何将这两部分材料进行合理地搭配组合的问题，力求使之相辅相成、浑然一体且相得益彰才好。

（一）记者叙说的写作

录音报道的各种体裁文稿写作，重在记者叙说部分。在写作记者叙说时，应当遵循的写作规律大致有：

1. 内容表达有时不必完整和连贯

有了现场录音素材的加入，有些内容的表述就由现场录音素材来承担，因而在记者叙说中就可以把它省略。例如青海人民广播电台 2011 年 10 月 18 日播出的《社区干部的一天》一文的开头：

十月十日，我来到西宁市城西区南气象巷社区，跟随工作人员零距离体验社区干部紧张又繁忙的工作。

早上八点二十分，社区办公室里已人来人往，熙熙攘攘。工作人员姜之琴说，每月十号，是低保户签到的日子，现在辖区内的低保户已经有三百人。

[录音] 低保户来报到，我们具体地了解一下他们的生活情况、家庭情况，告诉他们参加一些公益活动，也便于社区更好的工作。

姜之琴的话音刚落，低保户王庆前就拉住我的手说：

[录音] 社区工作人员辛苦，我们要是签个到啥的过不来，她们就到家里过来看一下……

（压混）

王庆前今年四十八岁，家住南气象巷十一号，因为身患残疾，平时只能靠理发挣点零钱，了解到这一情况后，社区工作人员……

如果把记者的叙说摘录出来，就会发现这个开头中的这些叙说是不完整的，前后语句是不连贯的：

……早上八点二十分，社区办公室里已人来人往，熙熙攘攘。工作人员姜之琴说，每月十号，是低保户签到的日子，现在辖区内的低保户已经有三百人……姜之琴的话音刚落，低保户王庆前就拉住我的手说……王庆前今年四十八岁，家住南气象巷十一号，因为……

这个片断中，"工作人员姜之琴说……现在辖区内的低保户已经有三百人"之后是"姜之琴的话音刚落"，这样由于播音员还没把"工作人员姜之琴"介绍情况时所说的话交代完，就说她的"话音刚落"，前后内容就连不上；还有在"姜之琴的话音刚落，低保户王庆前就拉住我的手说"之后是"王庆前今年四十八岁，家住南气象巷十一号，因为……"，也是后面说的内容与前面说的内容连接不上。

但实际上，在这些接不上的地方，因为都有了能够把前后两个部分的内容连接起来的录音来作为前后内容间的"桥梁"，因而从整个节目的效果来看，这个稿子的内容却是顺畅的。

由于有了现场上大会主持人宣布开会时的实况录音，因而从整体上来看，这个报道对新闻要素的交代又是完整的，报道的内容也是顺畅的。

再如在庆祝广西壮族自治区成立40周年时广西人民广播电台所采制的一篇录音通讯的开头，也是由于有了现场音响的加入，有些内容的表述已有现场音响来承担，因而在记

者叙说中就可以把它省略:

（锣鼓声、乐曲声，偶尔夹杂着时隐时现的汽车引擎声，音响渐低）

播音员: 今天的自治区首府南宁，处处洋溢着节日的喜庆气氛。

（音响扬起，歌声，舞龙舞狮的鼓点声，音响渐降，混播）

播音员: 市人民公园里，一大早就成了歌的海洋，上午八点……

（歌声、鼓点声隐出，出礼炮声，叠出大会主持人的主持声:"广西壮族自治区成立四十周年庆祝大会，现在开始!"）

（音响降低）

播音员: 在主席台上就座的，有自治区的党政领导、中央代表团的全体同志，以及从各兄弟民族自治区远道而来的各兄弟民族嘉宾。

如果把这个开头中的记者叙说摘录出来，就是:

今天的自治区首府南宁，处处洋溢着节日的喜庆气氛……市人民公园里，一大早就成了歌的海洋，上午八点……在主席台上就座的……有自治区的党政领导、中央代表团的全体同志，以及从各兄弟民族自治区远道而来的各兄弟民族嘉宾。

这个开头，在说到"上午八点"时就打住了，往下，记者叙说接着说的是"在主席台上就座的，有……"，还没交代"上午八点"发生了什么，就直接报道有些什么人坐在主席台上，前后两句话之间显然是连接不上的，但由于有了现场实况录音中大会主持人所宣布的"……大会，现在开始!"这一录音素材来替代记者叙说，因而听众听起来就觉得很顺，并不觉得这节目有什么表达不清的问题。

也就是说，在录音报道文稿的写作中，记者叙说和录音素材是相互配合的，新闻内容既可以用记者叙说来交代也可以用录音素材来交代。录音素材交代不了或还没有交代的内容，可以由记者叙说来交代;反之，记者叙说没说完的内容，也可以用录音素材来代替它说。

2. 要对不好理解的录音素材做解释

记者叙说的一个重要职责，就是负责解释录音素材中那些听众听不懂或不容易听得懂的问题。

在录音报道中，出现了音响，听众可以从音响中感受到新闻事件的情境;出现了人物的讲话录音，听众可以获知其讲了些什么内容，且能领略到其人口音，但这些音响是来自何处，这些语言是谁所讲，讲话的人又是何身份，听众却无从得知。因此，就得要用记者叙说来为其做解释，这样听众才能听得懂。如北京人民广播电台 2011 年 12 月 12 日播出的《请跟我回家》一文的开头:

[录音] "我的家在东北松花江上，那里有森林煤矿，还有那满山遍野的大豆高粱。我的家在东北松花江上，那里有我的同胞，还有那衰老的爹娘……"

（压混）

　　唱歌的人名叫杨建达，这样的歌声，在这位八十七岁老人的心头回荡了七十年。一九四一年……组建远征军赴滇缅抗击日本，杨建达就是其中一员，战后因为种种原因，像他一样滞留异国他乡的远征军老兵数量无法统计……这位老人给我们唱这个《松花江上》，唱到最后自己就哭出来了，因为最后是什么呢？是什么时候才能回到他的家乡，见到他的爹娘……

　　这个报道一开头，听众就能从录音素材中听到有一个人在唱歌，歌声苍凉悲哀，但这唱歌的是什么人呢？现场上的录音素材没能交代得了，因而在录音素材之后，作者就用记者叙说来解释这歌声是谁唱的和为什么唱。又如西藏人民广播电台 2012 年 6 月 18 日播出的《热登家的期盼》一稿的前半部分：

　　在国家和自治区一系列惠民、富民政策指引下，我区农牧民的生产生活条件得到了极大改善，广大农牧民在增收致富的同时，也对迈向小康生活充满了新的期盼。请听西藏台记者王晓丽、罗华采制的录音报道：《热登家的期盼》。

　　（出现场音效，压混）

　　流水潺潺、蜿蜒曲折的吞曲河穿过尼木县吞达村，研磨藏香原料柏木的水磨就分布在这条河上。

　　（水车声，压混）

　　顺着水车发出的有节奏的声响前行，柏木散发出的淡淡香味扑鼻而来。

　　这个开头部分的第一段录音素材，听众虽然听的时候觉得像流水声，但由于持续时间比较短暂，听众并不能确定是不是流水声，接下来的记者叙说做了解释，听众就能知道那是"蜿蜒曲折的吞曲河"的潺潺流水声了。对于第二段录音素材，如果不是很熟悉水车所发出的响声的听众，是不可能知道这是怎么声音的，而接下来的记者叙说介绍了这是水车发出的声响，听众的疑问就得到了解答。

　　3. 给录音素材当好层次过渡的"桥梁"

　　新闻现场采录下来的实况音响，多是杂乱无章的，如果仅有录音，听众还不一定能听明白是怎么回事。因而写作录音报道的文稿时，在音响素材的段落与段落之间、层次与层次之间，还得要由记者叙说来帮助实现过渡。如曾在中央人民广播电台播出的《红旗渠见闻》一稿中，就有这样一个片断：

　　（分水岭电站机组响声，隐去）

　　这是红旗渠分水岭水电站的两台发电机组正在工作。

　　现在，在红旗渠上已经建成了小型水电站十七座，还有十七座正在施工兴建中。水电站的发展不仅给社员生活上带来了方便，而且推动了山区有线广播网的普遍建立，和促进了农村农副产品加工业的发展。

　　（任村大队面粉机音响，渐隐）

这是任村公社任村大队粮食加工车间。大队党支部书记张立方告诉记者，这个车间共有面粉机、碾米机、粉碎机等十部小型粮食加工机械，都是由电力带动的，每小时可以加工粮食一千多斤。

在林县，许多人民公社生产大队，都利用电力办起了粮食加工、果品加工、粉坊、作场、油坊、弹轧花、饲料粉碎等各种农副产品加工厂，大大减轻了劳动强度，节省了劳动力。

林县各人民公社还利用红旗渠水养鱼，增加集体收入，改善人民生活。

在红旗渠畔已经修起了许多水库。这些水库，总蓄水量三亿多立方米，大部分已经用来养鱼。

记者到城关公社曲山水库去，赶上那里正在捕鱼。

（曲山水库捕鱼声，渐隐）

水库里有青鱼、草鱼、鲢鱼、鲫鱼等六七种，大的每条足有六斤重，小的也有一斤多重。

在这个片断中，出现了发电机声、面粉机声和捕鱼声等几种音响，如果把这几种音响连一起，听众很难知道是什么意思，而在各种音响之间插入了解说，告诉听众前面是什么地方什么事物发出的什么音响以后，接着再说记者在哪里还见到了什么，这样不但使已出现的和将出现的音响得以明白交代，同时通过这样的交代，也实现了内容情节的转换。

4. 必要时取代有关人物的原话

有时，现场采录到的某些人物的讲话，被访者说的是多数听众都听不懂的外语、少数民族语言或某地方言，或者是被访者的讲话缺乏条理或说得过长，若将这样的录音素材原原本本地用上，播放出来时听众听了就会感到厌烦。遇上这种情况，就得通过记者叙说来解决，即将多数听众不能听懂的语言进行翻译，对条理混乱的讲话进行整理，对过长的发言进行概括。要做这样的处理，在撰写文稿时，一般的做法是先安排出一小段人物讲话的实况录音，然后让录音渐隐，代之而出的是播音员的播讲即可。如中央人民广播电台播出过的《喜看长沙市场新气象》一稿，就是这样来处理的：

游四爹就是这样一个历史的见证人，在营业间的休息处，他激动地向我们讲述了一段辛酸的往事……

[录音] 游四爹：讲起旧社会，真是个人吃人的世界。我十二岁起就给地主做长工。

（压低混播）

游四爹说，讲起旧社会，真是个人吃人的世界。我十二岁就给地主做长工，吃的是残菜剩饭，穿的是烂布筋，当牛做马整整干了十七年……

通过把人物的讲话压低，让播音员的解说与人物语言混播，然后再将人物语言隐去而由播音员来把人物讲话的内容播出来。这样一来，由于播音员发音吐字的规范和清晰，既有利于让听众听懂人物讲话的内容，也有利于从中"偷梁换柱"，由播音员的播讲来取代人物的讲话时将其原话进行压缩、概括，便可把那些多余的话去掉。

（二）录音素材的安排

写作录音报道文稿，不但要认真写好记者叙说，还得要精心安排好录音素材，使两者相互配合、互为补充、有机结合起来才好。录音素材的使用原则为：

1. 应予以优先安排使用

在录音报道中，由于录音素材是构成录音报道的主体，因而在写作录音报道文稿时，凡属录音素材能够说明得了的问题，都应优先安排使用录音素材才好。

2. 出没不要过于突然

录音素材的出现和消失，应该有一个过渡，而不宜突然冒出或戛然而止，出现时应是由低到高慢慢扬起，消失时应是先压低后再渐渐隐去。

3. 不得与记者叙说各自为政

在录音报道中，录音素材与记者叙说不应各自为政而应密切配合才好。并且，在许多场合下，若将两者叠到一起混播，还可使节目的感染力得到增强。如文艺晚会或体育运动会，自始至终都应保持现场气氛而不宜将素材音响隐掉。若需对现场情景进行解释、发表议论或抒发感情时，可将素材音响逐渐压低，让现场上的实况录音作为背景音响来衬托记者叙说，待记者叙说告一段落时，再将它逐渐扬起。

（三）采制录音报道中所应注意的问题

采制录音报道，应注意如下两个问题：

1. 在录音素材的使用上不得张冠李戴

真实是新闻的生命，对于录音报道来说，新闻真实的要求就不仅仅是所报道的新闻事要"确有其事"、"确是如此"、"经得起听众去核实"，而且在录音报道中所出现的各种音响也必须要真实，即必须是在事件发生和发展过程中在现场上所采录到的现场实有音响。有些记者，由于事发时不在现场或没带录音设备或者是由于没能把素材录好，就去用别的场合的相同情形的音响来代替，如风雨声、雷声、掌声、歌声、汽车喇叭声、火车行驶声、闹市上的嘈杂声等；有的记者因采录不到或所采录到的效果不理想而用资料音响来代替；也有的记者为了获得所需要的录音音响而让当事人把所做过的事重做一遍来录制声音等，所有这些不实做法，都是违反新闻工作的真实性原则的，也是有违新闻工作者的职业道德规范的。因而，采制录音报道，不但要确保所报道的事情真实，而且所用的录音素材，也必须完全真实。如果在采制录音报道时，由于错过了时机没能录到，或因各种原因而没能把音响素材录好，那就只能是老老实实地交代说很遗憾，因没能把当时现场上的情景录下而改用采访事件发生时的在场人、目击者的采访录来替代。

2. 不得干预现场上的人和事

记者对新闻事件或事实的报道，只能是如实地反映事件或事实的真实状况，而要保证所报道的内容符合客观实际，就得要"有什么报什么"，"是怎样就报怎样"。有的记者在采制录音报道时，为了使所报道的人和事更合乎自己的需要而要求当事人要说什么和怎么说，如过去就曾有一个记者要采制一篇关于一位拖拉机手热爱自己的工作的录音报道，在录音时就让那位拖拉机手"豪迈"地边开拖拉机耕地边"引吭高歌"，结果节目播出后马上就有听众指出报道很不真实，因为在开拖拉机进行耕地时，机手要把精力集中到对拖拉机进行的各种各样的操作上，顶多能边耕地边小声哼哼而不可能"引吭高歌"。还有的记者，在采录中要求当事人说什么话、唱什么歌或发出什么喊声，要求受访者在现场要出现什么声响，等等，甚至还有的记者在采制一些平时都是说方言的当事人时，要求受访者在与家人说话时也要说普通话，这就让人觉得很假。因而作为广播记者，必须清楚：凡是通过"导演"、"摆录"而得的录音素材所做的录音报道，都属于假报道。"导演"新闻，那是新闻工作的纪律和新闻工作者的职业道德所绝不容许的。

第二节　广播录音新闻

以上所述的录音报道，指的是广义上的录音报道，它包括录音新闻、录音讲话、录音通讯、录音特写、录音访问记等以录音素材和记者叙说相结合来向听众播报新闻的各种体裁；而狭义上的录音报道，则仅仅是指录音新闻这一专门体裁。

与报纸上的"新闻"也称"消息"一样，录音新闻除可叫做录音报道外，也可叫做录音消息。

一、录音新闻与清播消息和录音通讯的不同之处

（一）录音新闻与清播消息的不同之处

录音新闻与清播消息的不同之处主要有：

1. 不能使用倒金字塔的结构形式

清播消息文章的篇章结构，既可以用金字塔式的结构形式，也可以用倒金字塔式的结构形式。但写作录音新闻，在文章的篇章结构安排上，由于录音素材所记录的内容是现场上新闻事件发生、发展的过程，是一种按时间顺序来发展变化的过程，如果把录音素材剪断，按内容的重要程度来重新排列素材的各个片断的顺序，就会把录音素材弄得支离破碎而使听众无法听懂到底是怎么回事。因而录音新闻稿的写作，是不能采用倒金字塔式的结构形式的。

2. 在叙事上无法有详有略

录音新闻在叙事上由于只能是顺着事件的发生、发展的进程来开展对新闻事件的叙述，如果把其中的某些片段挖掉，就会破坏录音素材的连贯性和完整性而让人无法听懂。而由于不能"跨过"某一部分来叙事，文章在叙事上也就没有"跳跃性"，而是将事情发生、发展和变化的过程一五一十地从头道来。

（二）录音新闻与录音通讯的不同之处

有的录音新闻，粗略看来与录音通讯很相似，但仔细比较起来，它们之间却有着许多的不同，这些不同主要表现在：

第一，录音通讯的采制，要刻意求功、"精雕细琢"，而录音新闻只是通过录音素材和记者叙说相结合来"报告一件事"，并不致力于让人有如身处现场那样很详细地感知该事，它在对新闻事件的"报告"上，只是粗线条地介绍概况而不把事讲得详细，更不讲

求表达内容的艺术性。

第二，在录音素材的运用上，录音新闻对素材的质量要求比较低，在现场进行录音时，并不在乎是不是使用专业的录音设备，甚至许多节目的录音素材还是记者遇上有情况时就掏出手机来录音的。这是因为这种体裁形式的节目对录音素材的声响效果要求不高，只要是新闻事件发生、发展过程中的现场实况音响即可用上。而录音通讯对素材的取舍，不但很讲究素材的典型意义，而且对录音的质量要求也比较高，若是不能使用广播级或专业级的录音设备来录制，至少也得要使用一般的民用级（即较好一些的家用录音机）来录制。

第三，录音新闻只需要"报告一件事"，而不讲求要对听众有感染力，因而结构比较简洁明快，没有太多的波澜起伏，因此用的录音素材一般较少，其文稿的写作一般较快切入正题。

二、录音新闻的篇章构成及写作概要

（一）录音新闻的篇章构成

录音新闻的篇章结构，也和清播消息一样，一般由开篇（即导语）、背景、主体和收尾等部分所组成。其中的背景部分，并不是每一篇录音新闻都要带有，而收尾部分，则只有少数录音新闻才带有。

（二）录音新闻各个组成部分的写作

录音新闻文稿各个组成部分的写作，与清播消息的写作方法也大致相同。

1. 开篇部分

（1）开篇部分写作的着眼点

录音新闻开篇部分的写作，着眼点大致有两种类型，一种是着眼于交代新闻要素，例如武汉人民广播电台 2008 年 12 月 28 日播出的《万里长江第一条越江隧道建成通车》一稿的开头：

> 听众朋友，万里长江第一条越江隧道今天在武汉建成通车，从而开启了长江地下过江的历史，使国人近百年的梦想成真！

这条导语，写作的着眼点就是交代新闻要素。再如新疆人民广播电台和新疆阿勒泰人民广播电台 2010 年 1 月 22 日播出的《高举国旗，呼唤救援》一稿的开头：

> 请听新疆台记者赵萌、阿勒泰台记者杨树赛采制的录音新闻：高举国旗，呼唤救援。
> （出直升机声音，压混）
> 各位听众，我现在在阿勒泰机场，一架营救雪灾中受困群众的直升机刚刚降落，我看到七位牧民陆续被救援人员扶下飞机。

也有的录音新闻的开篇部分，写作着眼点并不是要交代新闻要素而是在于吸引听众收听，例如乌鲁木齐人民广播电台 2013 年 10 月 31 日播出的《市 35 校特殊的一课》的开头：

> 一只用白色棉布做的玫瑰花，用紫色液体喷在花朵上时变成了红色，喷在叶子上却变成了绿色。这是二十九号下午市第三十五小学的校本课堂上一幕。据了解，魔术走进小学校本课程，这在我市还是首例。

这个开头，就是不急于向听众报告有什么事，而是先"展现"出现场上的情景以吸引听众接着往下收听的。再如天津人民广播电台 2013 年 9 月 24 日播出的《大熊猫已经安全抵达天津》一稿的开头：

> **本台消息** 经过长途颠簸，于昨晚入住光合谷旅游度假区的一对国宝大熊猫，已经安全抵达天津。"十一"黄金周期间，大熊猫将与天津市民正式见面。

这个开头，只说"经过长途颠簸"和"昨晚入住"了什么度假区而没说是谁"经过"和"入住"，卖了一个关子后才把话题逐渐绕回正题上，这样的开头，也是着眼于吸引听众来收听。

（2）写作开篇部分的可用方式

录音新闻的开篇，可以出录音素材后再出记者叙说，例如贵州人民广播电台 2008 年 9 月 25 日播出的《和谐喀斯特》一稿的开头：

> （马车声，溪水鸟鸣声，压混）
> **记者：**各位听众，现在我是坐在荔波县驾欧乡驾欧村村民黄宇忠的马车上。过去，这样的马车很受游客的欢迎，但是随着今年六月荔波县"中国南方喀斯特"的申遗成功，马车已经被禁止进入景区，取代马车的是无污染的电瓶车。

再如西宁人民广播电台 2008 年 7 月 5 日播出的《西宁市餐厨垃圾日处理量超过百吨创全国之最》一稿的开头：

> （车辆声及铃声渐弱，混播）
> 不知道大家对这个声音是否已经熟悉，但是，西宁市各大饭馆、酒店的服务人员对这个声音都已经十分熟悉了，这是密闭式餐厨垃圾收集车正在收集餐厨垃圾。大家一听见这个声音就会马上出来倒餐厨垃圾。

也可以是先出记者叙说后出录音素材，例如青海人民广播电台 2010 年 7 月 8 日播出的《架起绿色桥梁》一稿的开头：

> 近年来，我省各级工商系统以"牵手助农活动"为载体，不断强化对农牧区经

纪人的引导和培育力度，有效推动了我省的农牧业产业发展和农牧民增收。

[录音] "有经纪人肯定能卖得出去，咱们种多少亩，现在也不害怕，现在种两百多亩的也多呗。"

"有了经纪人销路就广了，我们大家每个人都方便多了，百分之百是销出去了，我们的后顾之忧没有了"。

听众朋友，您听到的这段录音是……

再如丹东人民广播电台2013年5月26日播出的《丹东高山杜鹃绽放锦州世园会》一稿的开头：

本台记者庄云凯、王见报道：在日前举办的锦州世界园林博览会上，我市三千多株高山杜鹃花闪亮登场，同园区的青山绿水构成了一幅和谐画卷，引得众多游客赞叹不已。

[录音] 游客："这不是杜鹃嘛，丹东的杜鹃比较出名的。青山绿水，杜鹃花开得很美。"
（录音止）

据了解，承担锦州世园会杜鹃园布展工作的是……

还可以是录音素材与记者叙说同时混出，例如钦州人民广播电台1997年12月22日播出的《钦州港开创我国业主制建港先河》一稿的开头：

（混响）
十二月二十二号，深圳能源集团八点八万立方气库、宇海集团两个五万吨级码头等七个业主投资项目同日在钦州港动工，使钦州港今年新建、续建的项目增加到五十一个，项目总投资达五十三点五六亿元。目前，钦州港已成为我国第一个以业主为投资主体的港口。
（混响结束）

这个开头，就是边播放录音边出现记者的叙说，直到记者说完这一段话后录音素材的音响才结束的。再如玉林人民广播电台1997年8月18日播出《个体业主梁志林投资一千四百多万元兴建铁路专用线》一稿的开头：

（"呜……隆隆……"，约五秒后压混）
今天上午，随着一声汽笛声响，一辆披挂着彩带的火车头缓缓驶进了玉林市石南饲料批发专业市场。由个体业主梁志林投资一千四百多万元兴建的双股道铁路专用线顺利建成通车。正在玉林考察工作的自治区党委书记曹伯纯等领导出席了通车典礼。

（"隆隆"声，数秒后隐去）

这个开头，也是边播放录音边出现记者的叙说，直到记者说完这一段话后录音素材的音响才结束的。

（3）新闻内容的引出

录音新闻内容的引出，也和清播的广播消息一样，既可以是有话直说、直接道来，也可以是通过描写来交代或通过发表议论来引出，还可以是通过设问、向听众发问来引起听众的重视，或者是以引用他人的话等方式来带出。例如：

①直叙式：

本台记者王见、杜依帆报道：今年三月下旬，我市第一批道路大修改造工程全面启动。经过一个多月的紧张施工，金海路、六纬路、八纬路、五经街、朝凤街等路段已经形成通车能力。目前，第二批道路大修改造工程也陆续展开。

——丹东人民广播电台2013年5月20日《我市城市道路大修改造工程进展顺利》

②描写式：

六月的高原，满目苍翠；六月的西宁，宾朋云集。六月十号上午，青海省国际展览中心门前人潮涌动，彩旗飞扬，二○一一中国·青海绿色经济投资贸易洽谈会在这里隆重开幕。

——《2011中国·青海绿色经济投资贸易洽谈会昨日隆重开幕》青海人民广播电台2011年6月10日播出

③议论式：

虽然每天晚上，月亮都会将它苍青色的光芒倾泻于大地。可唯有中秋节的月亮最牵动人心。请听本台记者葛立婕、张乃千发回的报道：《锦山绿水映月圆》。

——丹东人民广播电台2013年9月20日《锦山绿水映月圆》

④设问式：

听众朋友！你听说过这样的怪事吗？医院和医药批发部门竟把奶粉、味精和高压锅当做药品开给病人，甚至把床上用的毯子、被套当做药品的包装开到药品中。你也许不信，那么请听一段电话录音……

——丹东人民广播电台、中央人民广播电台1989年6月《如此搭配令人吃惊》

⑤提问式：

> 眼下，大白菜即将上市，可振安区楼房镇马家村的村民们看着满地的大白菜却怎么也高兴不起来。这是怎么回事呢？请听本台记者王敏、姜海澜发回的报道……
> ——丹东人民广播电台 2013 年 10 月 10 日《大白菜得了啥病》

⑥引语式：

> "工厂不开工，等到我心痛；等来等去是场空，倒不如转业去务农。"这几句在我市下岗职工中广为流传的顺口溜，反映了他们就业观念的改变。到目前为止，全市已有八百余名下岗职工"转业"务农。
> ——北流人民广播电台 1997 年 6 月 11 日《北流八百下岗职工"转业"务农》

当然，录音新闻的开头，并不仅仅是以上几种方式，一篇稿子在写作中该如何下笔，还得根据稿子的具体内容而定，不应受某种模式的约束而应努力创新。

2. 背景部分

录音新闻在开篇之后，接着多是先交代一些与新闻事件或事实有关的背景材料后才转入正题。例如前面这篇《北流八百下岗职工"转业"务农》录音新闻，由于在开篇里说的是有很多的下岗职工都去务农了，按照人们所知道的情况而言，各地的下岗职工在下岗之后大多是去做生意、跑运输或搞承包什么的，而这篇报道中却说当地的下岗职工在下岗后"纷纷上山下乡，到果场、养殖场去打工"，听众就会感到纳闷，该市为什么会出现这样一种与别的地方都不相同的情形呢？因而文章在开篇之后，就应当交代出这里的下岗职工在下岗之后为什么不去做生意、跑运输或搞承包等而要下乡去打工的原因来。该文的背景部分所交代的原因是：

> 近几年，我市农业综合开发如火如荼，不少具有一定规模的新办果场、养殖场需要一批有较高科技文化素质的工作人员，部分下岗职工抓住这一机遇，纷纷上山下乡，到果场、养殖场"打工"。

只有这样有针对性地交代出原因来，才能解开听众心中的谜团，这是写作背景部分时必须考虑的。

当然，也并非每一篇新闻都要写上背景，有的稿子由于在所要报道的事中不存在什么需要交代的情况，那就不必有背景部分而可以是一写完开篇就直接进入主体部分。例如乌鲁木齐人民广播电台 2013 年 9 月 24 日播出的《天气转凉首府蔬菜价格乘势上涨》一稿的开篇内容是：

> 随着首府近日的气温突降，乌鲁木齐的菜价因天气原因顺势上涨，北园春农贸批发市场信息技术部统计，三十二种常见蔬菜批发均价上涨了百分之二十左右，其中豆

角、油白菜等涨势颇高。请听报道。

在这一个开篇中，由于不存在什么要解释要交代的问题，因而后面就不需要交代什么背景情况而是直接进入正题——报告菜价怎样因天气原因顺势上涨这一正题，即不需要交代背景情况就可以进入文章的主体部分了。

在需要交代背景情况的录音新闻中，背景部分所应交代的背景情况也和清播新闻背景部分所应交代的背景情况一样，有的应当交代历史或地理或时代方面的背景，也有的是应当交代情况或环境或社会方面的背景，还有的是应当交代人物或事件或知识方面的背景。具体到我们要写的一篇稿子而言，到底应当交代什么背景，这也是和清播新闻背景部分的写作一样要根据导语的情况而定。这一问题在前面关于清播新闻的写作中已经有过介绍，因而这里就不再重复。

3. 主体部分

（1）主体部分的结构安排

由于录音新闻是用录音素材和记者叙说相配合来报道新闻的，因而它的主体部分的写作，在结构的安排上也与清播消息的主体部分结构有所不同。清播消息主体部分的安排，可以有多种多样的结构形式，而录音新闻的主体部分，就只有顺叙式和并列式两种。当所报道的是一件事的发生、发展变化的过程时，就应该用顺叙式。例如前面这篇题为《天气转凉首府蔬菜价格乘势上涨》一稿的主体部分，就是接着开篇部分的话题来交代出蔬菜价格是怎么样上涨的：

在北园春农贸市场，记者看到，上周还挂着"豆角四元每公斤"的牌子已经换成了"六元每公斤"，每天都会来市场买菜的秦新年老人说：

[录音] 我买豆角、葫芦瓜都比较多，豆角现在六块，我前两天买三块五，家里菜市场那边还贵一块。

北园春农贸市场一百四十二号店老板刘春光介绍，菜价上涨也就是这两天的事情，主要原因就是天气突然转凉，菜的产量有所下降。

[录音] 天气冷了，菜少了。大部分菜都有些偏涨，涨了百分之二十，油白菜以前两块多钱，现在涨到四块了。换季交叉，浮动比较大，菜价就不稳。

北园春农贸批发市场信息技术部工作人员张振强介绍，每年九月中旬都属于季节交替时间，菜价较为不稳，但整体属于上涨趋势。

[录音] 现在因为天气凉，下霜了，菜产量比较少，地产的菜逐渐要转到大棚里面了，大部分菜要靠从吐鲁番、库尔勒那边进了，这属于正常的波动。

而如果稿子所要报道的新闻涉及不止一个单位或不止一个地方，或者所要报告的情形不止一个时，主体部分的写作就可以用并列的结构形式。例如丹东人民广播电台2013年10月24日播出的《市委书记戴玉林到凤城市检查指导乡镇环境卫生综合整治工作和供暖准备工作》一稿，由于题目里就已交代市委书记戴玉林去凤城市检查指导的工作有"乡镇环境卫生综合整治工作"和"供暖准备工作"两项，因而文章在交代对这两项工作的检查指导时，就是采用将两项工作并列的结构形式。这篇录音新闻的开篇是：

> 本台记者姜淼报道：昨天，市委书记戴玉林到凤城市检查指导乡镇环境卫生综合整治工作。他强调，要立足当前，着眼长远，坚持标准，不打折扣，加大投入，整合力量，把乡镇环境卫生综合整治工作一抓到底，惠及乡村百姓。市委常委、组织部长孙志浩、副市长牛向东参加检查。

这篇录音新闻，题目虽然写的检查指导的工作有两项，但在开篇只说了检查指导"乡镇环境卫生综合整治工作"而不提检查指导"供暖准备工作"，这是因为写作录音新闻的开篇和写作清播消息的导语一样，不宜一下子就把"摊子"铺得太大，而应当是"像喝啤酒那样，喝到哪瓶时才打开哪一瓶，喝完一瓶后，再打开另一瓶"，在开篇中不必一下子罗列出过多的情况，而是应当先把整篇新闻中较重要的一个事实说出来，把它展开说完后再说另一个。

上面这篇《市委书记戴玉林到凤城市检查指导乡镇环境卫生综合整治工作和供暖准备工作》的录音新闻，开篇之后的内容为：

> 在一天的检查活动中，戴玉林一行先后来到刘家河、鸡冠山、边门、石城和东汤等乡镇，走街串巷、深入村屯，实地查看整治成果。对那些工作到位、效果明显的乡镇，戴玉林给予充分肯定，并提出更高要求；针对个别存在较大差距的乡镇，当场批评，要求加快整改。
>
> 戴玉林强调，各乡镇要将集贸市场、群众文化广场、停车场的"三场"建设和硬化、亮化、绿化、净化、美化的"五化"标准作为综合整治行动的基本要求，不打折扣地完成好。在垃圾清运处理工作中，要建立和完善镇、村、组、户之间的四级联动机制；并通过对路边、河边、屯边、宅边、厕所、院落六方面的清理改造，将综合整治工作推向深入、不断延伸。
>
> 戴玉林强调，一定要提高认识，不折不扣地贯彻市委市政府对乡镇环境卫生综合整治工作的各项目标和任务。
>
> 市委书记，戴玉林。
>
> [录音]"整治环境卫生绝对是一项利国利民、一项大的基础性工程，整治环境卫生绝对是一项民生工程，而且是一项长久工程、惠及子孙万代的工程。"
>
> 戴玉林强调，要立足当前，着眼长远，不断加大人力、财力、物力的投入力度。

同时，充分挖掘各种资源，调动多方积极性，整合社会各界力量参与到这项工作中，以美丽乡村建设为目标，改善农民生活，提高生活品质。

当天，戴玉林还先后来到凤城城南热源供热工程现场以及凤城惠通热电公司，检查冬季供暖准备情况。

戴玉林强调，要提前完成供暖设备调试，确保正常、安全运行。要做好充分准备，以应对寒流提前到来等可能发生的特殊情况。要在去年的基础上，加强对细节末端、老旧小区的维修维护。要完善应急预案，健全报修抢修体系，以群众的满意度作为供暖工作的基本要求。

这个主体部分，前面写的是检查指导"乡镇环境卫生综合整治工作"，而末尾两段，则是写的检查指导"供暖准备工作"，这两项检查指导工作，在稿子的主体部分中就是以并列的方式来排列的。

（2）主体部分对新闻内容的展开

录音新闻主体部分在对新闻内容的展开上，大致应从如下几个方面来考虑：

①多用素材少用叙说。

录音新闻的主体部分，在能够交代新闻事件的发生、发展变化过程的录音素材的情况下，应尽量使用录音素材而少用记者叙说。例如乌鲁木齐人民广播电台 2013 年 10 月 31 日播出的这篇稿子：

水磨沟区环卫清雪队进行清雪应急演练

十月三十日凌晨一点，水磨沟区环卫清雪队出动三十辆清雪车进行清雪应急演练。为今冬明春冰雪清除工作做足准备，确保市民有一个安全畅通的出行环境。

[录音] 听众朋友，我是记者高洁，现在是三十号凌晨一点钟，我所在的位置是水磨沟区的会展片区，随着三十辆清雪车的缓缓驶入，水磨沟今年首次清雪应急演练正式拉开了序幕。

此次应急演练共分三个作业点，三十辆清雪车内，都是由一名老司机带着两位新上岗的司机参加演练。

[录音] 雪大的时候刷子的角度就要打得再斜一点。你是头车的话，你要照顾后面的车，一辆压一辆车，注意社会车辆要避让一下。

听到老司机的指导，新上岗的干亚国点点头。

[录音] 今年第一年参加清雪队伍，首先是跟着老师傅把操作学会，把清雪清干净了，大家出行也方便，自己心里也比较舒畅。

水区机械化清扫道路共有七十三条，总长度一百六十公里，目前共配有各类清雪车型车辆两百三十八辆，水区环卫清雪队队长孔祥伟：

[录音] BRT线路要保障公交车的通畅，我们对公交线路上的车辆增加车次，减少循环时间。水区坡道比较多，在公交港湾，我们大型清雪车辆和小型机配合作业，保障车辆能顺利停靠到港湾，车辆不打滑。再一个，红绿灯下容易结冰，我们成立了一个除冰除雪小组，在路灯底下随时进行除冰作业，保障车辆顺利启动。

这篇录音新闻，就是多用录音素材而少用记者叙说的。
②做好内容之间的过渡。
由于在录音新闻的主体部分中要说的内容可能较多，为使听众能够听懂什么时候现场上的情景已经转换，就得要靠记者叙说来实现不同内容之间的过渡，例如广西人民广播电台曾播出的《南宁举行盛大水上体育表演》一稿，在介绍渡江活动结束后转入对接着开始的摩托艇疾拖水橇的表演进行介绍时，就是用记者叙说来进行内容的转换过渡：

摩托艇又一次出现了。现在进行的是疾拖水橇表演。
（突出表演实况）

③对不好理解的素材要做解释。
如果在所使用的录音素材中有听众听不懂、不好理解的声响，就应使用记者叙说来做解释。例如上面所列举的《南宁举行盛大水上体育表演》一稿，在用"摩托艇又一次出现"来实现内容的转换以及说明"摩托艇疾拖水橇，是我区一项新的水上运动项目"之后，由于听众无法见到现场的情景，没见过这种运动项目的听众就无法想象这一水上运动项目到底是如何进行的，因而在接下来的记者叙说中，就得要对它做解释。该文作者接着做出如下解释：

表演时，运动员站在两块橇板上，被摩托艇拖着在水面上飞驰。由于它的惊险、难度大，被称为"勇敢者的'勇敢'"。参加表演的运动员要……

这样听众就能大致知道这种新型的体育运动项目是怎样开展的了。又如乌鲁木齐人民广播电台2013年5月23日播出的《让百姓看病不再难》一稿中的这个片段：

[录音] 到大医院去不方便，人还多，这个价钱还便宜，到这来近不近？近，五分钟就过来了，现在就方便了。

说这话的是在六道湾社区卫生服务中心看病的居民张德仕……

在这里，听众虽然能听出录音中说的是什么，但却不知道是什么人说的，因而后面的记者叙说就要解释这话是什么人说的。

再如乌鲁木齐人民广播电台 2013 年 10 月 10 日播出的录音新闻《我市中小学生晨检工作恢复正常》一稿中的这个片段：

[录音] 我们要进行今天的晨检，请同学们伸出你们的手和胳膊，老师要看一下，三十六度五……

早上九点二十分，在市第四十一小学一年级二班的教室里，该校校医吴楠手握电子体温计，对学生们的身体状况进行一一检测。

在这一片段中，听众虽然听到了"我们要进行今天的晨检，请同学们……"的录音，但却不知道这是什么人说的，因而接着就得用记者叙说来对它进行解释。通过解释，听众才能知道原来这事是出现"在市第四十一小学一年级二班的教室里"，说这些话的人是"该校校医吴楠"，他要给"学生们的身体状况进行一一检测"。

4. 收尾部分

录音新闻的收篇也和清播新闻的收篇一样，既可以说完即停，也可以另设一个收尾部分。收尾部分的使用场合也和清播新闻的"结尾"的使用场合一样，一般在报道某些需要补叙相关情况或报道某些需要直接表明作者观点的事件或事实，或报道某些需要向听众提出问题、发出呼吁之类的题材时才用。

带收尾的录音新闻，其收尾部分也和清播消息的结尾部分一样，主要有补充、总结、点题、表态、议论、提问、呼吁等几种类型。

此外，写作录音新闻的文稿，也和写作清播消息一样，在表达方式的运用上应是以叙述（包括记者叙述和录音素材所作的叙述）为主，必要时也可以进行描写和适当发表些议论，但绝不允许带有抒情。

第三节　广播录音讲话

广播录音讲话是由有关人士就某一重要问题或听众普遍关心的某一事件、某个问题发表讲话，以其讲话的实况录音作为录音素材来制作而成的节目。例如：

历史见证人

我叫伍长德，住南京新街口糖坊桥九十六号，日本侵略军在南京大屠杀，我是见证人。一九三七年日本侵略军打南京的时候，我是做豆腐的，我那时二十九岁，十二月十三号，日本侵略军进南京就是大屠杀，大街小巷杀得尽是死尸。我跟好多人住在外国人划的难民区，外国人讲，日本人是不可以到难民区抓人杀人的。谁知道到十二月十五号，就是日本侵略军进南京第三天，上午八九点钟，日本侵略军到难民区把我和两千多名难民都抓走了，押送到汉中门里，有一千多名日本兵围着。日本侵略军把我们分成两百多人一批往城外赶，然后他们用四架重机枪搁在后边扫射。因为前面有护城河，后面有机枪扫，左右两边有日本兵带着枪，上了刺刀，所以难民一个都跑不了，都被打死了。一批杀完了，日本侵略军又把第二批难民往城外赶，再用机枪扫，一共扫了十几批，从下午一点多钟扫到五点多钟。杀完以后日本侵略军又用刺刀一个个地戳，还用木柴、汽油烧我们难民的尸体。真是惨无人道，心比豺狼还狠！我的背后头被戳了一刺刀，但是没有伤着要害。日本侵略军放火烧了尸体以后就进城了，我就从死尸堆里爬出来，真是死里逃生啊！

日本投降以后，我到东京国际法庭作证，控诉日本侵略军屠杀南京人民的罪行。新中国成立后我接待过日本好几批客人，他们听了我讲的死里逃生的经过以后，他们都认为日本军国主义对中国确实犯了大罪。但现在日本文部省的某些人，把侵略中国说成是"进入"，胡说南京大屠杀的原因是由于中国军队的顽强抵抗，这是歪曲历史、倒打一耙，是对中国人民的挑战，也是对日本人民的欺骗！我们要老实告诉日本文部省的某些人，日本侵略中国、屠杀中国人民的历史，任何人都是篡改不了的。

——中央人民广播电台王若渊、沈渭渔采录，1982 年 7 月播出

一、广播录音讲话的用途

在电台所开展的宣传中，绝大部分内容都可通过新闻节目的播出来实现。但也有的内容，以新闻报道的形式来宣传，效果就比不上由某位或某些特定的人物亲口说得好。例如上面这篇讲话，是由一位大屠杀中的幸存者来把当时的情况说出来的。这种由某位或某些特定的人物来亲口演讲的节目的作用就在于它具有更强的可信性和权威性，能使听众听了更为相信或信服。

二、广播录音讲话的题材类型

广播录音讲话，按内容的题材类型来分，大体可以分为新闻评说、政策宣传、法律宣传、知识介绍、叙说感想五种类型。

新闻评说类的录音讲话，一般是就听众普遍关注的某一事件，请当事人、知情人或目击者来演讲。

政策宣传类的录音讲话，一般是由党政要员来阐述党和政府的某一方针政策或某项决策。

法律宣传类的录音讲话，一般是由法律专家或执法部门有关要员来讲解某项法律法规。

知识介绍类的录音讲话，一般是由有关专家、学者、科技人员来就某一方面的知识进行介绍。

叙说感想类的录音讲话，一般是由某方面的知名人士、英雄模范人物、先进工作者或在某方面较具代表性的人物，把他们对国家的某项法规法令、政府某项决策、某项中心工作或对某一新闻事件、某个社会热点问题、某种社会思潮的看法或感受说出来。

三、广播录音讲话节目的采制

广播录音讲话节目，相当一部分是由电台按照宣传思想和宣传方针，为配合政府当前开展的某项中心工作，或针对当前社会上的某种思潮，或就听众普遍关心或有兴趣知道的某个问题来策划采制的。在采制这样一种讲话录音时，记者可有较大的主动权，因而也有较多的问题需要考虑和有责任来精心地把它组织好。采制这种讲话录音，记者需做的工作主要是：

（一）人选的物色

在现实生活中，同样一件事或同样一个道理，由不同的人讲出来，人们对这些事实的相信程度和对其中的道理的信服程度是不一样的，甚至还有可能是大相径庭的。因而，广播电台的宣传，虽然任何题材和内容都可以由记者来进行报道，但在对某些内容的宣传上，由记者来发报道文章，其效果就比不上由有关人士亲口来讲得好。因此，广播电台还常要约请一些各界人士来发表广播讲话。

录音讲话是从宣传的需要来确定人选的。一般来说，电台播发人物的讲话，在人物的物色上，主要应从如下几个方面来考虑：

1. 权威性

由于同样的事由不同的人来讲出，其效果是大不一样的，因此在安排人物讲话时，得讲究人选的物色。

讲话人选的选取，应选的是那些在该话题的发言方面具有权威性的人物才好。例如前面的这篇《历史见证人》，所选的是亲历者，他能说出事件过程中的相关细节，又说到了自己当时的亲身遭遇，这样的讲话才具有权威性。又如 1948 年 11 月 27 日，陕北新华广播电台对已被解放军包围了的国民党黄维兵团将士发表广播讲话，因为当时包围黄维兵团的解放军部队是刘伯承、陈毅统帅的中原野战军部队，由刘伯承、陈毅来发表讲话，表明解放军对放下武器的俘虏保证一个不杀，包括黄维本人在内只要愿意投降就能受到优待，这样由包围他们的野战军首领刘伯承、陈毅来表明态度，这种承诺就具有权威性而能让对方感到放心。

也就是说，如果要通过录音讲话来对新闻事件进行介绍或评说，由于当事人、参与者、目击者和知情人对情况较了解，由他们来谈论事件，其对事件的来龙去脉及发展变化过程，就能讲得更具体、形象和生动，听众也会感到更真切和更可信。

若是想要通过录音讲话来开展科学知识宣传，因专家学者在其所研究的学科领域内涉猎较深，由其来宣讲该学科领域的科学知识，其见解就更为独到和更具科学性，因而也更具有权威性。

而要通过录音讲话来开展政策法令宣传，党和国家的大政方针、各种政策法令，由中央领导来讲，就最具权威性；地方党政班子的决策，由地方党政要员来讲之所以做出该项决策的目的、内容及在落实该项决策上拟采用的措施，就能起到"一锤定音"的作用。

2. 代表性

同样一个问题，能把它讲得清楚的人往往不止一人，因而，在有多个可选对象的情况下，在确定录音讲话的人选时，就应找出最有代表性的人物。

　　所谓代表性的人物，就是该人物在对所要说的话题的发言方面具有代表性，是能代表某一机关、某一组织、某一群体或某一方面来对该话题进行发言的人物。例如党委政府的某项决策，党委政府班子的成员都很清楚，但若由领导班子的一般成员或由班子的副职领导来讲，就比不上由正职领导来讲那么有说服力。

　　又如某方面的科学知识，能把它讲清的科学家也不止一人，但在该领域研究上有重大突破、取得较多成果的科学家来说则更具有代表性。

　　再如某一事件的经过，能说出来的人也不止一人，但相比之下，由亲历者来讲，就比让知情人来讲更好一些。例如日本一些右翼分子极力否认当年日军在侵华战争中曾在我国南京进行大屠杀。1982 年，我国中央人民广播电台安排了当年曾亲眼目睹日本侵略者血腥暴行的南京市新街口街糖坊桥 96 号居民伍长德在电台发表录音讲话，让他把当时亲眼见到的具体事实列举出来，因而就很有说服力。

　　3. 熟知性

　　所谓熟知性，就是所物色的对象应尽可能是广大听众所熟悉或熟知的人物。电台播出人物的录音讲话，对于同样一个话题，听众对讲话的人熟悉与否，其效果也大不一样。因此，在安排播出人物的录音讲话时，所物色的对象应尽可能是听众所熟悉或熟知的人物。这样听众就较有亲近感和能给予更多的关注。如在 20 世纪 60 年代中，纪实小说《红岩》深为全国各地的广大读者所熟悉。看过《红岩》的人，都知道关于"小萝卜头"惨遭杀害一事。中央人民广播电台在小说《红岩》问世后不久就安排了"小萝卜头"的"姐姐"宋振苏发表回忆亲人的广播讲话，听众听了就感到很亲切。

　　（二）讲稿的准备

　　在广播录音讲话节目的策划中，由于有的人方言口音过重或不善言辞，或者工作太忙而安排不出时间，因此有时录音讲话也可以是由电台的播音员来代讲而不一定都由"讲话人"来亲口讲出。

　　确定好录音讲话的人选后，接下来要做的工作就是准备讲稿。由于在多数情况下，广播录音讲话的内容都是属于讲解问题、阐明事理的，这类讲话的讲稿其实也就是口语化了的议论文，因而这类讲话稿的写作原理也与议论文的写作原理一样，都是先提出论点，然后举出论据，接着再进行论证。

　　由于有的人方言口音过重或不善言辞，也有的人是工作太忙而安排不出时间，因而在广播录音讲话节目中，真正向听众播讲的人有时也不一定是本人而可以是由播音员来代讲。甚至，有的录音讲话节目中的讲话，就连讲稿有时也可以由别人来代笔。例如前面所提到的刘伯承、陈毅对黄维兵团的讲话，就既不是他们两人亲口所讲而是由播音员来代讲，且讲稿也不是他们所写而是出自毛泽东的手笔。之所以冠以他们的名义，是因为当时包围黄维兵团的是他二人统帅下的野战军部队，用他们的名义来发表讲话，身份就比较贴切，更适合开展政治攻势的宣传需要。

　　发表录音讲话，最好是由讲话人亲自写稿，亲口播讲才真切。若确有必要用他人的名义来发表讲话时，除领导机关集体决策之外，凡属新闻单位自己决定以他人名义发表的讲话，均应与"讲话人"商定内容并让其本人审阅讲稿，否则，稿子播出后当事人不认账，就会给电台带来许多麻烦。

录音讲话的讲稿，最好是由讲话人亲自撰写，记者只需把选题的意图、所需的内容、篇幅的长短、层次结构及广播语言的应用特点等情况告诉讲话人即可。如果讲话人的文字组织能力较差，记者也可以帮其拟出写作提纲，帮其梳理材料和确定讲稿内容。在讲话人把讲稿写出来后，还可视情况而帮其进行文字上的推敲、润色。但由于录音讲话终归是以讲话人的名义来发表的，因而在帮助讲话人准备讲话稿时，在讲话的内容、观点上，应充分尊重讲话人的意愿；在文稿的写作风格上，也应充分尊重讲话人的风格。

若讲话人确需记者帮助撰写讲稿，在动笔之前，也同样需要进行深入细致的采访，先把讲话人所要表达和所应表达的内容弄清楚，并熟悉其平时说话的口语习惯、常用口吻，这样写出来的讲稿才能准确地表达出讲话人所要讲的内容且适合讲话人播讲。

由播音员来代讲的录音讲话节目，只有把稿子写得符合讲话人平时的口语习惯和常用口吻，讲话用语写得像讲话人平时说话的口气，这样一来，熟悉该人说话口气的听众听了，才会相信所讲的内容确是出自该人。

据此，在代讲话人写讲话稿时，除事前应与讲话人充分接触外，稿子写出来后还应送给讲话人审读，充分听取其意见再定稿。若双方在某些问题的看法上不一致时，亦应以理服人而不宜强加于人。

（三）讲话的录制

广播录音讲话节目在录制前，应先让讲话人熟悉讲稿，如有可能，也可让讲话人事先进行演练，以保证届时播讲能够顺利进行。在录制中，节目录音人还应边录边认真监听，如有遗漏或效果不理想处，应重新进行直到感到效果可以为止。

广播录音讲话的素材采录好后，还得要进行后期的制作加工。一是要给讲话加上前后缀及对内容进行适当的剪辑处理，二是通过调音台或电脑的录音软件来对讲话的音色音质做些调节和矫正。

在录音讲话节目的制作加工中，为使听众获得更强一些的真切感，对于一些效果较好的讲话录音，应当尽量保持其原貌，只要在开头加上对讲话人身份的介绍及讲话内容的简介，在结束时回报一下讲话内容及讲话人身份，而中间的主体部分则应原封不动地全部保留。而对于一些效果较好但内容过长的讲话录音，如果讲话人不是职务较高的党政要员，也可以对其讲话录音进行适当的压缩。压缩的办法之一是将其中重复的或对某一问题展开来说的部分剪掉，二是可以把讲话的开头部分的内容剪掉，改用播音员来简单介绍其讲话的前面部分的大致内容，然后从比较重要的部分开始播放，中间若有内容重复的地方也可适当删节。要是讲话人的方言太重或口音不清，则可以在其讲话声中伴以播音员的同步翻译来混合播出。

此外，有的时候，一些党政领导自己提出要在电台发表录音讲话，也有时是一些党政领导自己提出要将其在某个场合下的讲话录音作为录音讲话来在电台播出。对于这类讲话录音，就不必做太多的改动和加工，只是前面略作介绍，说明讲话人的身份、所作讲话的时间和报告该人讲话的话题（有时也可概括一下讲话的内容），结束时汇报一下人物身份和说明讲话时间的基本情况即可。而要是整个讲话的时长太长，为了便于听众能够正确理解好该讲话的内容和讲话的要点，在汇报时，也可对该讲话的大体内容及其精神要点作些简要的概括说明。

第四节　广　播　访　谈

　　广播访谈是对某一个新闻人物或某一新闻事件、某一热点问题或某一知识问题进行专门访问而写成的广播新闻文章，其在介绍人物方面显得比较亲切，在报告事件时显得比较客观，在阐述热点问题时显得比较实在，在讲解知识问题时显得比较详尽和通俗易懂，听众听了除可获得对所报道的对象比较真实、全面、系统的了解外，由于这种文体往往还对访问过程中被访者的人物形象、神态进行描绘和对人物言谈进行直接引用，对事件现场的环境、气氛及事件进程进行较客观的交代和较具体的描述，通过知情人或权威人士来对热点问题作介绍和评说，由专家学者或相关行家来对科学知识进行讲解，因而文章的内容和观点就能使听众觉得更为可信，从而也就更乐于接受。

一、广播访谈文体的形成

　　广播访谈这一新闻报道文种，早在1921年就已出现于美国马萨诸塞州斯普林菲尔德的WBZ电台，但在我国，则是到了20世纪80年代末至90年代初才逐渐流行开来。

　　20世纪80年代末至90年代初，由于录音机的全面普及，使得记者和广大通讯员在采访中都有条件来对被访者所说的话进行录音，因而，电台播出的广播专访就不再是由播音员来将被访人的话进行转述而是改为直接播放其原话录音。

　　由于从20世纪90年代起国家就开始对部分新闻单位实行"财政断奶"或由"全额拨款"改为"适当给予补贴"，这一形势的变化，也促使了新闻媒体职能由原来的单纯为政治服务转为在为政治服务的同时，也为广大受众对信息的多方面需求服务以谋生存。

　　在这样一种新形势下，广播电台的节目形式也在力图创新，一些电台的记者和播音主持人，借鉴了国外广播访谈节目的做法，对原有的广播专访文体的写法作了改变，将它由原来的单纯用于反映某地有了什么可喜的变化、某单位或某人在某方面取得了什么可喜的成就或用来报道某地所固有的某种独特的风土人情等，逐渐拓展到既可以是用来报道变化、成就和风土人情等，也可以用来报道各种最新事件、反映各种问题和用于反映社会各阶层的人民群众的生活状况和愿望要求等方面，甚至还可用于普及科普知识等。

　　在节目风格上，广播访谈所追求的是贴近生活、平民化，具有浓重的生活气息而不再像传统的广播专访节目那样讲求文学色彩乃至诗情画意。而文体的名称，也由原来的"广播专访"逐渐演变成了现今的与国外称谓相同的叫法——"广播访谈"。当然，也有人照样把它叫做"广播专访"，但即使还把它叫做"广播专访"，内涵也已和过去不一样了，除了适用的新闻题材已拓展到许多方面之外，作品的作者也早已不再局限于记者和通讯员，许多播音主持人也当起了这种节目的作者。

二、广播访谈文体的表现形式及文章的构成

　　广播访谈文体也和报刊上的专访文章一样，在表现形式上，大致可有对话式、介绍式和综合式三种形式。

　　而在文章的构成方面，广播访谈节目的篇章构成，大致由标题、引言、主体和结尾等

几个部分构成。

三、广播访谈文章写作的选题与访问对象的确定

(一) 写作题材的选取

广播访谈文章写作题材的选取，大致应从"所访内容为当前多数听众都关注或感兴趣"和"要有足以吸引读者关注的'卖点'"来考量。只有这样来选题，写出的访谈文章才有可能赢得广大听众的关注。

(二) 访问对象的确定

访问对象的选择，要结合所要写的访谈文章的题材来考虑。

若所写的是政策法规解读类题材的访谈文章，最理想的访问对象就是那些直接参与该法律、法规或政策制定工作的人，如果没能访问到这样的人，那就应选拥有解释权的单位的有关负责人或政策、法律水平较高的人，这样一来，对方的回答或解释才具有权威性。

若所写的是事件事实"揭秘"类题材访谈文章，所选的访问对象就应是当事人或亲历者、目击者，或者是那些间接与该事件有着某种关系的人。

若所写的是人物情况类的访谈文章，所选的访问对象就应是名人或有相当知名度的人、在某方面有突出成就或在某方面有一定影响的人、身份特殊或在某方面有着与众不同之处的人或与被访人有着某种关系的人。

若所写的是知识求解类题材的访谈文章，所选的访问对象就应是那些真正懂行的专家、行家才好。

四、广播访谈文章的采写

(一) 广播访谈文章写作的访问及访谈录音的整理

写作广播访谈文章的前提是要先做好采访（即访问）工作，关于开展采访的方法，因在前面第七章第二节中已有介绍，这里就不再重复。

由于写作广播访谈文章所开展的采访都是在征得对方同意的情况下公开进行的，因而对于访谈中双方所说的话都可以通过录音机来记录。

在完成了对被访者的采访之后，还得要对访谈的录音进行审听和剪辑，然后才好开展文稿的写作。

(二) 广播访谈文章的写作

广播访谈文章的写作，比前面所说的各种文体文章的写作都简单得多，它只需要作者写上标题、引言和结尾，然后再将整理好的访谈中的谈话录音附上即可：

1. 标题的写作

广播访谈文章标题的写作，一般多是"有话直说"，标题的写作没有什么规范的要求，只要能交代清楚是和什么人开展的访谈即可。

2. 引言部分的写作

广播访谈文章的引言，也就是访谈文章的开头部分，这一部分的写作，一般应是交代出作者什么时候就什么问题而采访了谁，开宗明义地让受众知道本文的大致内容，为正题做好必要的铺垫即可。例如中央人民广播电台 2013 年 1 月 28 日播出的《杨传堂接受中央

人民广播电台专访》一稿的开头：

> 一月二十三日，交通运输部党组书记、部长杨传堂做客中央人民广播电台中国之声《政务直通》栏目，介绍了交通运输发展现状、科学发展、安全发展的思路、方向和重点，以及交通运输服务保障"平安春运"等工作。以下为访谈主要内容……

又如安徽太和人民广播电台 2012 年 6 月 27 日播出的《怎样买保险》一稿的开头：

> **主持人**：各位听众大家好！欢迎你们收听太和人民广播电台 FM1040.3 兆赫在每天下午十五点十五至十六点播出的"消费在线"栏目。为什么买保险？怎么买保险？买保险时要注意什么？这些都是保险消费者关心的问题，今天我们请来了平安保险公司的客服经理刘磊来详细给大家聊聊这个话题。

广播访谈的开头，就是这样"有话直说"，把什么时候访谈了什么人和访谈的话题主要是什么说清就可结束。

3. 主体部分的整理

广播访谈的主体部分，从理论上来说是不用记者再费脑筋去写而是直接将访谈过程中的录音用上即可。但在实际操作上，由于在访谈过程中双方交谈的内容都有可能会带有一些与节目主题无关的话，比如说刚见面时的寒暄，在交谈中因有人来而又得和别人打招呼或回答别人的问话，或者是在双方的交谈中在说到某一个问题时又临时把话题岔开，或者有时某一方的话说重复了等，这就要对录音进行整理，剪辑好了才能用到节目上。

另外，在开展访谈的时候由于没有别的外人在场，被访人说起话来可能会毫无顾虑而什么都说，但被访人之所以什么都愿意说，那是出于被访人对记者的信赖。但被访者和记者所说的话，并不一定是每一句都适宜向社会公开。因而，记者在把录音整理出来之后，还应先给被访人听过，看是否有对方不情愿公开的内容。

4. 结尾部分的写作

广播访谈文章由于是一种贴近生活、平民化、具有浓厚的生活气息而不怎么讲究文采的文体，因而它的结尾多是在出完访谈录音之后，再用上一两句话来说明记者或节目主持人对什么人所开展的访谈已经结束即可，也有的是用上三言两语来对访谈中被访者所说的话的主要观点进行简单的概括后就结束，还有的以简短的语言来对被访者或被访者的观点进行简要的评价后就结束。总之，写作这种文章的结尾，也和写作它的引言部分一样，是"有啥说啥"，直来直去。例如上面说到的这篇《怎样买保险》一稿的结尾：

> **主持人**：今天的访谈马上就要结束了，感谢各位听友的积极参与，因为时间的关系，很多听友提的问题没有得到回答，我们也将根据听众朋友们关注的热点陆续开展系列访谈活动，届时欢迎大家积极参与。今天的访谈到此结束，谢谢刘磊，谢谢各位听友，下次再见！

此外，也可以是访谈一结束就结束，即采用被访人的话来收束。例如上面所列举的《杨传堂接受中央人民广播电台专访》一稿，就是用被访人杨传堂的话来收束的：

……总之，我们要通过努力，为确保人民群众过一个欢乐祥和的春节作出积极贡献。

春节即将到来，在这里我预祝回家过年的听众朋友们一路平安、一切顺利！向春运期间坚守工作岗位的交通运输职工们表示慰问！

这个访谈，由于被访人末尾的话本身就已向听众作了告别，这样访谈节目也就可以结束了，因而就不必再另外写上一段结尾了。

第五节　广播录音通讯

录音通讯是录音报道中用得较多且对听众感染力较强的一种体裁形式。例如：

信访局长的最后 24 小时
李玉杰　蔚涛　吴静　隋杨

五月十三日是辽中县信访局长潘作良老父亲七十九岁的寿诞之日。老爷子一大早就在村口等着，巴巴地盼着他老儿子作良来给他过这个生日，车盼来了，可带给他的却是五雷轰顶的消息。潘作良的大姐一直在老父亲身边，也一直瞒着他怕他承受不了。今天是老弟出殡的日子，老爷子应该见儿子最后一面。

[录音] 一车人下完车（哭）我老姑就说，说作良过去了，下车时我二弟就说，（哭）作良在殡仪馆，我爸就连忙穿衣服，就哭，四月初九嘛，正好我爸过生日，出殡那天。

潘作良是辽中县信访局局长，他在一年零八个月的任期内一心扑在信访工作上，为上访群众办了太多实实在在的事。五月九日因带病连续工作，突发脑溢血倒在了办公桌前，年仅四十三岁。胡锦涛总书记在得知他的事迹之后，亲自写下了这样的批示："我们要学习他'为党分忧、为民解难'的崇高精神和'奋力拼搏、苦干实干'的优良作风。"

辽中县当地有为死者守灵的民俗。在辽中县殡仪馆潘作良的灵前，除了他的亲属之外，还有五十多位守灵人，他们是辽中县三百多位老知青的代表。为了让这三百多位常年上访的老知青办理多年不能解决的退休手续，他忙了大半年，走了几个省市，学习人家的经验和模式，并多次与县领导磋商，这三百多位老知青的养老难题得到了解决，他们想报恩哪！可恩人已离他们而去，他们含泪相邀为潘作良守灵三天。说起这事，今年已近六十岁的刘玉兰泪流满面：

[录音] 这个时候棺材盖已经打开了，能看到本人了。完事我就伸手去摸潘局长的额头，摸摸衣服摸摸手，完事大伙都哭了，我说潘局长啊，可惜你这个人才啦，为百姓实实在在、脚踏实地地办实事，怎么能这么命短呢？我说咱们给他跪下吧，这是咱老知青的恩人哪，也就是最后一天了，让咱们跪一跪吧。

"四十三年尘与土，一心为民永造福"，这是潘作良追悼会上的一副挽联，当我们整理一下辽中县干部群众的采访录音时，我们似乎从他最后的二十四小时的时光中感受到一种精神。也许这二十四小时正是潘作良作为信访人为百姓操劳的缩影。

五月八日下午五点半，早过了下班时间，但下班这个概念在潘作良眼中似乎并不存在，大约下午六点半，眼中布满血丝的潘作良又招呼着县信访局接待科科长于守福和有关人员在信访三楼会议室召开信访稳定工作座谈会。老于说，潘局长上位第一天就定下两个规矩：

[录音] 对于卷宗每案必看，每案必通，所有案件他挨个审。上午接待信访群众，下午开会研究信访的整体情况。

晚上十一点半，会终于散了，可走出单位大门的，唯独少了潘作良一个。而此时，潘作良在办公室接通了他这一生最后一个上访群众的电话，辽中县城南村上访者刘玉霞说，她最后悔的事就是半夜打给潘作良的这个电话。

[录音] 他说我这号码就是你二十四小时哪怕半夜两点、一点钟打我也能接，我就打了电话试试他，唠了两个半小时，我一边唠我这眼泪儿都掉，他说："大姐，你放心吧，我肯定给你拍板。"

现在，那部至今还记在刘玉霞家挂历上的"热线"号码已经成为一个永远无法接听的号码了。女儿潘鹤流着眼泪查看爸爸的手机通话记录，她大吃一惊。

[录音] 三月份的手机通话记录有一千两百零一条，四月份的通话记录竟然达到了一千四百四十四条，而且这还不包括家里和办公室的座机电话，可想而知爸爸每天的工作量应该是非常之大。

潘作良的妻子贾丽鹃回忆说：五月九日凌晨两点左右他才回家，早上五点钟潘作良在妻子身边轻轻地说了句：我走了。

[录音] 我迷迷糊糊地听着一句"我走了"，门就响了，我一看这才五点零五分，天天是五点钟左右就走，唯一的，跟我说了一句"我走了"，没想到这一句话成了咱俩永远的离别。

　　每天早上五点钟潘作良都会到正在建设中的新信访大厅施工工地看看，这是他最着急的事，辽中县的新信访大厅即将在五月末与沈阳市信访大厅同步启动，可施工进度总是让他着急，其实他更挂记着他制定的信访新制度发挥的作用，就是变上访为约访，由信访干部主动把上访户约来处理问题，信访部门由原来的民意诉求中转站变成终结站，一些难以协调的群众上访诉求，由相关部门的"一把手"甚至县委县政府主要领导用联席会议的形式进行解决。辽中县县委书记张东阳说：新制度的强大优势已经开始显现。他说，辽中县的信访案件非常少，这与潘作良的艰苦努力有直接关系。张书记拿出手机给我们看，他说这是作良同志去世当天上午八点钟发给他的短信，这应该是潘作良生前发出的最后一条信息：

　　[录音] 作良同志就说张书记你在外招商，请你放心，信访工作我们一定能抓好，现在百日会战的息访率我们现在在全市排第一，你就安心招商，不要惦记家里的这些事。这条信息我还一直保留到现在。

　　在辽中县粮食系统有三十六名因伤致残的职工，他们因伤残金上访，多年来一直没有解决。潘作良上任后逐户了解伤残职工的困难情况，根据政策应该落实解决，他用很短的时间从县里协调出资金，依据伤残职工各自不同的情况分别予以一定的经济补偿。七十一岁的马仁权，失去了右腿，生活困难，潘作良跑前跑后帮他安装假肢、联系购买代步车。五月九日上午九点县里要开会，开会前他还没忘记要办的事，吩咐办事人员把新买的轮椅给马仁权送去。马老爷子在回忆这件事的时候红着眼圈跟我们说：这个潘局长啊，他办的事让我们心颤啊，他是当着我的面给我要车呀！

　　[录音] 你们调查残疾人，你们给人家遗漏了，我跟前坐着一个就没有腿，你要有车赶快给一个。当时给我车的时候，你说我那心情是怎么想的，那我真想掉眼泪。

　　五月九日上午九点钟，潘作良在县长办公室作了一百分钟的发言，他生动地向各位领导汇报了全县信访工作的最新进展情况，他说话的时候有理有据，很有劲头。可讲完了却双手按着腰，大家都知道他的腰脱病又犯了。老知青刘玉兰对他的病非常清楚，她给我们讲了当初几位上访时的情景。

　　[录音] 到他办公室门一开，潘局长正在床上趴着呢，潘局长就说，我的腰脱病确实太重了，我起不来，失礼了各位，这大伙就说刘玉兰你给他做做按摩吧，做不了四十分钟，他就强撑着能起来了，慢慢走到水壶旁边拿起杯子给我们每人倒一杯水，七杯水，你们都是我姐姐，都是老大姐，我这没办法我真起不来呀。

　　刘玉兰说那以后他一直惦记着说我按摩手法不错，要帮我开个诊所，亲自跑手续，可他就这么早走了。说着说着眼泪又止不住地流了下来。

潘作良用他的真诚换来了百姓的信任，据统计，在县信访局任职一年零八个月，他亲自接待上访群众三千八百四十八次，其中重大疑难案件一百零七件，息访一百零四件。

五月九日下午一点，食堂的饭点过去了，潘作良只能泡上一碗方便面充饥，接待科的同志说，我们有时候管潘局长叫方便面局长，他也只是笑笑说，方便面挺好吃呀！下午一点半潘作良又坐回办公桌前认真审看上访案卷，他要抓紧时间看，因为他会同县法院的黄院长约了一位上访者一起解决问题。下午四点钟牛心坨村的付玉兰来到潘作良的办公室，可这时候他已经头疼得受不了。

[录音] 老潘说，玉兰啊，我的脑袋太疼了，就捂着脑袋，我是真管不了你了。

付玉兰说，老潘接访从没对上访者说过"停"字，他是真不行啦。我真不该成为他最后接待的上访者啊！

五点钟，潘作良的头疼有了一些好转，他又来到了接访科和科长于守福继续研究信访案件，说着说着他左手捂着头啪啪地不停地拍，这时候于科长发现他头顶开始冒起了冷汗。

[录音] 他就突然说我这头这么疼呢，像炸开一样，我们发现不对劲，我们几个就把他送到县中医院，当时到医院量血压两百六十，量完血压当时就昏在抢救床上了，那时已经都不行了。

于守福亲眼目睹了潘作良的最后一刻，老潘那真是生生累死的呀，他这人玩命地干，对荣誉看得淡，连报上去的市劳模这个荣誉也非得让给我，我敬重他！

潘作良就这样走了，在给人们留下无尽的思念的同时也带着深深的遗憾离去。他曾答应十三日要给他的七十九岁的老父亲热热闹闹地办个生日，他答应奥运会之后要带着全家人去趟北京好好玩一玩，他答应妻子把住了二十年的老楼好好收拾一下，换换裂开的地板，换换木制扶手的造革沙发，再换换那冰箱、电风扇，再安个热水器，下班回来好冲个澡。可这一切都没能实现，潘作良的妻子贾丽娟跟我们说，我后悔呀，以前总抱怨他不管家里的事，是不是给他压力了，可他没有啊，每次抱怨他，他都是憨憨地一笑。

[录音] 他总和我说，他说，老伴这家都是靠你了，你就多受累，以后等我有时间了，等我退休了，我一定好好陪你，到那时你一定会幸福的。

五月十三日，辽中县上空的雨时下时停，就像人们送别潘作良的呜咽的泪水时断时续，哀乐低回，泪花飞溅。人们向潘作良的遗体默哀，做最后的告别。守了三天灵的老知青们再也控制不住情绪，他们要在最后一刻再看看潘作良的遗容。

[录音] 大伙都哭喊着，潘局长你不要走，我们还有好多话没跟你说呢，雨哗哗地下，我都说了这句话。潘局长为百姓办的好事实事都感动了苍天，苍天为他哭，为他苏醒。

灵车在长达五公里的政府路上缓缓而行，上万名群众自发的冒雨为他送行，不断有车加入到送灵的队伍，车队排了足足有两公里，人们举着"好公仆，好干部，一路走好"、"信访人永远怀念我们的好局长"等横幅，路过的汽车也都停了下来鸣笛，依依不舍地送人民的好儿子远行。潘作良带着人民群众的眷恋走了，而作良精神却永远留了下来。辽中县信访局现任局长陶志伟说："老潘在世时常跟我说的话，我永远不会忘记。"

[录音] 每解决一个信访案件，我们要换回老百姓的一颗心。老百姓是共产党的天，老百姓的利益比天大。

——辽宁人民广播电台 2008 年 6 月 16 日播出

这篇通讯，也是通过录音素材与记者叙说相结合来给听众讲故事——讲述一个信访局局长在生命的最后 24 小时是怎样认真对待工作的故事。

一、广播录音通讯与广播清播通讯及录音新闻的异同

1. 与清播通讯的异同

广播录音通讯与广播清播通讯的相同点是，两者都是要向听众"讲一个（或一些）故事"，都有一定的"故事"情节和细节，都因对所报道的事件或事实所做的描摹比较细腻而能给听众留下比较深刻的印象或更能打动听众，一些写得很成功的广播清播通讯或广播录音通讯，甚至还可使听众听过之后就终生难以忘怀。但广播通讯讲的"故事"，是单纯由播音员用语音来播讲的，而录音通讯讲的"故事"，则是通过现场音响与播音员的播讲共同配合来实现对新闻事件的"再现"。

2. 与录音新闻的异同

在本章的第二节中已经说过，在对新闻事件的报道中，录音新闻和录音通讯的相同点是两者都同样要使用到事件现场的实况音响材料，而不同的是录音新闻对音响素材的要求不高，只要有新闻事件发生过程中或在新闻现场上采录到的实况音响即可；而录音通讯对音响材料的运用，在取舍中挑选比较严格，对所用的实况音响不但要求能反映出现场上是时是境所出现过的各种声响，而且在对音响的录制的质量方面也要求较高。

除此之外，录音通讯与录音新闻还有两点不同：一是录音新闻对新闻的报道，仅仅只是要向听众"报告一件事"，而录音通讯则是要"再现一件事"或"讲一个（或一些）'故事'"；二是在对录音素材的使用上，录音新闻是只将所需要用到的素材剪辑出来就直接用到节目上，而录音通讯对录音素材的使用，往往都要先经过加工处理后再使用，如有的片段的素材，得要先经过调音台或录音软件的修整，根据需要来对某些片段做"嘶声消除"、"破音修复"、"降噪"、"延迟"、"混响"、"回声"之类的处理之后再使用。并

且，在把修整好了的录音素材用到节目上去时，也还要根据新闻内容表达的需要来对音响进行"压"、"降"、"扬"、"混"等方面的处理。也就是说，录音通讯的采制，需要讲求"精雕细琢"，因而对音响的效果以及整个节目的总体效果的要求都很是讲究，而录音新闻则是只要能有现场音响，能让听众听了"知道是那么一回事"就够了。

二、广播录音通讯文稿的写作

写作广播通讯文稿，只需从文字语言上考虑文章的布局谋篇。而写作录音通讯文稿，因为要使录音通讯能对听众具有较强的感染力，在布局谋篇上就不仅仅只是要考虑文字语言的运用安排和精心写好文稿中记者叙说的解说词，同时还得要精心策划好录音素材的采录和选用，并考虑如何将打算要用的各种音响素材与解说文字有机地结合起来，使之能够相互配合、互为补充、交相辉映、相得益彰才好。

（一）播出方式的设计

录音通讯节目的文稿写好之后，还得要把它制作成节目成品才能用于播出。而在制作节目时，除了要将修整好的录音素材按文稿的安排插入到节目中去之外，记者叙说部分也要进行播讲。

记者叙说的播讲，可以是由采写新闻的记者本人来播讲，也可以是由播音员来播讲。

若是由记者本人来播讲，又可以有两种播讲形式：一种是只由记者自己一个人播讲，另一种方式是文稿的正文部分由记者自己来播讲，而前面的引言和后面的回报则由节目主持人来作介绍。

若是由播音员来播讲记者叙说，也有两种播讲形式，一种是只由一名播音员来进行播讲，另一种方式则是由男女两位播音员相互配合来交替进行。

若是不止一人参加播讲时，作者在文稿中就应标明哪些部分是由记者播讲，哪些部分是由播音员或主持人播讲，哪些部分是由男播音员播讲，而哪些部分又是用女播音员播讲的，标注的办法可以是在句前标上"记者："或"播音员："、"主持人："或"男："、"女："等，如果对男女播音员的角色分工不作限定，也可以是标为"甲："、"乙："，例如：

> 甲：中央人民广播电台。
> 乙：现在是《×××广播》节目时间。
> 甲：请听本台记者采制的录音通讯，题目是：《×××见闻》。
> 乙：河南省××县，是我国著名的农业生产先进地区，曾是我国水利建设上的一面红旗。勤劳的××县人民……
>
> ——中央人民广播电台××××年播出

所要采用的播出方式，作者应在写作时结合稿子内容的实际来设计好并一一标明到文稿上，这样编辑才好考虑在制作时怎样来安排相关人员进行播讲。

（二）开头部分的安排

录音通讯的开头，包括构成要素的选用和切入方式的选择两个方面的考虑。

1. 构成要素的选用

前面已经说过，广播录音报道节目是由录音素材和记者叙说这两个要素构成的。这两种构成要素，都可以用来对情况进行交代，因而，同是一个情况，就既可以是用记者叙说来交代，也可以用录音素材来交代，或者是将它们同时使用，让两者相互配合来共同实现对情况的交代。

录音通讯的开头，也和录音新闻的开头一样，既有先出录音素材后出记者叙说的，也有先出记者叙说后出录音素材的（例如前面所列举的《信访局长的最后 24 小时》一稿）。此外，还有以混播的方式来让两者同时出现的，例如下面这篇黑龙江人民广播电台 1984 年（具体日期不详）播出的《欢乐的水鸟之乡》一稿的开头，就是这种形式：

（各种水鸟叫声，压混）

最近，我们有幸到扎龙自然保护区采访，去看看扎龙迷人的自然风光，听各种水鸟的歌声，亲耳领略一下祖国大自然的美，这实在是一件令人兴奋的事情。

（渐出各类水鸟叫声，突出五秒，压混）

这个开头，就是将记者叙说与录音素材叠到一起来混播的。或者说，记者叙说是以录音素材为背景声，在背景声中展开叙说的。

录音通讯的写作，既然作者都是在拥有较多的录音素材的情况下才考虑要写作录音通讯的，而来自事件发生现场的录音素材，能在一开始就向听众展现出现场的情境来，这样比起用记者叙说来开头，就会因显得新鲜一些而更能吸引听众。因而一般来说，使用录音素材来开头或采取混播的方式来开头，就比单纯使用记者叙说来开头的效果要好一些。

但是，要是现场上没有什么很新鲜或很能吸引人的响声，录音素材的内容比较平淡的话（例如只是有人在说话之类），那就不如使用记者叙说来开头了。因为使用记者叙说来开头，作者还可以发挥自己的主观能动性来考虑，尽可能想出一些比较新鲜的话语来做开头，这样还更能把听众吸引住。

2. 切入方式的选择

录音通讯文稿的写作，开头部分常见的切入方式大致有：

（1）描写式

描写式的开头，就是在开头处先对新闻现场上的情景进行一番描写，然后才开始叙说有什么事。

描写既可以是用记者叙说来进行，也可以是用录音素材来实现。而由于录音通讯是一种较具文学色彩的录音报道，为使节目富于诗情画意，一般多采用录音素材来对现场的情景进行描写，例如：

（鸡啼、木门开掩声、厨房里锅碗声……）

冬天的山谷，晨风中夹杂着丝丝寒意，天边才刚刚露出鱼肚白，广西西林县马蚌乡三脚坡屯杨光道家的四个儿媳妇就结伴出了门。

——广西人民广播电台 2009 年 12 月 8 日《老杨家的多民族儿媳》

（2）展现式

展现式的开头，就是在文稿的开头，先客观地把现场上的情景展现出来，然后才交代别的情况。例如：

> [**录音**]"希望菜多一点，品种多一点，这个是主要的。"
> [**录音**]"喜欢买新鲜一点、好看一点的。"

> 在大多数市民心中，菜篮子就是新鲜、实惠、方便的汇集。
> 五月二十三号，首府早夜市全面关停，这让几年来习惯了在红山路早市买菜的市民王秀英不太适应。

> [**录音**]"一关夜市早市，一下子贵起来，贵得太厉害了。啥菜都贵了，加一倍了。特别是那个菜市场，人们都快吃不起菜了。"

> 按照王秀英的生活半径，在青年路周围包括红山路、光明路、大修厂等附近的早市最少就有三处，早市取消后，她只能选择在就近的两家大型超市，或者家门口的蔬菜直销点以及青年路农贸市场买菜，但"菜价贵，吃不起"成了王秀英每天的哀叹。
> ——乌鲁木齐人民广播电台 2014 年 6 月 18 日《我心中的菜篮子》

（3）"讲故事"式

"讲故事"式的开头，就是用讲故事的口气，不紧不慢地娓娓道来，例如：

> 农村听众朋友，你们好！欢迎收听由俞月为你主持的《农家之友》节目。古时候，愚公挖山不止，感动得神仙将挡住他家的王屋、太行二山背走；而今，有位六十二岁的老人十年开荒不已，把六十二亩荒滩变成宝地，现在，他又去开发一座荒山，要办一个百亩果竹场。我今天要向你们讲述的，就是这位愚公式的老人廖水生开荒辟地、大搞农业综合开发的故事……
> ——广西永福县广播站 1997 年 12 月 11 日《水生老汉的新追求》

（4）通报信息式

通报信息式的开头，就是先把某一个信息向听众通报，然后才转入对相关情况的介绍，例如：

> （现场杂音，压混）
> 二○○五年四月二十九号下午两点五十八分，中共中央总书记胡锦涛沿着红地毯，走到人民大会堂北大厅中央，向等候在这里的中外记者挥手致意。
> 两点五十九分，中国国民党主席连战乘车来到北京人民大会堂。他走下车，拾阶而上，迈进向他敞开大门的人民大会堂北大厅。在这里迎候的中共中央总书记胡锦涛

微笑着，向连战伸出了手。

三点整，在海峡两岸中国人期盼已久的目光中，中国共产党和中国国民党的最高领导人终于见面了，他们的手紧紧地握在一起。

（掌声）

——中央人民广播电台 2005 年 4 月 29 日《历史性的握手》

（5）"如实道来"式

"如实道来"式的开头，就是像拉家常一样把所有报道的事件或事实以朴实的话语从实道来，例如：

一九三七年，抗日烽火燃遍祖国大地，武汉街头，简易舞台上，一位年轻姑娘深切地唱着："万里长城万里长，长城外面是故乡……"歌声悲愤苍凉，如泣如诉。

（实况：周小燕的唱片《长城谣》的声音）

这位姑娘名叫周小燕，那年她二十岁不到，正从她求学的上海音乐专科学校回家过暑假。抗日战争爆发了，武汉成为全国抗战的中心，周小燕全身心地投入到抗日救亡运动之中。她和妹妹们帮助母亲为抗敌将士缝制棉衣，去医院护理伤病员，参加武汉合唱团，用她那独特的歌喉，在街头、在学校、在医院演唱抗日歌曲，《长城谣》、《歌八百壮士》、《最后的胜利是我们的》等抗日名曲，都是由她首唱的。

一九九五年，抗战胜利五十周年，长城上，身穿黑底红花旗袍的周小燕，以七十八岁的高龄，再次放歌《长城谣》。

（实况：周小燕唱《长城谣》）

——上海人民广播电台 2005 年 6 月 19 日《周小燕与〈长城谣〉》

（6）发问式

发问式的开头，就是先向听众发问，然后才把所要报道的新闻内容说出来，例如：

听众朋友：您知道吗？在温州，有这么一位老人，八十多岁了，为了帮已经死去的儿子偿还几十万元的债务而每天都到海滩去捡可乐瓶、塑料罐，晚上又加班帮人家织渔网，以这么艰难的挣钱方式来坚持把儿子留下的债务还清。

这个老人名叫吴乃宜，家住温州市苍南县霞关镇三澳村，二〇〇六年八月九号下午……

（狂风怒号声，汹涌的波涛声，压混）

一场百年不遇的超强台风"桑美"，让吴乃宜老汉出海打鱼的三个儿子遭遇了灭顶之灾……

——浙江人民广播电台 2011 年 3 月 20 日《"诚信老爹"替子还债》

（7）设问式

设问式的开头，就是作者先提出一个问题，然后自己把所提问题的答案说出来。

例如：

> （出法语歌录音，压混）
> 听众朋友，这段稚嫩的歌声，您是否熟悉它的旋律？您又是否听懂了歌词的语言呢？它出自广西融水苗族自治县苗寨里的孩子之口，它的歌词是用法语唱的。
> 偏远的大苗山的孩子却会用法语唱歌，这是因为……
> ——广西人民广播电台 2005 年 12 月 28 日《爱心，没有国界》

（8）议论式

议论式的开头，就是作者先对所要报道的事件或事实发表议论，然后才把所报道的事说出来。例如：

> 泪水与掌声交织，感动与悲壮交融。七月十四号上午，青海省抗震救援先进事迹报告会在青海会议中心千人厅举行。省直宣传文化系统部分干部职工聆听了报告。省委常委、省委宣传部部长曲青山出席了报告会。
> ——青海人民广播电台 2008 年 7 月 14 日《真情谱写大爱》

（三）文中内容的铺陈

录音通讯的文稿开了头后，接着就应逐步把内容全面展开。内容的展开，靠的是叙述和描写。

录音通讯的叙事，除了要把情况交代清楚之外，因录音通讯是一种富于文学色彩的文体，因而它对情况的叙述，就应比录音消息中的叙述更为生动，让听众从叙述中领略到所叙事物的具体形象。而生动形象，往往又是与描写密不可分的。即叙事常常也是描写，描写当中常常也包含着叙事。例如在前面已经列举的《欢乐的水鸟之乡》一稿中的这段叙事，就是与描写融为一体的：

> 正当我们沉醉在诗情之中，管护人员突然大声惊呼起来："快跑，危险！"三个小姑娘只看到鹤的美丽，哪里知道鹤的厉害，反而被这喊声惊得呆呆地站在那儿。当她们清醒的时候，鹤已经飞到她们面前，伸着长嘴，扇着翅膀，向她们扑去。她们这才如梦方醒，狂跑起来。鹤一直把她们赶出自己的战区，才摆出一副胜利者的姿态，昂首阔步地回到自己的领地。
> ……
> 鹤在我们头顶上盘转了一圈，就落在离我们只有三米远的地方，虎视眈眈，几次做出了进攻的架势。不知是看在徐铁林从小抚养它们的分上的呢？还是发现这些人不会对它造成危害，总之，它耀武扬威地巡视了一会，又大摇大摆地走了。

录音通讯的叙事，并不是全靠记者的叙说来实现，而也可以是由录音素材来承担或可以用录音素材来配合。例如在前面已经列举的《欢乐的水鸟之乡》一文开头的"各种水鸟叫声，压混"这一现场音响，就把"现场上的鸟的种类和数量都很多，它们都在发出叫声"这一情形交代清楚了而不需要记者再作介绍。

而在这一录音通讯的中间部分的以下片断，则是将录音素材与记者叙说结合起来共同进行叙事的：

（突出划水声、水鸟叫声，压混）

这里记者还未叙说，但由于出现了划水声和水鸟的叫声，听众就已从音响中感知现场的情境，待音响压低后再与记者的叙说混合：

我们划着一叶小舟，顺着这芦苇丛生的特有小溪径，驶入了水天一色的湖泊深处。为了不惊动那些引颈高歌的鸟儿，我们划得很轻很轻。这时，清风徐来，水波不惊，成群的白翅浮鸥在我们的头上翱翔，时而俯冲下来，像蜻蜓点水一样，叼到了一条鱼或是虾，又飘然飞去。

记者叙说到这里，又出了一段录音：

（出鸥的叫声和鹭的叫声，压混）

通过这叫声的音响，听众也已感知了当时的紧张气氛，加之有以下这段记者叙说的混声配合，就把场面上的紧张局势活灵活现地展现了出来：

忽然，湖边的各种水鸟惊叫着，盘旋飞起。原来一只老鹰从天边风驰电掣而下。多亏管护人员发现得早，老鹰被喊声惊走了，这里的混声合唱才继续下去。

（渐出远处鹤叫声，压混）

再如浙江人民广播电台播出过的录音通讯《鲁迅故乡的乌篷船》的结尾部分：

（水声、桨声，岸边的鸭叫声）

船又向前划去，两岸是金色的稻田，河水转弯处又是一家工厂。乌篷船晃晃悠悠，似乎有几分醉意。乌篷船，依然是窄窄的船身，低低的船篷，如今，它载着的早已不是鲁迅回故乡时的忧郁，也不是农民对起码的衣食温饱的企盼，而是载着两岸的美景，农民的欢欣，更载着这样一个信息：农村的变革正在使乌篷船和它的主人获得新的内涵。乌篷船，很不起眼，它也在发光，多好！

（桨声渐隐）

这里，也是用录音素材与记者叙说相互配合来共同进行的，由于录音素材与记者叙说搭配得很好，因而所营造出来的氛围显得十分和谐。

（四）结尾部分的收束

录音通讯的结尾也与清播通讯的结尾一样，是既可以在该表达的内容一表达完后即刻打住，也可以是专门安排一个段落来收束全篇。但无论是以什么形式来结束，在末尾处都应是以记者叙说来收尾。并且，如属带有抒情意味的录音通讯，在最后一段记者叙说完毕之后，一般应再有一段逐渐压低到最后隐去的录音素材的音响来作为全文的最后收尾，使通讯作品的内容显得意味深长，言已尽而意无穷。

（五）议论与抒情在录音通讯中的运用

录音通讯也和广播通讯一样，除通过形象生动的叙事、描写来"讲叙一个（或一些）故事"或展现一个情境外，还常常要通过议论和抒情来揭示主题及深化主题。

录音通讯中的议论，是由记者叙说来表达的，它多是要与叙事连为一体，例如前面已列举过的《个体户的叙说》，其中的这一议论就是：

> 采访周惠如，使我们进一步感受到了"个体户"这个专有名词的分量，它远不像我们平时所想的那么轻松。周惠如显得很疲倦，不错，她很忙，在交谈中，她不得不两次走去与找上门来的顾客接洽，而向我们表示歉意。生意兴隆，多赚钱，当然好。可小周没有忘记自己立志为社会做有益的事情的初衷。

议论有时与抒情又是融为一体的，无法把它们剥离开来，如前面已列举过的录音通讯《与世长存的〈思乡曲〉》一文的结尾部分：

> （音乐起）
> 作为作曲家，马思聪一生创作了不少的作品，在他生命的后二十年里，他曾创作了二十多部作品，其中绝大多数是祖国山河与人民生活之作。如今，这位音乐家虽然离开了我们，然而他的音乐将属于中国的土地，它将长久地回荡在许许多多同胞的心里。

这个结尾部分，就既是议论，同时也是抒情。

第六节　广播录音特写

广播录音特写是一种带有录音素材或主要是以录音素材为主来细致地展现事件或事实的新闻报道文体。这种文体，因与清播特写和录音通讯有着较多的相同点，因而也常有人把它与清播特写或录音通讯混为一谈。

一、录音特写与清播特写和录音通讯的不同

（一）与清播特写的不同之处

由于录音特写与清播特写一样，都是用细腻的笔触来对新闻事件或事实的某一局部像电影的特写镜头那样进行"聚焦"，但在"聚焦"的方式方法上却不完全相同。广播特写

（即清播特写）在对新闻事件或事实的某一局部所进行的"聚焦"中，仅仅只是采用记者叙说来进行；而录音特写的"聚焦"则是将录音素材与记者叙说结合起来共同进行。

（二）与录音通讯的不同之处

录音特写和录音通讯也很相似，都是要对某一人物、某一场面或事件中的某些情节进行详细的展现，辅以议论、抒情来揭示和突出主题。由于都讲求所用的材料要典型和篇章结构要讲求技巧和文采，因而其也和录音通讯一样，对听众具有较强的感染力。

但在对新闻事件或事实的某一个局部进行"聚焦"时，录音特写的取材范围比录音通讯的要小，它所表现的只是新闻事件或事实的某一个横断面或社会生活历史中的一条细长纵线而不是表现其整体和全貌，因而着力点比较集中，能把该局部展现得较为明晰，能给人以更具体、更生动的形象再现，能给听众留下更深的印象。

二、广播录音特写的常见类型

广播录音特写文体的分类，可以有多种多样的分法，但从便于学习与研究的角度来分，则以从作者的写作用心来分和从所使用到的构成要素来分更为便利。

（一）从作者的写作用心来分

广播录音特写文体的分类，若从作者的写作用心来分，较常见的类型主要有"煽情"型和客观展现型两种类型。

1."煽情"型

"煽情"型录音特写，就不仅仅是要通过录音素材和记者叙说来对现场上的情景进行细致的"描摹"，来让听众清楚地知道节目所报道的事是怎么样的，而且还要通过富于感染力的叙说话语与对现场音响的艺术处理来营造出令人动容的氛围以感染听众。例如中央人民广播电台1953年采制和播出的反映朝鲜开城人民庆祝停战协定签字的《开城人民举行盛大集会游行庆祝朝鲜停战》、上海人民广播电台1961年采制和播出的反映新中国成立后广大人民群众翻身做主人的豪迈心情的《人民广场的叙说》、中央人民广播电台和上海人民广播电台、山西人民广播电台1986年联合采制和播出的反映生活在黄土高原上的一对夫妇的爱情故事的《难以忘却的歌声》、中央人民广播电台1995年采制和播出的反映音乐教师范大雷对音乐和学生的挚爱的《一场特殊的音乐会》、中央人民广播电台1999年采制和播出的反映长江源区因气候变化而产生的令人忧虑的变化的《走向正在消失的冰川》等作品，就是属于这种类型。例如《走向正在消失的冰川》一稿中的下面这个片断：

> ……今天晚上，我真的是枕着姜古迪如冰川睡觉，我们到冰川已经是傍晚七点了，灰蒙蒙的天、灰蒙蒙的冰川接待了我们。就在我累得倒在帐篷里大喘气的时候，外面有人叫开了："快出来，夕阳美极了。"我冲出帐篷，一抹夕阳正照在冰川上。幺妹在地上打了三个滚，并且宣布，我的婚礼要在姜古迪如举行。她肯定是疯了，后来又一遍遍地唱着这首歌。
>
> （歌声：是谁带来远古的呼唤，是谁留下千年的期盼，难道说还有无言的歌，还是那久久不能忘怀的眷恋……）

记者：唱着唱着，她哭了。

（哭声……）

记者：历尽千辛万苦，好不容易到了姜古迪如冰川，可要想仔细看看长江到底是怎么从这里孕育而成的，我们还要等上一夜……

（冰川一滴一滴的滴水声，压混）

………

（滴水汇成了河……）

记者：唐教授说，冰川和雪线都是气候变化的产物，又是气候变化的显著标志。温室效应、全球气候变暖，在长江源区表现得十分突出，同时青藏高原对全球气候的影响也很大，这里如果温度变化一两度，对全球来说可能就会是三四度，不知道这是不是比南极的臭氧空洞还可怕。

（滴水声和河水声交织在一起……）

[录音] 记者：今天一大早，欧跃没和我们告别就匆匆地走了，家里妻子、孩子在等着他。

记者：在这一根根巨大的冰柱前，我久久地凝视着。脑子里出现的却是，一滴滴的融水化成了咆哮的洪水。

阳光下，我觉得姜古迪如冰川"嘀嗒"的融水，如同哭成了一片，我们的前辈从汉代就寻找的江源，会被泪水吞噬掉吗？

阳光下，我觉得今天的姜古迪如冰川还未失去它的博大与宁静，那么明天呢？

阳光下，我在想，母亲河养育着我们中华民族数万万同胞，如果我们人类不能和自然和谐相处，可能还会遭到更严重的蒸发！觉得今天的姜古迪如冰川……

（冰川滴水声，流水声，洪水浪涛声）

——中央人民广播电台 1999 年《走向正在消失的冰川》

以上这篇录音特写的三个片断，就不单单是要"展现"出现场上的情景而是在"展现"的同时，还带有很强的"煽情"味。

2. 客观展现型

顾名思义，客观展现型的录音特写，就是只对新闻事件或事实作客观的展现而不"煽情"。

与"煽情"型的录音特写相比，客观展现型的录音特写由于不营造氛围，很少发议论和一般都不抒情，因而这种录音特写的篇幅普遍都比"煽情"型的录音特写要短小。例如：

我们是一家人
——新疆免费餐厅

（现场音响，混播）

四月二十八号，又一家"特色"餐厅开始在玉树州结古镇民主路营业，这里人头攒动，生意相当的红火。不过，老板却是一分钱不收，这家餐厅就是来自新疆阿克苏地区温宿县平安汽车出租公司经营的"免费餐厅"。

记者走近了解到，餐厅老板、同时也是公司董事长的艾海提正亲自给群众盛饭。

[录音] 记者：你好，艾总，您亲自给大家盛饭啊？
艾海提：是啊！
记者：主要提供什么饭啊？
艾海提：抓饭。加上中午的，已经将近五百碗了。

这抓饭可是地方特色美食，是怎么来到玉树灾区的呢？经过询问，记者才明白，这又是一支来到灾区献爱心的队伍。

[录音] 张伊宁：来来来，把队排上，把队排上！

张伊宁是车队的司机，他一边维持秩序，一边为大伙打饭。

[录音] 张伊宁：我们是二十号从新疆的温宿县出发，八天八夜到了这里，来了四辆大车、两辆小车，物资总共价值五十八万元，我们带的有大衣、棉被、大米、方便面、矿泉水，打了一万个馕。到这里以后，会长给我们介绍了当地的情况，有些人的饭解决不了，我们决定在这里做几天义工，做新疆的饭，做些力所能及的事。今天从中午开始，已经买了两次碗了。能做多好就做多好，尽量满足灾民。

抓饭的味道怎么样，只有品尝过的人说了算，记者随机采访了几位正在吃饭的人。

[录音] 记者：味道怎么样？
群众甲：味道可以。
群众乙：这里的饭我吃了两次，味道好香也好吃，明天还来。
群众丙：饭好吃得很，我吃了两碗。我没去过新疆，现在在这里还能吃到这样的饭，我们心里真的特别高兴，谢谢你们！

在这里还能吃上新疆的抓饭，很多当地群众都没想到。记者感到，在这个充满着笑声的露天餐厅，每一个人的脸上都洋溢着幸福的感觉，在这里帮忙的玉树州红十字会秘书长格扎也不例外。

[录音] 格扎：新疆阿克苏地区离这里路途那么远，经过八天八夜赶到这里，送来了价值五十八万元的救灾物资，还给老百姓做饭。我们这里的人都非常欢迎他们。

少数民族之间这样，这是和谐的感觉、民族团结的感觉。

短短一个小时，锅里的饭全打完了，餐厅的老板艾海提还有些惭愧饭做的少了，明天一定再多做点儿，让更多的群众品尝到新疆抓饭。

［录音］艾海提：第一次做，不知道有多少人吃，明天开始就不是五百人了，做六七百人的。

张伊宁：明天吧，明天早一点来啊！

群众：谢谢你们！

张伊宁：不谢，不谢！

谈到此次来玉树的原因，艾海提吐露了他的心声。

［录音］艾海提：我们新疆地震的时候，全国人民都来帮助我们，现在藏族兄弟有困难了，我们应该帮助他们，汉族、藏族、维吾尔族，不管谁有困难，我们都互相帮助，我们中华民族都是一家人！

——青海人民广播电台 2010 年 4 月 29 日播出

从这篇例文可以看出，这种类型的录音特写所报道的都是一些一般的动态性的小事，并且也只把现场上的情景作比较细致的展现而没对听众"煽情"。

（二）从所使用到的构成要素来分

1. 记者叙说与录音素材并用型

记者叙说与录音素材并用型的录音特写，就是既使用录音素材，也使用记者叙说，由录音素材与记者叙说相互配合，共同来实现对所要展现的事件或事实的报道的录音特写。前面所列举的各篇录音特写，就都是属于这种类型的录音特写。并且，在广播电台所播出的录音特写稿子中，绝大部分的录音特写也属于这种类型。

2. 纯录音素材型

纯录音素材型的录音特写是一种比较特殊的特写类型，这种录音特写只有录音素材而不带记者叙说，也不出现节目主持人，而是纯粹由录音素材来实现对新闻事件或事实的报道，并把所报道的事件或事实细致地"展现"好。

纯录音素材型的录音特写由于采制的难度远比记者叙说与录音素材并用型的录音特写要高得多，采制这种录音特写对记者的专业素养和文化素养的要求也远比采制记者叙说与录音素材并用型的录音特写要高得多，因而在我国各地各级广播电台所播出的录音特写中，这种类型的作品都很少见到。但在研究实用新闻学方面世界领先的美国和在研究理论新闻学方面世界领先的前联邦德国，这种形式的录音特写作品并不罕见。例如以下这篇作品节选：

上午八点十五分，第三手术室全髋部复位

（前联邦德国）绍德利昂哈德

（一）

麻醉医师：您早，诺瓦克小姐。您今天早上没有吃什么吧？也没有喝什么吧？可是您打了一针，是吧？

您现在有感觉吗？

您吸烟吗？其实，吸不吸烟没有多大差别。

请您把左手伸出来好吗？好。

现在，您的手臂有刺痛的感觉，您的喉咙会感到有些不舒服，但是，过一会儿，您就会睡着的。

您那些牙是真的吗？

没有什么可怕的。好，您会有刺痛的感觉。

好，就这样。深呼吸。您能感觉到什么吗？

深呼吸。

您的喉咙会开始感到很不舒服，哼！哼！

开始有感觉了。

您现在感到瞌睡了……开始了……

（病人含糊不清地说话，听不清她说什么）

好，戴面罩，麻醉师。

您可以把麻醉剂的机器调高些，调到五或四吧，够高了。

哦，手臂就这样放着吧！

……

（医生在手术室沉着地动手术）

解剖刀。

牵开器，钳子，再来一把，拭子。

天啊，好大的韧带。

膨胀器。

（剪刀声，切割声）

哪儿出血？真糟糕。对，膨胀器。放在这里。在中间夹住。对，起子。

别，别动！别往上起！出来了。

让钳子吊着。

钳子。

（器械声）

钳子，钳子，递一把解剖刀给我。

瞧，肌肉里面有好多脂肪，脂肪部分有一点出血。对。

解剖刀。

(解剖刀声)

我想，我需要一把新解剖刀。

(解剖刀的"嚓嚓"声)

老得像皮革，是吗？

妇女：要我拿着吗？

对，请用拭子。

等一等，等一等，等一等！

兰根贝克氏牵开器。好，请拿住。解剖刀。

解剖刀很快就钝了。

(外科大夫的哼哼声)

解剖刀，拭子。

(外科大夫吹口哨，唱歌)

钳子，拿住。解剖刀，兰根贝克氏牵开器。

开始流血了。是的，钳子。

天啊！好紧张！

血压怎么样？

妇女：一百五，八十。

一百四十？

妇女：对。

我们知道了。

妇女：怎么样？

升了这么多。

谁给我擦擦汗？

诺瓦克小姐，随即还有内尔大夫，他确实很不错。

他给我找了调光，冲着我说：你知道吗？你现在能够走路，这是奇迹。

我说：嗯，我行，我行。

他接着对我说：骨质疏松症，脊柱侧凸，骨软骨炎（那是盘脱白），椎关节强硬，脊椎脱位，脊椎前移，等等。

他接着说，你的脊椎五六处有病，而且你还有晚期骨质疏松症。我现在老了，骨头里没有足够的白垩。

第一天，他语气平淡地对我说：你脊椎的毛病涉及整个矫形外科学的领域，这个，那个，还有这个，那个！

打针无济于事，根本无济于事。这就是说，要么动手术，要么死了进坟墓。

(手术器械声，唱歌声)

你瞧！

(唱歌声)

我还要一把解剖刀。

不错，这是我需要的。安妮莉赛，我们慢慢地切到我们需要的地方了，不是吗？

（唱歌声）

或许我们现在可以用大的兰根贝克氏牵开器。替我结扎几个地方，这样，我们就可以首先把头绪理清楚。

你看见了吧——出血，出血，注定会出血的。钳子，用拭子擦一下。拭子。

由于血压的缘故，她相当……是的，由于血压的缘故，现在血压相当高，她……出血自然就多一些。也该这样，很不错。

平均血压多少？

哼，一百八十。

哼，你瞧。

（唱歌声）

请拉一下……压一下顶端。

停，看见了吗？现在你知道我的意思了吧。压一下顶端，这样往下推。就这样。

（唱歌声）

解剖刀。

（唱歌声）

（医务人员口述记录）

第三手术室十一月十六日手术报告。

手术开始时间：上午八点十五分。

病人：二一六病房，塞玛·诺瓦克。

年龄：七十。

职业：原是文职人员，现已退休。

诊断：有髋股关节变质的明显迹象，髋关节病。

手术：根据麦克基·费拉方法插入两根全髋骨假体，更换髋臼和股骨上部。

主刀医生：布朗特大夫。由凯廷大夫、莫里大夫、哈林大夫协助。

麻醉师：鲁夫大夫。

麻醉剂：插管丁二酰麻醉剂。

拉费大夫使用笑气麻醉。

病人姿势：右侧卧。

……

——前联邦德国自由柏林广播电台 20 世纪 50 年代初（具体年月日不详）播出

这篇报道医生给一位老太太做髋部复位手术的录音特写，只再现了老太太的唠叨、医生的嘱咐、麻醉师的安慰和手术器械在操作中所发出的各种响声，从头到尾都没有一句记者叙说而完全是由记者在现场录制到的录音素材剪辑而成，尽管在整篇作品中作者一句记者叙说都没用到，节目主持人也不出现，却把整个手术的过程很"清晰"地展现在听众的"面前"，而且就连做手术的医生的性格也"刻画"得很鲜明，因而被世界广播界奉为录音特写的经典之作。

（三）广播录音特写写作概要

1. 文体种类的选用

录音特写文稿的写作，通常有三种情形。一种是事先知道有什么题材适合采用录音特写的文体来报道时，可以提前做好准备，然后按计划去进行采制；另一种情形则是在无意中遇上了合适的题材而临时决定要用录音特写的文体来报道；此外，也有的是在采录回来之后，在对录音素材的审听中发现已有的素材适合于录音特写，于是才考虑以这种文体形式来报道的。无论是哪一种情形，在决定要采用录音特写这种文体来开展对一个事件或事实的报道时，首先都要考虑这么一个题材应该用哪一种形式的录音特写来报道才最合适。

一般来说，在写作目的的定位上，若所要报道的事很感人，很值得大家钦佩或很值得人们为之动容或很应当让人为之感慨的，就可以考虑用"煽情"型的录音特写来报道；反之，则应以客观展现型来报道。例如前面所列举过的《我们是一家人》所报道的事虽然也很好，但由于还够不上让人为之动容，因而就应用客观展现型的录音特写来报道才合适。而《走向正在消失的冰川》一稿由于报道的是长江源头的冰川正在以超乎寻常的速度逐渐消失这么一个危及我们人类生存的严峻问题，因而就很有必要以"煽情"型的录音特写来报道以唤起人们的关注。

从篇章的构成要素的方面来看，要是所要报道的事件或事实的现场具有能够让听众完全听得懂的各种声响，并且作者也有驾驭采制纯录音素材型的录音特写的能力的话，就可以考虑采用纯录音素材型的录音特写来报道。反之，那就只好老老实实地采用记者叙说与录音素材并用型的报道形式。

当然，一个人的专业和业务水平，也是要通过学习和锻炼才能提高的。纯录音素材型的录音特写的采制虽然需要水平和技巧，但作为广播电台的记者，也应积极地去尝试，只有自身有着不甘平庸的思想，才有可能在专业和业务上有所建树。

2. 现场情景的表现

（1）录音与叙说并用型的录音特写对情景的表现

在对于现场情景的表现上，"煽情"型录音特写与客观展现型录音特写的做法是不一样的。

① "煽情"型录音特写现场情景的表现。

在前面的有关章节中已经说过，在录音特写中，既可以用录音素材来交代现场的情景，也可以是用记者叙说来交代，或使录音素材和记者叙说相互配合来共同交代。但在"煽情"型录音特写中，这种交代，往往都是融入了作者的思想感情的，例如前面已列举过的录音特写《走向正在消失的冰川》的开头：

（洪水浪涛声，流水声，冰川滴水声，压低混播）

记者：正是这一滴一滴的水，孕育了我们的母亲河——长江。

（滴水声，压混）

记者：我的这段经历过去已经一年了，可它还是那么刻骨铭心地留在我的记忆中。长江源冰川的壮美，长江源冰川因我们人类的干预正在融化，还有我在那儿历经生死考验。今天，我找出了写自江源的三封家书，是想让您也能跟着我当年走过的路，去感受一下青藏高原长江源区那独特的风情，和全球气候变暖在江源产生的生态变化。您听……

（马叫，牧民的歌声，牦牛走在高原上，压混）

（羊的呻吟，压混）

蔡教授：能看到四百多头的牦牛。到了秋天，看不到野驴群的边，尘土飞扬。

（牦牛走路声）

这个开头，是交代长江源头的情况，但从作者所说的话语及所配的录音声响中，就能让人感受到沉重，这是因为作者在叙事中已融入了强烈的思想情感。

清播特写也要通过对情景的描述来打动人心，但"煽情"型录音特写以情境感人，其情境的再现途径与广播特写又有所不同。广播特写中的情，是由记者的叙说来抒发；境，也是由记者叙说去营造。而录音特写中的情和境，则都是由记者叙说与录音素材来共同承担的。只是，在录音特写中，"情"是侧重于由记者叙说来抒发，而"境"则主要靠录音素材去营造。这从上面这段《走向正在消失的冰川》的开头中就可以看出。

又如，在中央人民广播电台1993年间播出的《一场特殊的音乐会》也是这样：

主持人：今天你选择什么曲子献给范老师呢？

孔祥东：第一首我演奏的是莫扎特的《降E大调奏鸣曲》K282这首曲子……我觉得是给人一种比较高远、隽永的感觉，我想范老师会喜欢。

（音乐声扬起……）

再看另一片断：

（静场）

记者：孔祥东坐在了钢琴前，他半闭着眼睛，把头微微抬起，手指缓缓落下。

（拉赫玛尼诺夫的旋律在大厅里回荡……）

这一片断中的"情"，也主要是由记者叙说来抒发的，而"境"则主要靠录音素材去营造。开始的记者叙说，仅仅是开了一个头，但随着录音素材音响的出现、"扬起"、"回荡"，即便把听众带进了彼时彼地的现场情境、氛围之中了。

而在前面已经列举过的《难以忘却的歌声》中，也有这样一种以记者叙说来抒发感情、以录音素材来营造氛围的情形：

……

播音员：如同流淌了千百年的黄河一样，黄土高原上的牧羊人，总是唱着同样幽怨的民歌。

（牧羊人歌声：不大的小青马，多喂上三升料。三天的路程两天到。月亮上来星星睡。哥想妹呀，掉下桶粗泪……）

播音员：每颗星都是一个明亮的启示，每首歌都有一个动人的故事。

（歌声飘逸。出山村音响实况）

播音员：这是一个古老山村并不古老的故事。河曲县的南沙洼，山西省西北部一个普通的山村。

（村头鸟鸣。鸡安闲地"咯咯"叫。忽然屋里窜出一条小黄狗，朝鸡扑去。鸡"扑棱棱"地飞，边逃边叫，狗边追边吠……）

这一片断对氛围的营造，也就是"情"主要是由记者叙说来抒发，而"境"则主要是由录音素材来营造。通过这样将录音素材与记者叙说相结合来互为佐证、相互烘托，就把听众"带"进了黄土高原和高原上那古老僻静的山村之中，"牵引"着听众去领略高原上的古朴民风和感受山民们的喜怒哀乐，探究那在高原山村里发生过的、"并不古老"的动人故事。

②客观展现型录音特写现场情景的表现。

客观展现型录音特写由于不需要"煽情"，因而在这种形式的录音特写中，对于现场情景的表现就不需要很刻意，它虽然也可以是用录音素材与记者叙说相配合来交代，但一般的做法是先出一段录音，然后再用记者叙说来解释那是发自什么的声音，或者是先说一件什么事，接着就播发出一段音响，然后再说这声音就是什么声音。因而，客观展现型录音特写的文稿，通常表现为一段录音素材之后又是一段记者叙说，一段记者叙说之后又一段录音素材，两者机械式地交替出现。例如前面所列举过的《我们是一家人》就是这样。

（2）纯录音素材型录音特写对各种情况的交代与表现

纯录音素材型录音特写在对现场情景的表现上，除了依靠现场上所客观存在的各种声响来表现之外，凡是属于现场上的声响所无法交代的情况，就得要通过录音里的人物语言来交代，例如在前面所列举过的《上午八点十五分，第三手术室全髋部复位》中对病人和医生姓名的交代，就是通过"医务人员口述记录"来实现的：

（医务人员口述记录）

第三手术室十一月十六日手术报告。

手术开始时间：上午八点十五分。

病人：二一六病房，塞玛·诺瓦克。

年龄：七十。

职业：原是文职人员，现已退休。

诊断：有髋股关节变质的明显迹象，髋关节病。

手术：根据麦克基·费拉方法插入两根全髋骨假体，更换髋臼和股骨上部。

主刀医生：布朗特大夫。由凯廷大夫、莫里大夫、哈林大夫协助。

麻醉师：鲁夫大夫。

当然，在开头处麻醉师对病人的询问中也曾对病人的名字作了交代：

麻醉医师：您早，诺瓦克小姐。您今天早上没有吃什么吧？也没有喝什么吧？可是您打了一针,是吧?

只是,前面的这个交代,只交代了病人的名字简称叫做"诺瓦克",而在后面的"医务人员口述记录"中所交代的"塞玛·诺瓦克",就是把全称也说清楚了。

而在对现场场景的表现方面,能用现场上的声响来单独交代的就用声响来进行交代,若是现场上的声响无法单独交代清楚的情况,则辅以在场人的话语录音来进行交代。

第七节 广播录音访问记

广播录音访问记也与广播专访一样,也是一种把对某一或某几个对象进行采访的过程记录下来的广播新闻文体,但它与广播专访并不完全等同。

一、广播录音访问记与广播专访的不同之处

(一)作品的构成元素不一样

由于广播专访一般不出现场录音,因而在交代访问过程方面,它主要是靠记者的叙说来交代。而广播录音访问记由于属于录音报道的一种形式,因而它在对访问过程的叙述上,就不仅仅是单靠记者的叙说,而是以录音素材和记者叙说相结合来共同展现采访过程。听众在感受记者在采访中与被访者交谈的实况时,不但能听到双方的交谈声,同时还能听到现场环境的各种音响,自己就犹如置身其间一样感到真切,因而获得的感受和留下的印象也就更深。

(二)对报道题材的要求也不一样

广播专访的写作,在题材的选取上只考虑所访的对象和所访的内容够不够得上使用专访这一文体来报道。而广播录音访问记的采制,除了考虑所要访问的对象及题材的内容是否够得上使用这种体裁形式来报道之外,还得考虑在访问中是否有能让听众感兴趣的声响。例如:

"舞蹈是我生命的全部意义"

——访我市舞蹈家协会前主席王明中先生

(广场舞《中华韵》现场录音,伴舞乐曲的旋律声扬起数秒,压混)

听众朋友,如果您在今年以来早晚经常到广场或公园走走的话,肯定见过有许多中老年人和着优美的乐曲旋律在跳一种叫做《中华韵》健身舞,但您知道这套舞蹈的编舞人是谁吗?

这套舞蹈的编舞人名叫王明中,是我们温州市人、退休干部、市舞蹈工作者协会的老主席。最近,记者在王明中先生的家访问了这位具有传奇色彩的艺术家。

[录音] 记者:王老,您好!

王明中:你好!

记者:我是电台记者,近几年来,据说您编创的《中华韵》不但深受我市广大

中老年人喜爱，而且还引起了北京舞蹈界的有关专家的重视，而我还听说，您年轻的时候，还曾在中央多个文艺团体工作过很长时间，因而想让您来给我们的听众谈谈您过去的从艺经历和艺术成就好吗？

王明中： 是有过比较多的经历，成就就说不上了。其实，我最早并不是搞舞蹈，而是从事画画的，一九五一年……

（压混）

王明中先生说，一九五一年，他才十三岁，因有绘画的特长而被温州军分区看中，把他派到军分区从事宣传工作，入伍之后，由于他勤奋好学，并且表现出了有一定的舞蹈天赋，很快就被调到了浙江军区文工团做舞蹈演员，一九五一年，又被选调到中央警卫团文工团担任了主要演员和舞蹈教员的工作。

[录音] 王明中： 不但在国内演出，还多次被临时选入国家艺术团，跟随出访的周总理、陈毅副总理等国家领导人到过亚非拉美许多国家演出。

记者： 总共去过多少个国家演出还记得吗？

王明中： 有二十多个，具体多少个得数数才知道。

（出王参演的部分节目实况录音，压混）

记者： 据我所知，您还参与了新中国第一部大型音乐舞蹈史诗《东方红》和后来被奉为"革命样板戏"的京剧《奇袭白虎团》等著名剧目的创作和演出是吗？

王明中： 是参与了《东方红》的编导工作和演出。《奇袭白虎团》我只是负责舞蹈设计，没当演员。

记者： 王老，想冒昧问您一个问题，就是您作为新中国舞蹈艺术最早一批的探路者、先行军，当时在中央文艺团体的事业蒸蒸日上，是什么样的想法，使您后来又下决心要回到家乡来的呢？

王明中： 关于这个，说起来话就长了，一九六六年……

（压混）

王明中先生说，一九六六年爆发了"文化大革命"，性格刚硬正直的他觉得自己在北京已经"不合时宜"，于是便毅然决定转业回乡，于是便回到温州来了。

王明中先生回到家乡后，先后在过市文化局、市总工会、工人文化宫、市文联等多个单位工作，他回到温州后创作的第一部舞剧是《柑林曲》。

（舞剧《柑林曲》演出实况录音片断）

这就是当年舞剧《柑林曲》演出的实况录音，这个舞剧问世以后，不但很快就被浙江省歌舞团选为进京献礼的演出节目，而且该剧的剧照还被印成了年画共32万份，全国发行；而他创作和编导的反对侵略战争的歌舞剧《风雷激》和舞蹈作品《利剑歌》等，还获得了中央文化部优秀节目奖；二〇〇三年以来，王明中先生所创作的《春天的故事》、《善柔情韵》、《忆江南》等舞蹈节目，五次参加全国群众舞蹈大赛并获得了特等大奖，为我省我市争得了极大的荣誉。

[录音] 记者：王老，在您刚回到温州来的时候，当时我市的舞蹈艺术事业是一个什么样的状况？

王明中：当时，温州的舞蹈艺术事业，缺舞蹈节目稿本，也急需人才，当时我就想，如果说，我将青年时光献给新中国的舞蹈事业，那么我的后半生更要为家乡的舞蹈事业作贡献。我除了开展作品创作之外，为了培养舞蹈人才……

（压混）

王明中先生说，为了培养舞蹈人才，他在创作之余，还编写了《浅谈舞蹈艺术》一书，而为了编写这本舞蹈艺术专著，他还研究了越剧、瓯剧和话剧等剧种，研究舞蹈艺术和各种戏剧艺术之间的关系，由于这本书很适合用于培养舞蹈人才，因而被业界当做舞蹈学习的教科书，而经他带过的邢时苗、蔡丽雯等舞蹈演员，还成了在全国舞蹈界享有一定名气的优秀舞蹈家。由于王明中先生在舞蹈艺术事业上作出了突出贡献，中国舞蹈家协会还给他颁发过"荣誉证章"和"为中国舞蹈事业繁荣发展作出贡献"荣誉证书。

[录音] 记者：王老，您在舞蹈艺术领域为我们温州赢得了那么多的荣誉，还使我们温州获得了"歌舞之乡"的美誉，而且退休之后十多年来，还一直都在为繁荣家乡舞蹈事业作贡献，请问是什么在支撑着您这样做的？

王明中：我们温州之所以能够在舞台上获得诸多殊荣，能够成为"歌舞之乡"，是因为我市舞蹈界有一批兢兢业业、执着奉献的舞蹈家、编导和推动者，例如翁焕新、邢时苗、池禄、李蔚蔚、余茹茹、胡邦、郑春华、林国生等，是温州所有舞者的共同努力，才撑起了这个"歌舞之乡"的品牌，而我，只是做了自己所能做的一点努力。之所以退休后还在继续为繁荣舞蹈事业而奋斗，是因为舞蹈是我生命的全部意义。

王明中先生在舞蹈事业方面有着那么大的贡献，但他却把成就归功于大家的共同努力，真不愧是德艺双馨的艺术家，记者在结束对这位艺术家的访问之时，除了对他在专业上的成就十分钦佩之外，更为他的高尚人品所折服！

（广场舞《中华韵》现场录音，伴舞乐曲的旋律声扬起，数秒后压混）

刚才大家听到的是，录音访问记《"舞蹈是我生命的全部意义"——访我市舞蹈家协会前主席王明中先生》，这次节目播送完了，谢谢大家收听。

——温州人民广播电台 2009 年 7 月 12 日播出

记者的这个访问，由于有着好些动听的音乐声可以用上，因而把它制作成为录音访问记来播出，就比把它写为广播专访来播出的效果要好。

再如：

古 城 客 栈

（渔船声，蛐蛐声，压混渐弱）

镇远，是贵州东南部一座有六百年历史的水边古城。沿舞阳河两岸，几十家错落有致的民间客栈尖角挑梁，鳞次栉比，构成了边城一道美丽的风景。振兴客栈就在其间。

（火车声，压混）

火车昼夜穿行在偏僻边远的大山中，把一批又一批的客人带进了古城，人们的视线慢慢地被古城浓郁的风情深深吸引。

近日，我们来到了镇远这座水边古城，访问了振兴客栈和住店的部分旅客。

（公鸡打鸣声）

这一天六点过钟，振兴客栈住店的客人们都还没有醒来的时候，老板娘早早地开了店门，脸还没洗呢，就急忙打开电脑，上起网来。

（客人吵闹声，开门声）

振兴客栈的老板娘叫李淑香，今年才二十七岁，是个很朴实漂亮的苗族小媳妇，几年前，她从州府凯里嫁到了这个边远的小城后，就和先生一起经营这家客栈。十年间，李淑香在古城的不同地点，还发展了三家连锁客栈，共有四十七间家庭式客房。现在正是旅游旺季，李淑香的客栈几乎天天客满。

见李淑香一大清早就上网，我们很是惊奇。

[录音] **记者：** "你们怎么想到用网上去发布信息呢？"

李淑香： "现在这种社会离不开网的。很多人出来一点击，哪一家口碑好或者条件好、价位可以的话，他就会选择。"

记者： "客栈开的时间多久了？"

李淑香： "差不多十年了吧。"

记者： "十年之前游客是怎么样的？"

李淑香： "十年之前没见几个人，很少有游客，做生意，生意也不是那么好。近两年，游客是越来越多了，现在比以前好了很多很多了。游客真多，而且一年比一年旺，一年比一年多。下面那个店，正面对着青龙洞，很多游客都喜欢那里，每天都住得满。"

记者： "这个店人也是满满的呀！"

李淑香： "是常客来，在网上知道了。"

（压混）

李淑香还说，他们小两口想把客栈办成吃、住、导游一条龙，让游客有回家的感觉。她的另一个分店，正面对着古城的主要景点青龙洞，很多游客都喜欢到那里。

[录音] 李淑香:"我希望这个旅游越办越好,游客还越来越多,把我的客栈办好,客人来了,能满意。"

依托水上贸易,古城镇远在明代一度成为繁忙的山间码头。陆地交通的发展,古城淡出了人们视线。

(火车声)

近年来,贵州旅游业的兴起,古城的民间客栈再次雨后春笋般地冒了出来。几十家客栈中,年长的客栈主人仍旧沿袭着等待游客上门的机会,像李淑香一样的年轻店主,几乎都在家里装上了电脑,主动发布住店信息和古城的旅游资料,向他们甚至并不熟悉的客源地招揽游客。世界各地的游客也正是看见了网上的信息,寻着古城的幽静而来。

在镇远,我们还采访了住在这种民间客栈里的部分旅客。

[录音]"你从哪儿来?"

"我从重庆。"

"怎么选择镇远?"

"我从网上查到的,开始我还不相信,一路坐火车来的时候,都挺怀疑的。昨天到那个古民居吧,七十岁的老奶奶,她给我们打水,你看多健康。就是像这种小店小家,这种风格特别好。镇远给我的印象非常宁静、朴实,非常干净,我觉得挺好的。很多爱好大自然的人,如果发现了这个地方,亲近了这个地方,肯定非常喜欢这个地方。"

"你从什么地方来?"

"从上海来,我们是和老人一块出来旅游的,看旅游资料被它吸引了,所以跑到这里来。这里很美的。"

古城客栈是一个时代的影子,客栈网上揽客正是一个时代进步的标志。

(汽车声)

一天的繁忙之后,古城进入了夜的世界,南来北往的游客有的已怀着对古城的无限眷恋离去了,而刚来的,还没走的,这时,也陆续进入了梦乡,古城客栈又安静下来了。

(火车声压混)

明天,它又将在古朴的气息里迎来一个喧闹的黎明。

(关门声,蛐蛐声)

——中央人民广播电台 2013 年 9 月 21 日播出

除了类似这样有着动人音乐或现场环境声响的题材适合于作为录音访问记的采制题材之外,一些名人或久违了的名人,或一些身份或经历比较特殊的人物,由于听众对这样的人物会比较关注或有兴趣,因而在报道记者对这样的人物所进行的访问时,也可以使用录音访问记这种报道形式。例如 1992 年中央人民广播电台记者王求在台湾对著名爱国将领张学良的采访，由于张学良的名气那么大，年轻的听众还没听过他说话而想要听听他的口音；而由于他被囚禁了大半辈子，即使是那些曾经熟悉他的口音的听众，也会想要听听这位当年曾经那么英俊威武的少帅到了耄耋之年的口音。更重要的是，对于这样重要的人物的访问，如果记者采用别的文体来报道的话，无论文章写得怎样真实生动，听众也总会有"隔着一层"之感，只有能够"亲自"听到他的口音，才会感到真切，因而记者采用了录音访问记来报道，就很恰当。

此外，有的人说话特别幽默风趣、妙趣横生，那么，即使这样的被访人不是什么名人，因为其话语特别精彩而很能吸引人。因而对这样的受访人的访问报道，也很适合采用录音访问记的形式。

二、广播录音访问记文稿的写作

(一) 访问对象的选取及访谈的开展

录音访问记的访问对象的物色及对访谈话题的确定也与广播专访一样，都是要物色在某方面具有权威性、代表性或事件的当事人、目击者、知情人或是听众所熟悉的人物来作为访问对象。另外，录音访问记的选题，并不限于只是对某个人物的访问而也可以是对某个地方、某个部门、某个行业的某种情况的访问。

至于访问中所谈及的话题，则也和广播专访的话题选取一样，一般都应是就某一热点问题或听众普遍关心的问题来展开。

开展访谈的方法，也和广播专访一样，在访问之前就要明确访问所要达到的目的是什么，计划要和对方谈些什么话题，怎样引出这一话题，在进入话题后又如何将话题引向核心内容，在访谈中若对方的谈话偏离话题时该怎样拉回，若对方在言谈中临时冒出一些更有价值的话题来时又该如何将其进行发掘，等等。所有这些，事先都应做好详尽、周密的设计，拟出访谈流程并熟记在心，这样才有利于使访谈的氛围更加融洽，访谈的进程也更易进入佳境。

(二) 现场声响的录制与录音素材的整理

录音访问记主要是靠录音素材来展现访问的过程和体现访问的氛围。因此在采录时，尤应注意把现场音响采录完整和采录好。而要把现场的氛围体现好，除了在访问中要时时留意现场事件进程中随时可能出现的各种情况外，在采录时，录音话筒的置放方位及与访谈双方的距离等也要得当，而在开展访谈时采录录音的话筒的置放方位与距离怎样才恰当，这并不是到了现场才调节，而应是在平时就得多做试验，积累起丰富的经验，才能在不同的环境、不同的场合下都能应用自如。

至于录音素材的整理，也和前面广播访谈中所说的整理一样，因而在此就不再重复。

(三) 文稿的写作

录音访问记的文稿写作也和广播专访的文稿写作一样，工作量不大，只是写上个开头和结尾即可。例如中央人民广播电台播出的《张学良接受大陆赴台记者采访》一稿，整个节目就只有开头一段要写：

本台消息 九十一岁高龄的著名爱国将领张学良先生，今天在台北北投他的寓所接受了大陆赴台记者的采访。下面请听本台记者王求自台北发回的报道。

[录音] 记者：各位听众，曾在"西安事变"中叱咤风云的张学良先生，今天和夫人赵一狄接受了大陆记者的采访。张学良先生虽有眼疾，听力也不好，但看上去红光满面，健康结实。张学良先生表示，希望能有机会回大陆老家看看，但具体时间不能确定。

（出现场音响）

在这个开头之后，节目就直接接上整理好了的访谈录音。然后再在访谈录音之后写上"（音响完）"就结束了。

如果在所接上的访谈录音中有听众不易听懂的地方，则应加上些解释。而要是受访人在访谈中所说的是绝大多数听众都听不懂的方言、少数民族语言或外语，则可以在播放其讲话录音时逐渐压低，然后用记者或播音员的翻译话语或概括语言来与录音进行叠混。至于篇章结构的安排，则也和广播专访文稿的篇章结构一样，在此不再展开。

第八节 广播采访实录与新闻现场直击

在近20年来各地广播电台所播出的节目中，还出现了一些与上述各种体裁的录音报道都不一样的节目形式。在这些新出现的录音报道中，见得最多的是广播采访实录和新闻现场直击。

一、广播采访实录

广播采访实录，就是将记者在采访中的所见所闻如实地记录下来即可。它不像前面所说的各种录音报道那样要精心地考虑主题思想的突出和报道艺术的运用，也不讲究什么文体规范，只要能把记者在采访中所看到的情况说出来以及把在采访现场所听到的别人的话录制下来即可。例如乌鲁木齐人民广播电台2013年10月24日播出的这篇稿子：

齐心协力保畅通

二十三日上午，部分全国、自治区、乌鲁木齐市政协委员及市民代表对首府今冬明春的清雪准备工作进行视察。在视察现场，政协委员和市民代表你一言我一语地为清雪工作提出合理化建议。请听记者张婷采写的新闻特写：《齐心协力保畅通》。

[录音] 我对他们特别有信心，但是根据去年的情况嘛，这个清运队能不能早点出来……

在雅山隧道友好加油加气站处，城市快速路管理中心的工作人员正在向政协委员和市民代表介绍今冬田字路二期的冰雪清除计划，市民代表公交车司机李新民师傅举手示意他要提些建议：

[录音] 能不能在六点钟或六点半出来，我就提这么个建议，像去年我们好几次，我们外环走着呢，前面四辆车，后面的公交车都赶着要上头班车，堵着呢。

市政协党组书记、主席吕德祥说：

[录音] 我们要求是所有的作业组在降雪之前就近集结，你等降了雪再向外开，黄花菜都凉了，路一堵你还进不去，李师傅你说的对着呢，他们没有及时出动，你记着今年你们出动晚了我会重罚，干得很好，市民满意，我们重奖。

李师傅一语激起千层浪，大家都激烈地讨论起来，同样是公交车司机的李晓清说：

[录音] "我就提个建议，刚才说炉渣备到匝道和容易滑的地方，那么公交车站为什么不给备炉渣，你这半个小时雪不停，我这个车是几分钟一趟，车一启动、一刹车都是黑黑的冰。"

"刚才说到了，即便不下雪，那个地方备炉渣，所有的站，一袋两袋，专人专管，摆好。还有，放到那以后没人管了、成个大冰块了，没办法砸，没办法撒，所以这块也希望领导重视，保证咱们市民出行。"

"给公交公司的驾驶员发个卡，监督，哪个地方没弄明白这个事，你打举报电话，你们就马上就把炉渣摆上，掉过头来我们再追究责任。"

这篇报道，题目叫做《齐心协力保畅通》，但内容却是"政协委员和市民代表你一言我一语地为清雪工作提出合理化建议"，而没反映出有些什么人在"齐心协力"和他们是怎样去"保畅通"的；文章体裁说是"新闻特写"，但内容也就只是把现场上谁说了什么、谁有什么意见和建议全都录制下来而没有专挑属于"保畅通"方面的录音来使用。这种不很注重主题思想的突出和不很讲究报道艺术的运用，而是只将记者在采访中的所见所闻如实地记录下来的广播录音报道就是"广播采访实录"。

又如丹东人民广播电台 2013 年 10 月 28 日播出的这篇报道：

高性能水稻的收割机
在今年的水稻收割中唱主角

本台驻凤城记者王克平报道：近期天气持续晴好，凤城市六万亩水稻开镰收割。高性能水稻的收割机在今年的水稻收割中唱主角，水稻机械化收割有望达到四点五万亩。

金昌建是大堡蒙古族乡黎明村的水稻种植大户，今年种植水稻三百三十亩。从去年开始，金昌建在国家农机补贴政策的扶持下，先后购买了水田作业拖拉机、旋地机、插秧机等水田作业农机具。今年他又购买了水稻收割机。水稻生产从整地、育秧、插秧到收割、脱粒基本实现全程机械化。金昌建告诉记者：

[录音] 我自己包了三百多亩地，人工干不起，机械收大概一个礼拜就能拿下，要是人工割最起码得一个多月。

在大堡蒙古族乡黎明村的水稻现场记者看到，伴随着轰鸣的机器声，金灿灿的稻谷从机舱流入袋子。稻田边，农民们正开着大型拖拉机来回运送装满稻谷的袋子，水稻收割再也不用"面朝黄土背朝天"了。

大堡蒙古族乡黎明村村民，鄂义伟：

[录音] 因为老百姓正是农忙的时候，用这个机器又省时又省工，普通老百姓都认为效果特别好。

记者从凤城市农机总站了解到，在国家农机补贴政策的扶持下，当地农民购买农机热情高涨。凤城市水稻收割机的拥有量也大幅增加，今年达到五十多台，全市百分之八十的水稻实现了机械化收割。

这篇报道，并不很讲究报道艺术的运用，也不很注重题文相符，而是只将记者在采访中的所见所闻如实地录制下来，因而其文体属性其实也是属于广播采访实录。

二、新闻现场直击

新闻现场直击是一种与录音特写或与录音通讯很相似的录音报道文体。但它与录音特写或录音通讯相比，更像是一篇尚未完成的录音特写或一篇尚未完成的录音通讯，即它也是用录音特写或录音通讯的手法来对现场上的情景进行细致的或富于文学色彩的展现，但却在还没有对主题思想进行深入揭示的时候整个节目就结束了。例如丹东人民广播电台2013年10月28日播出的这篇录音报道：

金秋银杏扮靓城市风景

又是一年深秋来，又是一年银杏美。在位于九纬路的"金光大道"上，百年银杏静静地伫立在街旁。抬眼望去，满树金黄。秋风拂面之际，道路两旁的银杏树叶也随之飞舞起来。临风飘落的银杏叶像一把把金色的小扇子，点缀着这个浪漫的季节。如此美景，吸引众多摄影爱好者和市民前来拍照留念。

[录音] 市民一："特别好，特别有意义，领孩子来。往年都想来，但是因为上

班没赶上，今天正好赶上周六周日，天气又好，就领宝宝来照相。"

　　市民二："我觉得心里特别高兴，而且把咱们丹东的美景都融入我们每个人的心里。这样我们丹东人美、水美，心里觉得特别的高兴。"

　　这篇录音报道，由于开头用的是录音特写或录音通讯的表现手法来对现场上的情景进行富于文学色彩的描述而与录音特写或录音通讯很相似，但后面就只出两个市民说的话，还没对文章的主题思想进行深入揭示就结束了，像这样的录音报道，就是新闻现场直击。

　　再如乌鲁木齐人民广播电台2012年5月4日播出的这篇录音报道：

新时代，青春在飞扬

　　一首《光荣啊！中国共青团》的合唱拉开了表彰大会的序幕，和现场所有的青年人一样，米东区团委的一名普通志愿工作者，二十五岁的赵耀明这一刻眼神坚定、声音洪亮，充满青春与朝气。此时，他对团委的工作更感神圣。

　　[录音] "当年五四运动是抛头颅、洒热血，现在很多人走向创业，很多人也自发地组成一些队伍，虽然现在这些付出是在一些志愿活动上，敢于担当，张扬也是有爱心的。"

　　作为八〇后，赵耀明说，难免会被人冠以个性张扬、缺少责任感的时代标签。但事实证明，新时代，新青年，八〇后在用实际行动让青春飞扬。

　　[录音] "去年亚欧博览会当时不是招募的一万城市志愿者么，这些活跃的都是来自于乌鲁木齐各个高校和社会群体的各个单位，他们很多都是八〇后，八〇后正在用行动诠释着一切，八〇后个性更张扬一些，但他们在志愿精神和团活动上面，做得毫不含糊"。

　　看着领奖台上，大家身披红色绶带，手拿耀眼奖杯，赵耀明备受鼓舞。

　　[录音] "所有的表彰，是让更多的人得到荣誉，让更多的人得到激励。"

　　这篇录音报道，一开头就描写现场，然后又像影视画面中的特写镜头一样"推出"一个人物的特写画面——"眼神坚定、声音洪亮，充满青春与朝气"，这样的开头，用的也是录音特写或录音通讯的表现手法，但后面就只出了该人物的两段话和说他"备受鼓舞"而后面就不再有什么精彩或动人的"故事"了，因而这篇录音报道，也是属于新闻现场直击。

　　广播采访实录和新闻现场直击，属于录音文体种近20年来才出现的"新品种"，它们的特点都是在报道题材的选取上比较随意，也不讲究主题的提炼，更不追求报道的思想深度，而是"见什么就报道什么"、"现场有什么就录什么"。因而这种形式的录音报道，采制起来就很省事，既不用耗费多少时间来采访，也不需要花费什么心思来考虑节目的布局谋篇和怎样制作节目才富于艺术，只要在开头处简单交代一下哪里发生了什么或记者在什么地方看到了什么，然后把现场上所录到的一些人所说的话接上即可。因而这种文体，最适合于刚参加广播新闻工作的新记者或因报道任务过重而忙不过来的记者使用，尤其是在一些每天节目播出时间比较长、开设的新闻栏目比较多而记者又比较少的基层台，用这两种"快餐式"的文体来开展录音报道，就很有利于把新发生的事或新出现的情况及时报道出去而赢得更快的新闻时效。

第九节　广播配音报道概说

广播配音报道也是带有录音素材、由录音素材与记者叙说相结合的一种广播新闻报道形式。

一、广播配音报道所包含的文体种类

广播配音报道所包含的文体种类比起清播新闻和录音报道所包括的文体种类都要少得多，就到目前为止的实际应用情况来说，广播配音报道就只包括配音通讯和配音特写两种体裁形式。

二、配音报道与各种类似文体的不同之处

配音报道与配乐散文、配乐诗和录音通讯、录音特写都有相似之处，但它与所有的相似文体都是不等同的。

（一）与配乐散文、配乐诗之类文体的不同之处

配音报道在节目形式上虽然有点类似于配乐散文、配乐诗朗诵，但配乐散文、配乐诗朗诵属于文学作品的体裁，而配音报道则属于新闻报道的体裁。另外，配乐散文、配乐诗朗诵都是以抒情为主，即使叙事，也是比较笼统的叙述而不会像配音报道这样很翔实地来对所写的事进行叙说。

（二）与录音通讯和录音特写的不同之处

与配音报道最相似的文体是录音通讯和录音特写，但它与录音通讯和录音特写也有区别。录音通讯和录音特写是纯粹的新闻报道文体，不但记者叙说所说到的事必须要完全真实，而且所用的录音素材也必须完全真实而不允许用不同时间或不同场合的相似录音来"移花接木"，也不能通过事后补录来获得，更不能用人工制作而成的录音来替代。而配音报道则是除了所报道的事和那些直接用来交代事件发生、发展情况的音响必须是使用现场的事件本体音响外，那些用于烘托环境、渲染气氛、抒发情感、强化主题的音响，则可不一定是来自事件现场，或不一定是在现场随着事件的发展进程采录到的，而可以是作者在节目制作时从资料带上剪辑而来或从别的场合补录得来。

三、配音报道的写作和采制概要

（一）配音报道文稿的写作

配音报道文稿的写作，与录音报道文稿的写作基本相同，即配音通讯文稿的写作、方法与录音通讯文稿的写作方法基本上是一样的；配音特写文稿的写作方法也与录音特写文稿的写作方法基本上是一样的。所不同的是，由于录音报道对录音素材的要求也和对记者叙说的要求一样必须完全真实，因而要是在采访中有些音响没能录到或效果太差不能使用，则在撰写文稿的时候就不能考虑将其用上，这样就只能是用记者叙说来进行介绍或将该内容略去，这样一来，整篇报道所能用到的内容就有可能不那么理想了。而配音报道就没有这方面的问题，对于现场上当时确实存在的声响，即使没录到或录砸了，也还能通过补录来解决。

除此之外，在篇章结构的安排和表现艺术的应用等其他方面，配音报道文稿的写作，与录音报道文稿的写作就都是一样了，因而在此就不再重复。

（二）配音报道的采制

1. 要分清哪些音响可替代和哪些音响不能取代

配音报道中所用的配音，只能是为了烘托环境、渲染气氛、抒发情感、强化主题或美化作品的需要而从别的场合移植借用或另行安排补录。而对于能直接影响到新闻的真实性或与所报道的新闻事件的真实性关系十分密切的音响，如事件现场上各种人物的交谈、说笑、喊叫等声响，则必须采用在现场上即时采录到的实况音响而绝不允许以别的音响来"张冠李戴"，也不能通过重新组织补录来"移花接木"。因为如果重新组织补录，当事人在重复原先曾经历的事，即使做得再像，也不是新闻而是"演戏"了，靠"导演"出来的"戏剧"，无论"演出"怎么逼真，也不再属于新闻。

2. 精心制作好可替代的声响

由于配音报道是一种富有文学色彩的报道形式，在写作和采制上都应尽可能追求完美，因而对于那些允许用资料性音响来替代的音响，就应当要尽可能选好一点的来替代；对于那些允许补录的音响，也应当要尽可能录好一些。例如前面两篇例文中的火车行驶的声音和汽笛声、风声等，如果第一次录得不理想，也可以重新再录直到满意为止。

3. "打磨"好要用到的现场实况音响

对于那些不允许用资料音响来替代，也不允许补录，而必须要使用当时在现场上采录到的实况音响的情况，如果所采录到的录音素材的效果不大理想，也可以对其做些"打磨"，把其修整得更好一些才用，即也和录音报道对录音素材的使用一样，可以根据需要来对某些片段进行"嘶声消除"、"破音修复"、"降噪"、"延迟"、"混响"、"回声"之类的处理后才使用。并且，在使用时，也同样应根据新闻内容表达的需要来考虑对某些音响进行"压"、"降"、"扬"、"混"等方面的处理，通过处理尽可能地使所做的配音报道节目更具艺术性。

4. 在音响的使用上要讲求得体

给配音报道配音时，对于那些用于烘托环境、渲染气氛的声音，虽然可以采用资料带或从别的场合移植而来，但其音响效果必须与所要表现的情景相吻合而不得走样；所配的音乐格调必须与所表现的场景氛围协调。例如前面所说的火车行驶声，如果录制得很"纯"，就不一定恰当，有时在所录的声音当中夹杂一些周围环境中所存在的别的声响，反而能让人觉得更真实。

总之，配音报道所配的每一段声响，都是只有用得得体，才有可能给节目增色；而若用得不当，那就只能是弄巧成拙。

思考与练习

1. 广播谈话和广播讲话有什么不同？
2. 什么叫做录音素材？什么叫做记者叙说？
3. 在写作录音报道文稿时，应如何处理好记者叙说与录音素材之间的关系？
4. 录音通讯和录音新闻有什么区别？它们在对录音素材的要求上有什么不同？
5. 录音特写和录音通讯、广播特写各有什么不同？
6. 广播专访和广播访谈、录音访问记各有什么不同？
7. 在配音报道中，哪些音响素材不能用别的录音来替代和补录？
8. 利用课余时间，练习制作一个配音报道节目。

第十一章　广播新闻的编辑工作

第一节　广播新闻编辑工作中的稿源组织

　　广播电台是党和政府及人民的喉舌，它也和报纸一样，对一个地方的工作、一个地方的全体人民，要担负起"组织、鼓舞、激励、批判和推动作用"的重任。而电台要发挥好这种"组织、鼓舞、激励、批判和推动"的作用，必须通过广播的新闻宣传来实现。

　　广播电台的各个编辑部每天收到的稿件虽然很多，但单靠记者随意采写发回的稿件和通讯员的自发来稿，是很难适应电台宣传报道计划之需的，因为电台所开展的广播宣传，并不是有什么来稿就编播什么稿子，而是要按照既定的宣传报道的思路来组织和编发稿件，这样一来，所开展的广播宣传才有可能符合电台宣传工作的需要。

　　既定的宣传报道的思路，从大的层面来说就是电台的宏观上的报道计划，即整个电台主要宣传什么，怎样开展宣传，在每天的广播节目中要设置什么栏目，哪些栏目由于要重点办好而应安排较长的播出时长和要多安排多少人来负责，哪些栏目由于不那么重要而隔一段时间才有一次，等等。而小的既定的宣传报道的思路，则是编辑人员针对自己所负责的栏目或行业领域来将电台的报道计划进行细化，细化到在自己所负责的栏目或领域中主要播发什么题材的稿件，在这种题材的稿件中主要是用什么体裁的稿子，这些稿子主要又是报道什么群体的人和什么方面的事以及主要以什么文体形式来报道等。例如分管精神文明方面栏目的编辑，就要把对精神文明建设的宣传细化到以什么方式来宣传精神文明建设，是多编发上级党委政府关于精神文明建设的文件和领导关于精神文明建设的讲话还是各种关于倡导文明的历史故事、格言，是多编发些广播谈话、广播对话节目还是关于社会上各种在精神文明建设方面做得好的先进单位和个人的先进事迹。如果决定要通过宣传先进单位和个人的先进事迹来倡导文明，又还要再做细化，看是应侧重于宣传报道单位、群体的先进事迹还是侧重于报道个人中的典型，如果确定要侧重于报道个人中的先进典型，则还要考虑是多报道成年人还是多报道年轻人，是多报道城里人还是多报道乡下人，是多报道机关单位的干部职工还是在校学生或社会上的平民百姓或者是各色人等兼而有之。而在报道方式的选用上，也要细化到是以清播新闻为主还是以录音报道或广播专访、广播访谈为主，要不要开展现场直播，是以发消息为主还是以发通讯、特写、访问记为主。为了吸引听众来关注自己的栏目，又要考虑要不要采取些什么措施来调动听众收听的积极性，比如要不要开展些有奖收听、有奖征答或互动活动等。

在确定好所要开展的宣传思路之后，编辑还要经常性地提前向各分管记者、派驻各地的记者或分布在各地、各行各业上的通讯员通报自己的稿件需求计划，要求他们按计划去发掘和采写；或者也可以是根据自己对稿件的需求来有针对性地逐一约请各个记者或通讯员分别去负责采写什么稿件。这个工作，就叫做组稿。

编辑在组稿中，为了使所组织到的稿件能够合乎节目的需要，在向人约稿时，应当尽可能地结合各位记者或通讯员的特长、知识结构、人生经历、活动能力和新闻采写、采制的能力等方面的实际情况来考虑，这样才更有利于保证所约来的稿件能够符合栏目的需要。

为使所约来的稿件能合乎栏目的需要，编辑在向人约稿时，应当将自己对稿件的题材、体裁、内容、风格、篇幅大小和截稿时间等有关事项尽可能详尽地说明清楚，以便使记者或通讯员心中有数，这样才更有利于如期如愿地获得所需的稿件。

编辑向人约稿，还应把问题考虑得周到一些，例如为了防止所约记者或通讯员因故延误或失约而耽误播出，对于同一题材、体裁的文稿，也可以是同时多约几位作者来采写，做好第二手准备，这样万一某一位作者不能如期交稿，也不至于影响报道计划的顺利实施。

如果所约的每一位作者都能依约按时写来所约的稿件，那么编辑也应妥善处置，凡属按要求写来的每一篇稿件，都应设法安排采用而不要失信于作者。

第二节　广播新闻编辑工作中的稿件取舍与审处

由于节目时段的限制，电台不可能把每篇来稿都采用，而且电台作为一种宣传工具，必须为党的路线方针和国家、人民的根本利益服务，因而即使是不受播出时段的限制，电台也不可能对所有的来稿都采用，而是要根据宣传的需要来进行取舍。

一、稿件的取舍

编辑对稿件的取舍，需从稿子所体现出来的政治思想、稿子所报道的新闻的真实性与其新闻价值、稿件与广播传媒的适合性、稿件的质量几个方面来进行综合评判，以及从兼顾稿源的平衡等方面来考虑。

（一）政治思想方面的考量

1. 稿子所蕴含的思想观点是否与中央精神相一致

广播电台作为党和政府的喉舌，所播发的每一篇新闻报道文章里所蕴含的思想观点都必须与中央精神一致。

在编辑部所收到的稿子中，真正公然与中央唱反调的文章是不大可能有的，而在某些观点、提法上与中央精神不一致的情形却并不少。例如在党的十八届三中全会召开前夕，中共中央总书记习近平就提出了不以 GDP 来论政绩，但在电台所收到的稿件中，就有一些报道某些地方的党政领导班子工作做得好的稿子还是把 GDP 作为政绩来宣传；而在党的十七大前后，中央就已明确提出发展经济不能以牺牲环境为代价，但在十七大之后的好几年中，也常有一些记者和通讯员在报道中对一些地方破坏环境的经济增长盲目叫好；甚至直到现在，也还有一些记者和通讯员在报道某些学校办得好时，也只是突出该校的升学率如何如何和学校的教师怎样为提高升学率而废寝忘食、呕心沥血等。类似这样的报道，粗略看来好像也没什么问题，但与中央精神相对照却发现很有问题，编辑在对稿件进行政治思想方面的评判时，重点就在发现和识别这类貌似正确实则很有问题的问题，才有可能把好稿件的思想政治关。

2. 所报道的事是否与国家的法令法规相抵触

在编辑部所收到的稿子中，也常存在着一些与国家法律或法令法规相抵触的内容。例如有的稿子报道某地的群众通过在农闲时间去开矿而摆脱了贫困，有的稿子报道某地的农民改变经营方式，把农田都挖成池塘来养鱼，取得了可喜的经济效益等，其实，乱开矿和把农田都挖成池塘来养鱼，都是违反国家的有关法律或是违反相关法令法规的违法行为，但由于有的记者和通讯员不熟悉相关法律和法令法规，觉得既然挖矿能够脱贫致富，把农田挖成鱼塘来养鱼能够提高经济效益，就认为是好事而写了报道。对于这种问题，编辑在看稿的时候就应该要发现，这样才有可能把好稿件的法律法规方面的关。

3. 所做的报道是否有利于促进社会的文明进步

广播电台所开展的宣传报道，除了不能存在与中央精神不一致和与国家的各种法律、法令法规相抵触的内容外，还应能对社会的文明进步起到积极的影响或促进作用。有些稿子虽然所报道的事并不违反中央精神也不违反国家法律和各种法令法规，但有可能会给社会带来消极影响的，编辑也不宜选用。

（二）新闻的真实性与新闻价值的考量

1. 新闻的真实性考量

真实是新闻的生命，作者写了不真实的新闻，会有损作者的形象和声誉，同样，广播电台如果播发了不真实的报道，也会有损于电台的形象和声誉。因而编辑在对稿件进行的取舍考量中，对新闻真实性的分析，也是非常重要的一个工作环节。

新闻真实性的分析，包括如下几个方面：

（1）题材的真实性分析

题材的真实性分析，就是分析稿子里所报道的事是不是真有其事，分析的方法之一是可以根据常识和自己已掌握的信息来进行判断，例如收到一篇报道某地粮食获得丰收的稿子，而编辑又知道那地方今年干旱严重，那么，文章说当地今年粮食丰收就很值得怀疑。二是可以从作者的实际情况来分析其是否有可能做这样的报道，例如编辑明明知道某位记者近段时间并不外出，却发来了自己采写报道的外地新闻；有的通讯员明明是城里人却发来了报道某地农村情况的新闻，或明明是地方上的通讯员却发来了报道部队活动的新闻等，对于这样一种作者不大可能写得了的稿子，编辑对其真实性就应质疑，就应询问作者是怎么采写这篇稿子的。

（2）内容情节的真实性分析

有的稿子，虽然所报道的事是确有其事，但稿子里对该事的交代是否也都完全符合实际？对此编辑也要进行分析，分析的办法之一是从自己既有的常识来考虑，例如有的报道说某地街道因暴风雨而积水，水深达到多少，如果编辑对该地方也有一定的了解，那就可以根据自己所知道的关于该地方的情况来分析是否真有这么严重；之二是从常理来分析稿子里所说的事是否合乎情理，例如有的报道说某人在伸手不见五指的黑夜里走了多远的陡峭山路去做了什么，这就很值得怀疑：既然是在漆黑得伸手不见五指的夜里，走的又是陡峭的山路，能走得了而不掉下山崖么？

（3）细节的真实性分析

有的稿子，虽然里面所说的情节也没有问题，但情节没有问题并不代表细节也没有问题，因而编辑在对稿子的真实性进行评判时，也不能忽略稿中所说的各种细节。例如有篇稿子里有这么一个细节：

> 这天，张二发因为篾器卖得快，价钱又好，卖完货后便去让剃头师傅给理了头发，完后又用理发师傅的剪刀把手指和脚趾的每个指甲都剪平了，再到水龙头下把头和脸都洗得清清爽爽的，这才乐滋滋地拨响了小翠的手机……

这个片断中的"把手指和脚趾的每个指甲都剪平了"就肯定不真实，因为从事竹编工艺的人，在编织中常要用右手大拇指和食指的指甲来把竹篾掐断，因而他们从不会剪这两个手指的指甲，而且，如果是天天都从事篾编，这两个手指的指甲也不可能长得长的。

（4）数据的真实性分析

编辑在对稿子的真实性进行评判时，还应注意对里面所说到的各种数据进行分析，看到底有没有问题，如果通过分析发现有的数据不合情理，那就应当质疑，例如2009年2月26日某台播出的一篇稿子里说了一个乡村医生为乡亲们治病，事迹相当感人，说她"在37年的从医生涯中，共诊治患者50多万人次"，这个数据就很值得怀疑。37年间看病人次达到50多万，那平均每天就应当是37人次了，在一个村子里，平均每天都有37个人生病来让她看吗？这个村有多大，全村有多少人口？又如有的稿子里说某地某方面的总收入是多少，人均产值达到多少，对于这些数据，编辑都应该算一下，看看把人均数乘以人口数所得的数是不是和稿子里所说的总收入对得上号，如果对不上，那就可以肯定其中至少有一个数据是错的。

2. 新闻价值的考量

一篇稿子能不能播发，除了要从政治性和真实性来考量之外，还要看其新闻价值如何。新闻价值的考量，大致包括如下几个方面：

（1）稿子的时效性

新闻报道的时效性要求，一般都是越快越好，广播电台所播发的新闻，通常最好是能在事发的当天就播出，有的特别重大的新闻，甚至还应在事发后数小时或者数十分钟、数分钟内就能播出才好。如果一篇稿子所报道的事已经过了好些天或者还没过多久但却已经人尽皆知了，则这样的新闻就失去了时效而没有播发的价值了。

但新闻报道的时效性要求，也并非所有的新闻都是越快播发就越好。例如国家关于某些商品价格的调整的新闻，如果是在国家有关部委做出决定后电台马上就播发，那就有可能会引起抢购而引发混乱或导致很多客户等待降价而使国家遭受损失；又如公安机关抓获了某一犯罪嫌疑人后电台马上就报道，那也有可能会因"打草惊蛇"而影响警察对其他犯罪嫌疑人的抓捕等。

因而，编辑在考量一个稿子的时效性时，对于有的稿子的时效要求是应越快越好，而对有的稿子的时效要求，则应是以时机适当为好。

（2）所报道的事的重要程度

社会上每天都有许多事发生，广播电台即使每天24小时都在不停地播报新闻，也不可能把每天所发生的事全都报道出来，因而报道什么和不报道什么，就要有所选择。而事情本身的大小和它与人们的生活的关系的密切程度，也就是说它对于人们的生活的重要程度，也是编辑取舍稿件时所要考虑的主要问题之一，一篇稿子所报道的如果是比较大或者是与人们的生活关系比较密切的事，则其新闻价值也就比较大而应考虑编发。反之就不大值得考虑。

（3）听众对该事是否关心或感兴趣

有的稿子所报道的事虽然与人们的生活关系不大密切甚至毫无关系，但如果那是有着较多人关心或感兴趣的事，则其新闻价值也就比较大而应考虑编发。反之就不大值得考虑。

（三）稿件适合性的考量

广播新闻编辑在对稿件进行取舍考量时，也要考虑稿件对于广播传媒的适合性。这方面的考量包括如下两个方面：

1. 表现形式是否适合在广播中播出

有的稿子写得很不错，但由于其用的是书面语言的表述语气或是以半文半白的形式来写的，或者在文中带有较多靠耳朵很难分辨的同音异义词或带有许多普通听众不易听得懂的专业术语的，就不适合在广播上播出，对于这样的稿子，即使写得再好，编辑也不宜选用。

2. 题材内容是否适合在广播中播出

由于广播电台的节目信号的覆盖范围仅仅是在理论上可以控制，而在实际应用中却常出意外，因而对于一些在报道上需要内外有别的新闻，或许可以在地方报纸上刊发，但却不一定适合在广播上播出，尤其是一些靠近国境线的地方电台，就更不适合播发。编辑在考虑稿件的取舍时，对于一些有可能会涉及需要对外保密的新闻和一些在国际上有可能属于敏感类的新闻就得要慎重，要严格按照国家的有关规定来取舍稿件，遵守新闻工作的纪律。

（四）稿件质量的考量

稿件质量的评判，大致包括如下三个方面：

1. 文体规范方面的考量

由于每一种新闻报道文体都有一定的文体规范，作者在写稿和采制稿件时，只有遵守所用文体的体裁形式规范，才能更好地把所要报道的事报道好。这也和画家画画一样，画鸡就要像鸡，画鸭就要像鸭，画牛就要像牛，画马就要像马，如果是把鸡鸭牛马画成既像鸡又像鸭、既像牛又像马，或者是非鸡非鸭非牛非马的怪物来，别人就看不懂作者所画的到底是什么东西。画画如此，写作亦然，因而，编辑对稿件的取舍，也应讲求稿子的文体规范，尽可能选用合乎文体规范的稿子。

2. 表述水平方面的考量

一篇稿子，如果符合所用文体的文体规范，编辑接着要看的就是其在对新闻内容的表述上是否能把情况说清楚，如果是清播稿件，应注意看文章的语句是否通顺和语言是否通俗易懂；如果是录音或配音报道，则还应注意其录音素材与记者叙说的配合是否得当，对于不好懂的声响，是否配了解释，只有听众容易听得明白的稿子，才是表述水平高的稿子。

3. 表现手法方面的考量

报道相同一件事的清播文章或录音报道或配音报道，如果报道所用的手法比较新颖或比较艺术性，就更能赢得听众。因而编辑在对稿件质量进行评判时，也得从这方面来考虑。

（五）稿源平衡的兼顾

编辑在选稿时，除了要从以上所说的各个方面来对稿件进行考量之外，还应注意用稿的平衡，即应注意稿源的平衡。稿源的平衡，大致包括如下几个方面：

1. 对各个地区、行业的报道的平衡

电台所播发的新闻，应当兼顾好各个地区、各个行业，在地域上，既应有关于电台所在城市情况的报道，也应有整个服务区域内各地情况的报道；在行业上，工、农、林、牧、渔业，文化、艺术、教育、科技、卫生、商贸、金融、军事等各个方面都应兼顾。

2. 对各种不同文体的稿件的平衡

编辑用稿，也要兼顾各种不同文体的稿件的平衡，例如对清播新闻、录音报道、配音报道等各种节目类型和对消息、通讯、特写、专访、谈话、讲话、访谈、访问记等各种体裁形式的稿件都要适量选用，这样节目才会丰富多彩。

3. 对记者和通讯员来稿的平衡

用稿的平衡，还包括对作者来稿的平衡，编辑既要选用本台记者采写的稿子，也应注重采用分布在各地各条战线上的广大业余通讯员所采写的稿子，这样才有利于调动各方作者的积极性来共同把节目办好。

需要说明的是，有的编辑对通讯员不重视、不信任，甚至连最起码的尊重也没有，这不但会挫伤他们的积极性而有损于电台的形象，而且，由于广大业余通讯员分布于整个社会的方方面面，他们不但有给新闻单位采写新闻的积极性，同时由于他们大多生活在广大人民群众之中，因而他们同时也是新闻单位联系群众的纽带，电台编辑若能调动好他们的积极性，密切联系好与他们之间的关系，这在很大程度上也就是密切联系了电台与广大人民群众的关系，这不但对于树立好电台在受众和广大人民群众心目中的良好形象而言很重要，而且，即使一个新闻单位的记者再多，也不可能把获取新闻的触角伸至各地的每一个基层单位，如果与广大通讯员的关系密切，就不至于会错过或漏掉发生于各地的各种新闻。

也许有人会说，我也想要做好各方面的平衡，但有的题材和体裁的稿子都没人写，有的通讯员采写的稿子质量太差没办法用，这叫我怎么去兼顾？其实，这并不能成为不兼顾平衡的理由。因为前面已经说过，编辑用稿，并不是有什么来稿就编播什么稿子，而是要按照既定的宣传报道的思路来组织和编发稿件，在发现关于哪个地方、哪个行业的报道好久都没人写来时，就应主动出击，约请有关记者或通讯员去采写；如果通讯员的来稿质量太差，只要稿子里能有一些可取之处，也应以满腔热情来对待，耐心帮助修改，例如要是通讯员写来的是长而空的大文章，可以考虑将其中真正有用的部分保留，把它作为消息或简讯或者是作为"一句话新闻"来编发，这样才有利于调动通讯员写稿的积极性。事实上，就有许多业余通讯员因为编辑曾编发过其稿件中的只言片语而受到鼓舞，于是便孜孜不倦地从事业余新闻报道工作，甚至还有的业余作者因得到编辑的一句鼓励而有了自信，后来能为新闻工作作出巨大贡献的。

需要说明的是，以上所说的要做好各方面的平衡，也并非是说什么都要绝对平均而是说应当要有所兼顾。

编辑将可用的稿子选出来后，如在选出的稿子中存在同一题材，或是同一体裁的稿子中有重稿问题时，还应进行认真的比较分析，在好中选出更好的来。

二、稿件的审处

稿件的审处有两方面，一是根据岗位业务工作方面的需要来做审处，二是根据新闻工作者的职业使命的角度来做审处。

(一) 根据岗位业务工作的需要所进行的审处

从岗位业务工作的需要的角度来看，编辑对稿件所需进行的审处有三个方面：

1. 思想政治层面的审处

编辑对稿件的思想政治层面的审处，就是在发现稿子里存在疑似与中央的精神不一致或与国家的法律和各种法令、法规相抵触的问题时，应先与中央的有关文件或国家的相关法律或法令、法规相对照，如果确有问题，且属于某些局部的问题时，就应予以修改或退给作者修改；若属题材本身的问题，则只好将整篇稿子放弃。

2. 事实真实性和准确性层面的审处

编辑在审处稿件时，对于事实的真实性和准确性必须十分仔细，这样才能发现那些貌似没事而实则很成问题的内容。在进行这一层面的审处中，若是发现稿子里有什么疑点时，要通过认真的求证来把问题弄清而不要武断地认定是作者写错。例如前面所说到的有的作者报道了离自己住地很远的地方所发生的事，按情理来说该作者是不大可能真的去采访的，但或许该作者在事发时恰好真的是在那地方也不一定；又如前文所说的 2009 年 2 月 26 日某台播出的一篇稿子里所提到的那位乡村医生，按理说在一个村子里，是不可能接连 37 年间平均每天都有 37 个人生病来让她治的，但要是她所在的那地方村子十分密集、人口很多而周边各村又没有医生并且那地方离乡镇卫生院又很远的话，真可能平均每天都有这么多人来找她看病。

总之，无论是真是假，编辑在对稿件进行审处时若发现有可疑之处，就应问问作者到底是怎么一回事，必要时还应向当地有关部门或别的知情人求证。

3. 报道技术层面的审处

（1）对清播文稿的审处

编辑对清播文稿所做的报道技术层面的审处，主要是审查稿子写得是否合乎文体规范，对所报道的事的交代是否清楚，文章在叙说情况时的用语用词是否恰当等。

如果在审处时发现稿子所报道的事具有较大的新闻价值，但稿子却写得不符合所用文体的规范时，要是通过简单修改就能改正的，编辑就应直接把它改正，若是由于原稿所包含的信息不全或改动起来工作量太大时，也可以把稿子退回去让作者重新改写。

编辑在对稿件的审处中，对于那些出现在人名、地名、物名、专有名词名或专业术语中的多音字，如果作者在稿子上没标注该字在稿子里的特定读音的话，编辑应向作者问清楚到底该读什么音，这样到改稿时才好给播音员标注。

而如果是稿件中存在着语句不通、提法或措词不当、用语不符合广播语言的口语化要求等方面的问题，则可留待改稿的时候再进行修改。

（2）对录音报道和配音报道的审处

编辑对于录音报道和配音报道所做的报道技术层面的审处，除了要像审视清播新闻稿的做法那样来审视文字稿上的记者叙说和主持人的话语之外，还应对录音稿件进行审听，既要审听看看作者所用的每一段音响是否有益于主题的体现，同时也要审听看看各段音响与记者叙说的配合是否协调得当。

由于编辑对于这种已经混上了录音素材的稿子无法进行改动，若在审处中发现有不当之处而稿子又有采用的必要时，也只能是把稿子退回去让作者自己修改。

在确定了拟要采用的稿子之后，编辑还应结合报道计划来对所选出的拟用稿进行通盘的考虑，确定出哪些稿件先用，哪些稿件后用及各篇稿件应如何搭配来用。

（二）根据职业使命所进行的审处

新闻工作者应当具有较高的道德情操和较强的社会责任感和历史使命感，这是国际社会的共识。因而，编辑对稿件的审处，除了要从岗位业务工作的需要来处理稿件之外，还应从职业使命的角度来正确对待各种稿件，尽己所能地做一些"分外"的事。例如对于一些不属于自己分管的题材的来稿，如果内容不错的话，可以转给相关的编辑或别的相关媒体；对于一些求助稿件，可以通过编发稿子来号召更多的人给予帮助；对于群众来稿或来信、来电中所反映的一些很有必要解决的问题，可以向当地党委政府反映或让记者去采访报道以促使问题能够得到解决；对于群众来稿或来信、来电中所揭露的一些腐败现象，除了可以转给有关内参编发和让记者去深入采访报道外，还可将群众的来信转给有关纪检监察部门等。

事实上，很多记者、编辑在这方面都做得很不错，如有的编辑在看稿中知道了某地社会上出现某种传言而引起恐慌，就向有关部门进行求证并编发澄清事实的文章；有的编辑在看稿中知道了某人得了什么疾病且久治不愈，就帮忙打听和介绍治疗该种疾病的医生；有的编辑从看稿中知道了某个家庭因有亲人失散而苦苦寻找却总杳无音信时，就主动与有关地区的政府和公安机关联系，甚至还发动自己的朋友、熟人和各种社会关系来一同帮忙寻找，等等。在这方面，原新华社《瞭望东方周刊》总编辑助理孙春龙就做得很好，他在 2007 年到云南采访时意外听到了有许多抗战时期到缅甸去抗击日本的中国远征军老兵一直滞留在缅甸回不了家，于是便发起了"老兵回家"活动，号召有能力的企业捐资资助这些老兵，并与别的志愿者一道多次往返缅甸，先后接回了 30 多名抗日老兵。

第三节　广播新闻编辑工作中的稿件修改

编辑与作者看问题的方法和标准是不一样的。一篇稿子，对于作者来说已是新闻的成品，但对于编辑来说，却仅仅是新闻的素材，这是因为作者和编辑所处的位置不同，作者所能掌握到的情况仅仅是局部的情况，而编辑所能掌握到的却是全局形势；对于一个具体题材，作者只能从掌握到的局部形势来对其进行估价，而编辑却能够从全局形势和报道计划的需要来评判其新闻价值。由于二者视角和视点的不同，对同一事件或事实的宣传，着眼点也就不一样。

记者和编辑在对同一个题材的估价和评判上有着这样一种无法消除的差异，因而，所有的稿子到了编辑手上，都得经过修改才能播发，当然，也有一些稿子恰好已经完全符合拟用栏目的需要而编辑就不作改动的，但这种情形很少碰到。

广播新闻稿件的修改，大体可以分为熟悉原稿、辨别真伪、动笔修改和审读成稿四个步骤来进行。

一、熟悉原稿

经过对各种来稿进行筛选后挑出来的拟用稿，编辑在动手修改之前，还应要再仔细审读，待对原稿的内容有较全面的了解后再着手进行修改。因为，编辑只有通过审读，把原稿中的下列一些问题弄清以后，在动手修改时才能有的放矢，有针对性地通过修改使稿件完善。

审读时，需要弄清的问题主要是：

（一）弄清稿件的内容

对于一篇稿件的修改，编辑只有是在对其所述的内容心中有数的情况下，修改起来才可免走"弯路"。因此，在着手修改之前，应先仔细地阅读完全文，切实弄清了稿子所报道的是什么事之后，再分析看看该文所报道的事是否确实具有新闻价值。若有，就可以考虑下一步的问题，要是在细读之后发现稿子的内容没有什么新闻价值或所具有的新闻价值很小，则应把稿子淘汰掉。

（二）弄清稿件的主题思想

每一篇新闻报道，都是要向受众报告某一个新闻事件或事实，但实际上又不是为报道而报道。作者在向受众报告一件事时，在所报道的新闻背后，总是蕴含着某一种思想观点或思想倾向；作者之所以要向受众报告该新闻，实际目的都是要借对该新闻的报道来向受众宣传自己对该事所持的思想观点。作者在一篇文章中所要向受众宣传的思想观点，就是该文章的中心思想或主题思想。如北京人民广播电台播出《哑巴媳妇回娘家》这篇通讯，虽然稿子所讲的是哑巴媳妇回娘家坐错了车，后来在公安机关的帮助下终于又回到了家这么一个"故事"，但作者这篇通讯的目的却并不仅仅是为了让听众知道这个"故事"，而是借对这个"故事"的叙说，来反映北京市公安机关积极为人民群众排忧解难，揭示出在社会主义的新中国处处充满温暖等，作者在叙事的背后所致力于让听众感受到的这种思想观点，就是该文的主题思想。再如前文所列举过的《信访局长的最后 24 小时》一稿，虽然报道的是一位信访局长在生命的最后 24 小时怎样努力做好工作的事，但作者的写作目的却并不仅仅是想让读者知道这位信访局长在生命的最后 24 小时都做了些什么，而是通过描写他在生命的最后 24 小时的表现，来告诉读者这位信访局长有着敬业精神和对党对人民高度负责任的精神，作者在讲述这么一个"故事"时所蕴含着的对这种精神的崇敬和倡导，就是该文的主题。

事实上，一篇报道在对一个事件或事实的叙述中，不论作者是有意还是无意，其对该事的看法总是会在叙述之中有所表露。因此编辑在对稿子的审读中，应当先把蕴含在文章内容背后的作者的思想观点，即文章的主题思想弄清楚，然后分析作者所持的观点是否正确，对现实生活有些什么意义，是否符合党和国家的路线、方针、政策所倡导的思想观点，其对社会能起到一种什么样的影响作用，这些影响作用与电台当前的报道计划中的需要是否吻合，等等。

（三）检查稿子对所报道的事交代得是否完整

一篇新闻报道文章既然是要向受众"报告一件事"或者"再现好一件事"，那么，最起码的要求，就是要先把所报道的那一件事说清。编辑如果在审稿中发现稿件对所报道的事说得不清、对事情交代得不完整时，则应考虑看看该稿件有无采用的价值，如果认为确有采用的必要，那就通知作者把它补充完整，而要是觉得稿子是可用可不用的，则也可考虑将它淘汰。

（四）估计稿件播出后所产生的社会效果如何

一篇新闻报道发表之后，对社会总会产生一定的影响，如 20 世纪 70 年代报纸、广播报道雷锋的事迹以后，助人为乐的精神很快便在全国各地形成风潮；报道庄则栋由于刻苦训练而在第 28 届世界乒乓球锦标赛中夺得冠军的消息后，在全国各地的青少年中很快就掀起了打乒乓球的热潮；20 世纪 70 年代后期，报道陈景润等一大批科学家勇攀科学高峰的事迹后，全国各地书店的数理化书籍和各种科技书都供不应求；20 世纪 80 年代初，报道一些人怎样有"经济头脑"后，又诱导了一些人一切都"向钱看"；再后来媒体把各种各样的"星"炒得多了，在广大青少年中又出现了大量的"追星族"；而 2012 年报道了莫言获得了诺贝尔文学奖的消息后，许多书店又很快出现了抢购《红高粱家族》、《丰乳肥臀》等莫言作品的热潮。由此可见，新闻报道不但能够影响社会，有时甚至还可以左右社会。因此，编辑在处理一篇稿件时，就先要考虑其可能会对社会产生一些什么样的影响。

二、辨别真伪

在细读完原稿后，第二步就是要对文中所述的事实进行认真推敲，对文章内容的真实性作出判断。辨别文章中的内容真实与否，办法是首先对稿子所述的内容进行分析研究，看其对各项事实的叙述是否前后一致，是否能够自圆其说。若经检查未发现文中有自相矛盾的问题，接着就应看该文中所说的各种情况是否合乎情理和逻辑，所列举的各项数字是否能"靠谱"等。如是失实的报道，通过这样仔细的分析研究，从稿件上一般都能或多或少地看出一些破绽来。

当然，也有的稿件虽然从直觉上能感觉出其中有疑，但从文章对事实的叙述中却不容易看出破绽或本来就不存在破绽，那就要向作者核实或通过其他渠道来求证。

三、动手修改

当认定一篇报道稿所报道的内容属实之后，便可进入第三步的操作，即动手对其进行修改。

（一）稿件修改的目的

电台编辑修改稿件的目的，就是要使改后的稿件能够符合电台尤其是能够符合本台当前宣传工作的需要及使之能够适合广播传媒的传播特点，这样在播出之后才有可能收到更好的社会效果。具体而言，稿件修改的目的就是：

1. 使所报道的事实真实可信

这里所说的真实，不仅仅是要求所报道的事"确有其事"，而且还要求所叙述的事实中的每一个细节都"确是如此"。关于稿件内容真实性的考量，因在前文已有叙及，在此就不再展开。

2. 使文中的提法始终一致

有的稿件，文中所提到的人名、职务名、地名、单位名和有关数据常有不准确或前后不统一的问题。

在人名的交代上，常见的是前后用字不一致，如有的稿子里前面提到了"张志先"这个名字，到后面出现的又是"张志鲜"或"张志选"等，这就让人搞不清到底说的是同一个人或另有他人；有的稿件，在人物的职务称谓上也常不一致，如习近平同志既是中共中央总书记，又是国家的主席和中央军委、国家军委的主席，因而有的文章在提到他时，一下称"习总书记"，一下又称"习主席"，前后的提法不一致。对稿件中出现的这种情况，编辑就需根据文章所写的事及所处的场合来把称谓修改统一。

3. 使各种称号名副其实并使各种称谓明确无误

有的作者在报道某人平时做了一些好事时，就在文章里随意给他封上"活雷锋"的称号，例如写高原上经常做好事的好人时，就给他封上"雪域高原的活雷锋"，写高校里经常做好事的好人时，就给他封上"'象牙塔'里的活雷锋"等；有的作者在报道某位领导工作认真负责或比较关心群众时，就随意给他封上"焦裕禄式的好公仆"、"孔繁森式的好领导"等；有的记者在报道某单位或某人的某项成绩时，动不动就冠之以"创下了历史最好纪录"、"填补了我国的一项空白"或"达到了世界先进水平"；有的记者在报道某地发生了洪水灾害时，动不动就说是"百年不遇的特大洪水"，等等。其实，给一个先进人物冠以什么称号，或给一个事件或事实进行定性和下结论，并非是一个记者或一个新闻单位就可以随便定的，它需要由国家有关权威部门行文认定了才能算数；一个地方所发生的洪灾是多少年"不遇"，也得由国家的水文部门来认定。因而编辑在改稿时，凡在稿中遇到有这类乱下结论的文字，都应坚决予以删除。

此外，有的单位名称或事物名称的简称，由于在某个小范围内很流行，因而有的作者在写稿时也常滥用，例如有的上海作者把华东师范大学写成"华师"，广州的作者把华南师范大学也写成"华师"，而武汉的作者又把华中师范大学也写成"华师"。对于这样的称谓，如果稿子是在当地的电台播出，听众或许不会产生误会，而要是稿子是在中央人民广播电台或别的省份的电台播出，听众就没办法弄清文章所报道的是哪一个"华师"了。又如有的稿子里写"遵义工商局"，这样的单位名称的指代也很不明确，因为在贵州省，既有遵义市又有遵义县，因而当地的工商局就是既有市局又有县局，编辑在改稿中如遇到这种因滥用简称而导致指代不明的称谓时，务必将其弄清并改用全称。

4. 使各项数据准确无误

在有的稿件中，所列出的数字往往经不起推敲，如前面已经说过的一些数字不合常理或总数不符的问题，编辑在改稿中遇上这种有疑问的数据时，就得分析一下，看是作者稿件抄写有误或是计算有误，实在弄不清时，就得要向作者核实或向有关部门或者是相关的知情人求证。

5. 使语言运用符合广播特点

为使稿件能让播音员"读来顺口"，听众"听来顺耳"，电台的编辑在修改稿件时要是发现所改的文章使用的是书面语言，也应尽量把它改成口头语言才好。

6. 使文章结构符合体裁规范

各种体裁的文章，都有其独特的文体规范。一篇文章，是消息就应当像消息，是通讯就应当像通讯，是特写就应当像特写，而不得把它写成非驴非马的"四不像"。但由于并非每个作者都懂得各种文体的体裁结构和写作要求，因而在编辑部所收到的稿件中，这类体裁结构"四不像"的稿子并不少见。因此，编辑在改稿中，除应按上述各点来对文章进行修改以外，还应按照相应文体的体裁规范来对稿件进行技术上的适当处理。

（二）稿件修改的方法

稿件的修改，有稿上改动和重新改写两种改法。

1. 稿上改动

在稿件修改中，用得最多的改稿方法就是稿上改动法，即在原稿的基础上对各个局部进行零星的改动。这种改动的实际操作办法是：

（1）矫正各种不当提法，确保所有观点正确无误

有的稿子，所揭示的主题思想并不算错，但在文中所发的议论或在字里行间所流露出来的某些思想观点却存在着一些偏颇，与中央精神不尽一致或不够科学。若有这种情况，

编辑在改稿时就应进行矫正。如有的稿件报道了某人通过劳动实现了脱贫致富的事迹后，在议论中说："事实证明，只要勤劳，就能致富"这么一个观点虽没有大错，但从逻辑上来说却不严密。因为在现实生活中还有许多人虽然也很勤劳，但由于缺乏科学知识或方法不对，或因受自然环境条件等方面的制约，尽管拼了命干却摆脱不了贫困，更没有富起来。因此编辑在改稿中，对文稿所发议论和字里行间所流露出来的思想观点，也得仔细推敲，如有偏颇就得进行矫正。

有的稿子，所说的内容与客观事实并没有什么出入，但由于措词使用不当，也会使真报道变成假报道。例如有的报道里说到公安机关抓到了某个坏人，文章写的是真事，属于真报道，但由于在文章的末尾作者又写上了一句"当地群众无不拍手称快"，就使真报道变成假报道了，因为抓到了这个坏人，当地许多群众都很高兴这是事实，但也并非每个人都为此而表现得很高兴，更不可能是每个高兴了的人就都"拍手"；又如有的报道说什么单位、什么地方在组织干部群众学习了什么文件之后，末尾又说"大家一致表示，要……"这样也是将真报道变成假报道了，因为一个单位或一个地方在组织干部群众学习什么文件时，有很多人由于认识提高了，于是就表示要怎样做的情况虽然可能是真的，但要说"大家一致表示"则肯定是假的，因为有的人即使是认识提高了，也仅仅是想在心里而不可能每个人都有所"表示"，即使"表示"，也不可能是"一致"而会有先有后；还有，有的稿子里动不动就用上"最美"、"极为"、"非常"、"十分"之类极端化的措词，这也会让人觉得很不实在。编辑在修改稿件时如发现稿中有这样一些提法时，就应予以矫正，以确保所播出的稿件的所有观点和提法都正确无误和分寸得当。

另外，按照我国现行的法律的界定，一个人无论是偷了或抢了别人的东西或杀了人，在法院尚未作出判决之前，都还不能将其称为罪犯而只能是称为"犯罪嫌疑人"，但在编辑部所收到的稿件中，把偷了东西的人叫做"贼"、"惯偷"或"大盗"，把行凶杀人者称作"杀人犯"之类的情形却很普遍，编辑在修改稿件时如发现稿中有这样一种与国家法律相抵触的称谓时，也必须进行矫正，严格按照法律的规范来称谓。

（2）删除赘余和调整结构，使主题和重点得到突出

在编辑所收到的稿件中，常有一些稿子存在的主题思想不止一个，而是有两个或两个以上的情形。例如有的稿子在报道一位先进人物时既说了该人物怎样勤奋工作，又说他怎样刻苦钻研而取得了什么成果，还写了他怎样善于处理好与各方面的关系，甚至还说到了他怎样见义勇为，等等。诚然，一位先进人物所具有的优点往往是多方面的，但如果把其所有的优点全都写进一篇文章，让文章"包罗万象"，这样什么都说的结果往往却是什么都没能说清楚。

因此，一篇文章应是只有一个主题，编辑在改稿时，如要表现该人物工作很勤奋，就应只保留其怎样一心扑在工作上的内容而把别的内容全都删掉；如果要说他刻苦钻研而取得成果，就应当只保留那些表现他怎样"刻苦"的内容而把别的内容全都删掉；如要表现该人物如何善待他人，那就只保留那些表现他怎样"善待他人"的内容而把别的内容全都删掉；如要表现其见义勇为，则只保留那些表现他怎样"见义勇为"的内容而把别的内容全都删掉。只有这样，才能使文章的主题集中到想要突出的某一点上来。

有的稿件，虽然主题没有分散，但在表现主题时不是用事实说话，而是用上一些大而

空的概括性语言，把新闻稿件写成鉴定结论材料。如有篇稿子在报道某部队的一位指导员关心战士时，说有位战士入伍后不安心服役，指导员就"多次耐心对他进行帮助，终于使这位战士安下心来"。

这样的文稿，由于没有写出这位指导员在什么时候是怎样给那战士做思想工作，而只是笼统地说他"耐心"，听众听了也没能知道他到底是怎样"耐心"的。因而文章应当是把他什么时候、怎样去做思想工作，做了以后情况怎样，后来又怎样继续去做，最后终于转变了这位战士的思想的过程展现出来才好。因为只要写出了他很"耐心"的整个过程，即使不提"耐心"二字，听众也能从具体的事实中感受出其"耐心"来了。

当然，文稿里没有的内容，编辑也不能凭空给它补上，因此如遇上这类大而空、说明不了问题的"鉴定"性文字，只好把它删掉。如删除了这类空洞文字以后，文章再也没有能说明主题的情节和细节，那就得通知作者再去采访补上或者将稿件舍之不用。

有的稿件，虽然主题专一，也能用事实来体现主题，但所写的事实过多且每个事实都大同小异。如有篇稿子写某人早上在公共汽车上给一位老人让了座，到中午在公共汽车上又给一位抱小孩的妇女让了座，晚上下班后还在公共汽车上给一位残疾人让了座。这样来堆砌材料，且所罗列的又都是同一个方面的事实，听众就会感到单调。对稿子里这样的内容，编辑就应进行删节压缩，只保留其中一个事例即可。

此外，有的稿件虽然内容没有赘余，但由于篇章结构安排得不够合理，也会导致文章的主题思想模糊或内容的重点没能得以体现，遇到这种情形，编辑也应对其进行调整，使文章的主题和内容的重点得到突出。

（3）加工润色文稿用语，使之通顺流畅

对于文稿的修改，还应按照通俗化和口语化的要求来对文中的语言进行加工润色处理，使语句通顺流畅，让播音员"读来顺口"，听众"听来顺耳"。关于这方面的技术处理问题，因在本书的第六章中已有较详尽的论述，因而在此就不再重复。

2. 重新改写

编辑在改稿中，常会遇到一些很难改得好的稿子，对于这种很不好改的稿子，如果又有采用的必要的话，那就只能是对它进行改写。

对稿件进行重新改写，通常有如下几种改法：

（1）改变报道的角度

有的稿子，由于作者所取的角度不好而导致听众难有兴趣，那就应当考虑改换一个角度来报道。例如：

本台消息 我国第一部介绍防空知识的系列影片《居安思危 备战人防》近日已经全部完成了拍摄。

这部科教系列影片的内容，既介绍了现代空袭的特点和人民防空工作的任务、防空设施的建设标准，并且还详细地讲述了防空的基本知识和技能，是一部以形象的画面和生动的语言来普及防空知识的科教片。

对这样一种从官方的角度来报道新闻的稿子，如要改写，就可以改从老百姓的角度来进行报道，例如可以改为：

> 如果忽然打起仗来，当敌人的飞机很快就要飞到你的头顶上时，你知道该往哪里跑吗？知道怎样躲避才更安全吗？如果你不知道，那么，一部题为《居安思危 备战人防》的电影系列片，将会——教你各种躲避的方法。
>
> 这部科教影片是……

这样换成从老百姓的角度来报道，听众就更有兴趣收听。

（2）改变篇章的结构

有的稿子，在篇章结构的安排上既有倒叙又有插叙，在报纸上刊发很能吸引读者，但要是拿到广播上来播出，就有可能因为结构形式太复杂而把听众弄糊涂。编辑在对这样的稿子进行改写时，可以通过调整文章的篇章结构来把复杂变成简单。

（3）改变文章的体裁

广播稿件的写作，只有将内容与形式协调统一，才能收到更好的宣传效果。但有些稿件，却存在着形式与内容不协调的问题，例如该用消息手法来写的却用了通讯手法，该用对话体裁的却用上了谈话体裁等。对于这些内容与形式不相协调的稿子，如要编播，编辑就应对其进行改写，把它改成适宜的体裁形式。

（4）改变语言的运用

有的稿子，如果各方面都很不错，但在内容的表述上用的却是书面语言，对于这样的稿子，如果要编发的话，编辑也应对其进行改写，把书面语言改成口头语言。

（5）将多篇文章聚零为整

编辑在编稿中，如果发现报道同一题材的稿件不止一篇，可把各篇稿件的内容综合起来重新写成一篇来播发。这种形式的改写，就是聚零为整的改写。

（6）大块文章化整为零

有的稿子的内容较多和篇幅较长，播出它得要花较长的时间，并且文章长了，听众听到后面就已忘了前面，对于这样的稿子，编辑也可通过改写来将其化整为零，即将其进行分解，拆成若干篇来分别播发。

也有的稿子，由于堆了较多的内容而显得杂乱，对于这样的稿子，也可以采用这种化整为零的办法来把它改写成多篇比较短小的稿子，这样既精练，听众也更容易听懂。

（三）改稿中需对稿子进行的一些技术处理

为使改好的稿子能便于播音员播讲，在改稿中，编辑除了要将稿子改好之外，还需要对稿子做如下几个方面的技术处理：

1. 加注音来标明多音字的读音

编辑在改稿中，对于那些出现在人名、地名、物名、专有名词名或专业术语中的多音字，应将该字在稿子里的特定读音标上拼音，这样一来，播音员在播出时才不至于因无法断定该读什么音而把它们读错。例如有的人的名字中带有"乐"字，到底是该读"快乐"的"乐"还是读"音乐"的"乐"？有的人的名字中带有"长"字，到底是该读"长短"的"长"还是读"长大"的"长"？这些都是播音员无法弄清的，因而编辑在改稿时就应给予标明。

2. 用下划线来标明语句中的连断

在稿件中，若人名、物名、地名、专有名词名、术语名的头一个字或末一个字在与前后文相连，构成了别的词语或易于与前后文相连的字共同表达出另外的某种意义时，编辑就应在这些易于与上下文构成他义的人名、物名、地名、专有名词名、术语名的下面画上横线，以提示播音员在播讲时不得将这些词断开。例如第六章里所列举的"黄云飞上了天……"若所说的这人的名字叫"黄云"，就应在这两个字的下面画上横线；若所说的这人的名字叫"黄云飞"，那就应在这三个字的下面画上横线，这样播音员就不至于念错了。

3. 将阿拉伯数字改为汉字

对于稿子中的阿拉伯数字，编辑应把它改为汉字，尤其是那些位数比较多的数字，为了避免播音员因要进行数字转换而影响到播出中语句的连贯和流畅，编辑在改稿时，应当把它们改成汉字，这样播音员在播出时才能够直接把它读出来。

4. 简化过于复杂的数字

有的数字因位数较多而显得过于复杂，例如"这个煤矿去年给全国各地的火力发电厂提供了原煤596 725.32吨"，这个数字，虽然改写为汉字"五十九万六千七百二十五点三二吨"后播音员已不难播讲，但听众听起来却很费劲，并且听了也不容易记住到底是多少，因而编辑在改稿时就应将其简化，只说是"五十九万六千多吨"或"近六十万吨"即可。

（四）稿件修改中的有关注意事项

编辑对稿件的修改，无论是在原稿上所作的修改或对稿件进行重新改写，为了保证改过之后的稿子的内容不走样，编辑只能是依据原稿所提供的内容来修改或改写而不得胡乱添加。如果是在原稿上进行的局部修改，则还应注意不要改变原稿的风格，尊重作者的文风。

四、审读成稿

编辑人员在修改完稿件以后，还要对改好的稿件进行审读方可送播。

审读成稿，主要是对如下各方面的问题进行审查：

①审查成稿的主题和文章的重点是否突出；

②审查成稿在对事实的叙述上与原稿是否相符，有无因改动后致使事实走样的问题出现；

③审查成稿中各种称谓的运用是否正确及前后是否一致；

④审查成稿在人名、地名、物名、术语名、专有名词名的头一个字或末一个字与前后文相连时是否会产生歧义；

⑤审查成稿中的人名、地名、物名、术语名、专有名词名是否还存在着多音字尚未标上注音的问题；

⑥审查成稿文章的观点是否准确；

⑦审查成稿在对事实的叙述上是否条理清晰及文章的主题和内容的重点是否已经得到

突出；

⑧审查成稿的布局谋篇及文章在语言运用上是否符合广播的传播特点，即是否已经符合"读来顺口"和"听来顺耳"的要求。

编辑只有在经过对上述各方面的情况检查并确定没有问题后，才可播发稿件。

若属录播的稿子，在播音员录完音后，编辑还要对录好的小样进行仔细审听。审听并不仅仅是进行文字内容上的"校对"，同时，对播音员在播读时的语气运用、抑扬顿挫和语调高低变化的处理等，也应审听看看处理是否恰当。

第四节　广播新闻编辑工作中的节目编排

报纸的宣传是靠版面来实现的，而电台的宣传则是由节目来实现。

报纸编辑改好稿件以后，还得要把各篇稿件安排到版面中的具体位置上去。怎样安排各篇稿件的位置，让哪一篇与哪一篇连在一起，各篇文章在版面上如何走文，各条标题各需要占多大空间、用什么样的字体和多大的字号，以及各条标题该如何排列，需不需要框文和衬底，用些什么花边进行修饰以及如何进行修饰，用不用照片、插图来配合等，都要经过周密的考虑和精心的设计才能把编辑思想体现出来，这样才能使报纸的宣传思想能够以更好地实现。

广播新闻编辑也同样要做这方面的工作，稿件改出来后，还要对节目的内容和顺序进行编排。广播宣传的效果如何，除取决于稿件质量、播音质量外，也在很大程度上与节目的编排质量有关。

编排得好的节目，可因节目中各篇稿子的交相辉映而使新闻价值获得增值；反之，如果把众多稿子胡乱堆砌在一起，那么即使各篇文章的内容再好，其新闻价值也因难以得到充分发挥而没能收到应有的宣传效果，甚至还有可能因为节目的杂乱无章而使其应有的宣传效果被相互抵消掉。因此，编辑除应认真修改好每一篇稿件外，还得要对节目进行精心的策划和编排。

节目的编排也是一项技术性很强的工作，需要在掌握好这方面的理论知识的前提下，精心进行构思，缜密进行设计，才能把电台的宣传思想和宣传方针体现出来。

广播电台的节目，除了新闻节目外，还有各种专题节目、文艺节目、广告节目、天气预报节目等。因别的节目不属于新闻节目或与新闻节目离得较远，因而本书就只论及新闻和与新闻关系比较密切的节目的编排，而对其余各种类型的节目编排方法则不予叙及。

一、新闻节目的编排

广播电台的新闻节目就像各级党报的头版一样，它属于电台节目的"新闻版"，电台的宣传思想和宣传方针以及现阶段的宣传计划，很大程度上都是由它来实现的。因此，新闻节目的编排在所有节目的编排中，显得至关重要。

（一）新闻节目编排的基本要求

新闻节目的编排，在思想性和技术性方面，大致有如下几点基本要求：

1. 突出中心，兼顾全面

在已经确定要采用的诸多稿件中，如有重大新闻，应对其进行重点安排，除播发消息文稿以外，还要视其内容的重要程度来考虑配发编后话、短评、评论文章和配发通讯、录音报道等大造声势，调动多种手段来对其进行集中、突出的重点宣传。

在突出好中心的同时，对一般内容的稿件也应当兼顾好。一个新闻节目不应只是报道一个方面的单一内容，同时还要有其他题材内容的报道来搭配，节目才会显得多姿多彩。

在节目编排中，除应采用浓墨重彩来渲染好重大题材外，对一般题材的稿件也不能过于淡化地处理。既可酌情考虑配发有关言论，也可把它们分散穿插到那些内容较为重要的消息前后去播出。这样，将重要内容和一般内容的稿件相互搭配，整个节目波浪式地向前推进，节目结构就显得比较平衡、协调和具有节奏感。

2. 有张有弛，稳步推进

电台的宣传报道工作，都是在本台宣传思想、宣传方针的指导下，按照现阶段的报道计划来进行的。

每个阶段都有本阶段的宣传重点，在开展这些重点宣传时，固然要有所突出，但在对其进行突出时的开篇、深化、拓展和收束，还得有计划、有步骤地逐步进行而不宜一哄而起。

为使宣传工作能够稳步向前推进，在节目编排时，应当结合已播出的节目内容来考虑。如果某一题材内容刚播出过，就得考虑要有些间歇，先安排上一些其他题材的内容来作为间隔，这样有张有弛地稳步向前推进，既可使节目的内容显得更为丰富多彩，又可留给听众一个消化、领会和适应的时间余地，以稳扎稳打的方式来把对重点题材的宣传逐步展开，听众才易于接受。否则一项宣传刚一开张，同一题材的报道一下子就铺天盖地地跟了上来，就会因来得过于突然而使听众难以承受，甚至还有可能会导致群众思想紧张或思想混乱。

3. 设置"缓冲"，做好衔接

在同一个新闻节目中，常有各种不同感情色彩的稿件需要同时安排播出，其中既可能有严肃的题材，又可能有轻松活泼的内容；既可能有鼓舞人心的喜讯，又可能有令人悲痛的消息，遇上这些感情色彩不一致甚至完全相悖的稿件需在同一节目中同时播出时，应当把其间隔开来，把一些具有中性感情色彩的稿件穿插到感情色彩截然相反的两篇稿件之间作为"缓冲地带"，使节目过渡平稳。如在一个新闻节目中，需要编发的消息有的是喜讯，如报道党的全国代表大会或全国人民代表大会隆重召开或某项重大工程竣工的消息，同时又要播发某位国家领导人逝世的讣告，这两种内容感情色彩截然相反的稿子要在同一个节目中编发，就应把它们隔开，中间用一些属于中性色彩的文章，如国家某部门日前发出什么通知、要求认真做好某项工作之类的消息来作为穿插过渡，这样衔接才会显得顺乎自然。

4. 协调搭配，交相辉映

在一个新闻节目中，如果所安排的都是同一种题材或同一种体裁的稿件，或者每篇稿子的篇幅长短都大致相等，就会使听众感到单调沉闷。因此，在节目编排中，所选稿件应尽可能多样化。在篇幅上，既要有短消息，又要有长文章；既要有详细报道，又要有简讯；在题材内容方面，既要有工农业的内容，又要有其他各行各业的内容；在文章的感情色彩上，既要有严肃的内容，又要有轻松活泼的话题；在文章的体裁方面，既要有消息文体，又要有通讯、特写、评论等体裁；在节目的音素构成上，既要有清播文章，又要有录音或配音报道。总之，在稿件的类型上，多一些种类，才有利于把节目编得异彩纷呈，就像报纸的版面一样，各种题材体裁类型的稿子都有，版面才会显得充满生气。

有了多种类型的稿件，还不等于能够把节目编排得好。在具体的节目编排上，还得讲究稿件的组合搭配艺术。一般来说，不同题材、体裁类型和篇幅长短不同的文章，应该交错编排为好。但对稿件的交错编排，只能是在题材、体裁、篇幅方面进行交错搭配，而在内容的感情色彩排列方面还得有序、衔接自然、过渡平稳而不得出现跨度过大的突然跳跃。

5. 留有余地，以防万一

广播是诸多新闻媒介中对新闻事件反应最为迅速的媒介，为了充分发挥好这一传媒工具的特有优势，电台常以临时插播的方式来抢发各种突发性新闻以求最新时效。此外，为了履行好电台作为党和人民的喉舌的职能，在电台开展的新闻宣传工作中，还常会遇到已编排好的节目在播出时临时需要改动的情况。如有时节目即将播出，突然由于局势发生变化或上级临时来了通知，需要改变头条或其中某条新闻；有时节目正在播出当中，突然需要将尚未播出的某篇稿子撤下，甚至有时在节目将要播完的最后一分钟里，节目都还有需要改动的可能。

因此，广播新闻编辑人员在编辑稿件和编排节目时，还要留有几手准备以应付突然出现的情况。如临时需要插播某条最新的重要消息时，就得从原已排定的节目中把相应长度的稿件撤下以腾出时间空位。撤哪条，撤了以后新稿与上下文稿之间如何进行过渡衔接，都得重新进行精心设计，而这项设计又必须要在极短的时间内完成，如果事先毫无思想准备，就很难做到临阵不惊、应付自如。

又如有时在播出中突然需要将某篇稿子撤下，就得要找相应长度的稿子替补上去以填补时间上的空缺。用什么题材、体裁的文章来填补，是在原位填补或是在节目末尾填补，填补上去后又如何使之与上下文稿自然衔接，这也要事先有所准备，如事到临头才去仓促翻寻来稿，然后又再慌忙改稿，就会耽误大事，极易导致播出事故。

在电台从事编排工作，临时需要对节目进行改变的事并不少见。如 1969 年 8 月，越南劳动党中央委员会主席胡志明病重，在 8 月末至 9 月初胡志明病危的那几天时间当中，我国中央人民广播电台每天都要安排播出越南劳动党中央委员会最新发布的关于胡志明病情的公告。9 月 3 日这天中午，台里已将录有越南当天发布的胡志明病情公告的新闻节目带装上了盘式录音机，只等 12 点半的新闻节目时间一到，这组新闻节目就要播出。但就在新闻节目马上要开播的时候，12 点 27 分，突然接到通知，越南广播电台已播出胡志明逝世的消息，这样一来，原已编好的新闻节目中关于胡志明的病情公告就必须撤下来。

由于中央人民广播电台的新闻编辑事先就有应变的准备，因而尽管时间十分紧迫，但对这一节目的临时改变却开展得很顺利。当时，值班编辑一获知此事便当机立断，边通知播音员前来重新录音边着手改写新闻提要。播音员到位时节目已经开始播出，放送员边播放节目的开始曲，播音员边播录新改写好的新闻提要。节目的开始曲还没播完，播音员就已把刚改写过的新闻提要录好。接着，编辑就和放送员共同进行节目播放，开始曲一结束，一人马上将磁带盘按住，不让原有的内容提要播出，而另一人则同时启动另外一台录放机把新录好的内容提要接着播放出去。

对于这次节目的临时改变，由于电台已连续几天播出关于胡志明当天的病情公告，编辑对胡志明随时都有病逝的可能早有预感，事先就做好了随时要对节目进行改动的准备，他们在每天编排节目时，都是把胡志明的病情公告单独录在一盘带子上的，并且还备有随时可顶上的其他消息文稿，因而当天要把这条病情公报撤下来很容易。

播音员录完新闻提要之后，马上接着再录一条用来替换的其他稿件和编辑刚改写好的节目结束语。由于公报与其他文稿不是同录在一盘带子上，要把它撤下来，只要在节目播放中直接跨过它而接着放送其他内容即可。等到原先录制好的节目播完时，放送员又立即把磁带盘按住，并由编辑同时启动另一台机器，将新录好的替补稿件及结束语接着播出。这一改换节目的过程虽然自始至终都很紧张，但由于编辑事先早有准备，因而能够进行得很顺利、有条不紊且不露任何痕迹。

（二）新闻节目编排中的稿件排序

节目编排，不可避免地会遇到各篇稿件应该如何排序的问题，在新闻节目中，各篇稿件的排序是有一定规矩的，并非随便把各篇稿件堆砌到一起便可了事。

目前，新闻节目常见的稿件排序方法，大致有按内容的重要程度排序、按题材内容的类型排序和按听众的心理效应规律来安排顺序三种类型：

1. 按内容的重要程度来安排稿件顺序

电台新闻节目按内容重要程度排序的方法来源于报纸的编排方法。在报纸的版面上，重要的内容总是要放在头版最重要的位置即头条或报眼上，次要的内容则是放在版面的下方不显眼的位置。模仿这种方式来编排的广播节目，听众从一篇稿子在节目中的播出次序便可知道哪些内容重要或不重要以及哪些内容比哪些内容重要。

直到20世纪80年代末，我国各广播电台的节目编排，基本上是沿用报纸版面的这种编排方法。这种编排形式有利也有弊，有利的是把重要的新闻全放在前面，对于一些没有足够时间来把整个节目收听完的听众而言，从头往后收听，当听到某一条不很重要的消息时，就能知道后面不会再有什么重要的内容了，于是便可停止收听而去忙所要忙的事了；不利的是按内容的重要程度来排序的节目，会使节目显得头大尾小、头重尾轻而缺乏节目的编排美。另外，按内容的重要程度来排序的节目，传播效果也比较差，许多重要内容，听了也不容易记得住。

2. 按题材内容的类型来安排稿件顺序

按题材内容的类型来安排稿件顺序的节目编排方法，就是把各篇稿件按题材的内容来分类后，将同类题材的稿件集中到一起，每一种题材内容的稿件作为一组，然后再在组与组之间按内容的重要程度来排序，播完一组再播另一组。以这种方式来排序的节目，有利于对各种题材的新闻报道进行集中宣传，使报道的中心能够得到较好的突出。

按题材内容的类型来安排稿件顺序的节目编排方法，一向为国外电台所采用。20世纪80年代起至90年代中期，我国也有许多电台的节目采用这种编排方法。

3. 按听众的心理效应规律来安排稿件顺序

20世纪80年代后期，我国有人对电视新闻的传播效果进行了较大面积的抽样调查，结果发现，同样一组电视新闻，按不同的顺序来排列串接，其宣传效果大不一样。除了那些能够给观众以强烈刺激的消息、突发性重大事件及观众自身特别关注的有关事件外，能给观众留下较深印象的新闻，都是那些紧接在刺激性强的消息之后的报道和排在整个新闻节目最后一条的消息，即使它们的内容很一般，但观众也能把它记住或能对其留下印象。

据此，自20世纪80年代末起，许多电视台的新闻节目编排，都陆续改用了这样一种新的节目排序方式，即不再按稿件内容的重要程度来排序，而是按照便于听众记忆的需要来安排节目顺序。后来，有人对此进行了研究，发现这种按人们的记忆规律来确定节目稿件顺序的节目编排方式，正好符合心理学上的边际效应规律，因而人们便把这种节目的编排方式叫做心理效应式。

进入20世纪90年代以后，我国电视台普遍采用的这种节目编排方法也传给了广播业，越来越多的广播电台也陆续采用了这一种比较科学的方式来编排广播新闻节目。

按照心理学上的边际效应的特点，虽然头条消息也能给听众留下较深的印象，但电台在采用这种方式来编排节目时，一般不把最重要的消息或最需要听众注意的消息排在头条。因为如果放在头条播出，听众常因不知道将有重要内容播出，常常未来得及做好收听准备，乃至突然听到播出，意识到该内容的重要而想要认真收听时，头条又已播完，这样反而会影响重要新闻的传播效果。

另一方面，按照心理学的边际效应规律，虽然节目中的头条新闻也能给听众留下较深的印象，但由于那种能对听众产生刺激作用、能使听众特别感兴趣或关注的新闻并不是很多，为了充分发挥好骨干新闻对其他普通新闻的提携作用，使整个节目中的每条新闻都尽可能给听众留下更多的印象，从而收到更好的传播效果，因此编辑在对节目进行编排时，一般应是先把一两条不大重要或不大容易引起听众关注的普通新闻排在头前，这样如果听众漏听了头条或对头条听得不很认真也没关系，都不至于影响对排在后面的重要新闻的收听。而如果听众是在有意收听新闻节目，先把内容不很重要的稿子排在前面，这样虽然节目的头条内容平淡一些，但因节目刚开始播出，听众的注意力还比较集中，不但有耐心听，而且听了也较易记得住，因而同样能够收到较好的传播效果。

节目在前面安排了一两条较平淡的新闻之后，听众或许会觉得这次的新闻节目没什么重要内容，开始有些不耐烦，或许还想要关掉收音机去忙别的事，此时节目就应紧接着排上一条较重要的或较能激起听众兴趣的新闻来稳住听众，之后再接上一两条较平淡的新闻，接着又排上一条较重要、能给听众以较大刺激或那些涉及社会公众切身利益的消息，把重要和不重要的消息间隔搭配，而把最需听众了解和记住的新闻放在最末一条，这样整组节目的稿件由于相互提携、互为映衬，其宣传效果就可相得益彰。

由于社会上不可能天天都有重大事件和突发性事件发生，因而电台的新闻节目也就不可能每次都给听众带来强烈刺激的消息报道。平时所编发的新闻节目，大多是一些题材内容较为平淡的稿件，要把节目编排好就比较困难。在这种情况下进行稿件搭配时，则可通过增加文章体裁的花色品种的方式来弥补题材内容的不足。如在播出一两条消息文稿后，可穿插进一些通讯、评论文章或录音报道来给听众变换一下"口味"，这样也可抵消一些因新闻题材分量不足而导致的节目平淡感。

采用心理效应式的编排方式来编排节目，可吸收按题材内容类型排序方式的长处，对于同一题材内容的稿子，在编排上也可尽量使其相对集中一些，这样既有利于听众记住较多的新闻，又有利于使节目所报道的中心得到突出。

二、新闻类专题节目和对象节目的编排

在广播节目的各种栏目中，除了正式的新闻节目外，涉及新闻报道的节目还有新闻类专题节目和对象节目等。

（一）新闻类专题节目和对象节目的特点

新闻类专题节目就像报纸上的"科技园地"、"节能减排专版"、"绿化造林专版"等版面一样，是集中对某一题材进行专门宣传的栏目。如中央人民广播电台的《乡土乡情》栏目、中国国际广播电台《中国之窗》栏目、攀枝花人民广播电台的《同在一片蓝天下》栏目，以及每一届的党代会、人民代表大会期间各地电台所开办的党代会专题节目和人民代表大会专题节目等，就属于这种栏目。

对象节目则是像报纸中专门向某类特定读者对象发行的版本，如《人民日报·海外版》、《中国文化报·湖湘文化周刊》、《中学生报·初中版》一样，是专为某类特定听众播出的专门栏目。如电台广播中常见的"人民子弟兵"、"青春芳草地"、"七彩黄昏"、"农家天地"等节目就是属于这种栏目。

在新闻类专题节目和对象节目中，根据节目内容宣传的需要或美化栏目、活跃气氛及配合主题的需要，在各篇稿件播出之间，常常需要插播一些音乐。但这两种节目中所插播的音乐，与那种栏目与栏目之间过渡的音乐不同，那种栏目与栏目之间过渡的音乐，由于它是用来填补栏目之间的间隔的，对所插入的是什么音乐并不讲究，只要有点音乐来"热闹"一下就行。而在新闻类专题节目和对象节目中，所插入的音乐并不是用来填补栏目之间的间隔而是把它当做节目中的一个组成部分来使用的。因而，新闻类专题节目和对象节目在音乐的运用上就较有讲究，所选的乐曲、歌曲均应与节目中播出的内容相协调并有助于渲染气氛、抒发情感或突出主题才好。例如在专题节目中播出了某位历尽沧桑的华侨放弃了国外的优越条件，毅然回到祖国，投身社会主义建设的通讯文章后，接着再接上《我爱你，中国》这样一首饱含深情的歌曲，这样根据节目内容的需要来精心选用音乐，可使节目所报道的内容在听众中激起较大的共鸣，进而有利于使节目的宣传效果得到增强。

（二）新闻类专题节目和对象节目在编排上与新闻节目的不同点

新闻类专题节目和对象节目的编排方法与新闻节目的编排方法大体一样，但它们也有一些自己的个性特点。

1. 两种节目与新闻节目在编排方法上的不同之处

新闻类专题节目和对象节目的编排方法与新闻节目的编排方法的不同之处是：

第一，新闻节目对某一题材的报道，要求有间隔而不宜过于集中；而新闻类专题节目和对象节目却可以持续一个时期都围绕着某一题材来开展集中宣传。

第二，新闻节目除开始和结束时可用音乐外，一般在节目当中的文章和文章之间都不得插播音乐；而在新闻类专题节目和对象节目中，根据节目内容宣传的需要或美化栏目、活跃气氛及配合主题的需要，在各篇稿件播出之间，一般需要插播一些音乐。

2. 新闻类专题节目与新闻节目在编排上所特有的不同之处

第一，新闻节目编排要求每次节目应有多种题材的报道文章来相互搭配；而新闻类专题节目在一次节目中，却只能是对某一题材专门进行集中宣传。

第二，新闻节目在每次节目中可以采用许多篇稿件；而在新闻类专题节目中，每次用稿的篇数却不宜太多，有时甚至只用一两篇稿子即可组成。

3. 对象节目与新闻节目在编排上所特有的不同之处

对象节目与新闻节目在编排上的不同之处主要是：新闻节目在用稿上要求尽可能满足不同社会阶层、不同文化层次和不同年龄阶段的听众的需要；而对象节目却限定了所选稿件必须适合某一特定群体听众的收听"胃口"。例如少年儿童节目，所播出的内容就必须是少年儿童所喜欢的内容，节目播讲所用的话语和口气，也必须具有少年儿童说话的特点。

第五节　广播电台的呼号及新闻节目的前后缀

电台广播，在节目中和在各个节目、栏目、板块的前后，还有一些附加的播出内容，那就是电台的呼号和节目的开头话、串联词、过渡曲、新闻提要、回报和结束语。这些附加部分，除了电台呼号和新闻提要以外，其余均统称为节目的前后缀。呼号和新闻提要及前后缀虽属附加的播出内容，但其在电台的广播中，也是不可或缺的播出构成部分。

1. 呼号和开头话

读者在阅读报纸时，由于报纸拿在手中，已从报头和各版的报眉上知道手中拿的是张什么报纸；而听众听广播多是在有空闲时间时才随手打开收音机听一听的，打开收音机时偶然听到一段内容，很难从播音员的口音中辨别出是哪一个台的节目。因此电台广播除每天开播和全部节目结束时要用上呼号以外，在每个栏目的首尾，甚至在一些较长的文稿的播出前后也要进行呼号，呼号的目的是为了告诉听众，刚才所听的或现在正在收听到的是哪个台的节目。

在一天的节目开始时，呼号一般是接在开始曲的后面连呼两次，由一男一女两位播音员配合进行。呼号之后接着还要报告当天的日期及本台的播出频率，然后才是开头话和节目预告，如：

男：广西人民广播电台……

女：广西人民广播电台。

男：中波七九二……

女：调频九十六点二。

男：广西卫星广播……

女：广西卫星广播。

女：各位听众……

男：朋友们！

合：早上好！

男：今天是十二月二十二号，农历十一月初八，星期五，冬至。

女：现在先给大家播送，本台第一套节目今天将要播出的节目内容：

女：五点三十分，播音开始；

五点三十分，节目预告；

五点四十分，每天一歌：《有一个美丽的传说》；

五点五十五分，天气预报；

六点，广西新闻；

六点三十分，转播中央人民广播电台《新闻和报纸摘要节目》；

七点，广西新闻。

……

以上男女交替播出的"广西人民广播电台"及"广西卫星广播"就是呼号，从"各位听众"到"将要播出的节目内容"为开头话。

每个栏目开始和结束都应呼号。呼号在栏目中也可以是只呼一次。节目中如有较长的稿子，如通讯、对话、谈话和一些录音报道时，因稿件的播出时间较长或为了突出稿件的重要性，也可以在前后都用上呼号。

开头话也可以有多种形式，例如：

伴随着第一缕晨曦，青海高原上空的第一声问候传递到您的身边，早安，青海！早安，收音机前的听众朋友们，这里是青海人民广播电台新闻综合频率，美好的一天开始了，一起来了解今天我们将要为您播出的节目内容：

……

开头话不但在一天的播音开始时要用到，在每个栏目、节目的开始时也得要有，它的作用主要就是把话题引到将要播出的节目内容上去，为即将播出的节目做铺垫。

开头话的写作可以是直叙式的，也可以是设问式的。如：

中央人民广播电台，现在是《新闻和报纸摘要》节目时间，这次节目的内容有……

听众朋友，晚上好，我们辽宁人民广播电台《今日乡村》节目时间又到了，这次节目将要给大家播送的内容有……

以上两例都属直叙式的开头，而下面这个开头，则是采用设问式来引进节目：

听众朋友，你见过那碧波万顷的大海吗？你知道海上人家的生活习性吗？下面接着播出的录音特写《大海的回响》，将会让你领略到一番海的风情……

2. 串联词和过渡曲

在节目中，当播完一篇稿子之后，都应当用一些话来作为过渡，把下面将要播出的稿子引出来，这样才不至于使听众有突兀或莫名其妙之感。这种用来作为稿子之间过渡的话，就叫做串联词。

串联词的作用，主要是承上启下，把本是各自独立的各篇稿件联结起来，使之能够浑然一体（即成为一个完整的节目）。另外，串联词有时还可起到对上文进行概括点题、揭示的意义，以及对下文内容和重点进行揭示的作用。如下面这条串联词，就能对上下文起到这两方面的作用：

> 听众朋友，听了刚才播出的这篇关于边防公安干警打击走私贩毒团伙的报道后，你也许会认为，干公安干警这一行的人，都得有副铁石心肠。其实，对违法犯罪分子，没有狠心下不了手，是治不了罪犯的。需要有一副铁石心肠，这仅仅是我们所看到的公安干警的一个方面，而对于那些已经知罪服法了的犯罪分子，我们的公安干警，也和常人一样有着一颗仁慈善良之心。
>
> 下面再给大家播出一篇反映公安干警为把各种罪犯改造成为有益于社会的新人，怎样以满腔的热情来帮助犯人进行改造的通讯文章，这篇通讯文章的题目是：《一位监狱女警与罪犯的故事》……

串联词的写作，也不一定都要"承上"，因为听众已经听过了文章，对上下文的内容已经理解，就不一定要再对它进行评介，只要能把下文引出即可。如：

> 听众朋友，这些天，或许你已经从广播、电视或报纸上知道了朝鲜版的歌舞剧《红楼梦》即将要前来我市演出的消息。朝鲜人根据中国古典名著改编而成的这部歌舞剧艺术水平如何？我想这一定是我市很多市民都想知道的问题。
>
> 中央台记者冯悦去年十月份在跟随温家宝总理出访朝鲜时，曾与朝鲜最高领导人金正日和温家宝总理一起在平壤大剧院观看过这部歌舞剧，接下来给大家播送的是中央台时政记者冯悦谈朝鲜版的歌舞剧《红楼梦》……

串联词在把话题引进栏目时，不但要把上下两个栏目串接起来，有时还要把栏目中互不相连的各篇稿子串联起来，使之成为一个有机的整体。如：

> 各位听众，现在我们手上有三份从山西省农村寄来的材料，这里头有三份通讯报道，一篇是写一位坚持原则的好护林员；另一篇讲的是农村一位共产党员怎样正确安排女儿的婚事；还有一份材料是一位老农民写给我们的一封信。
>
> 今年春天，这位老农民来到北京，来看望他的儿子。他的信呢，就是谈这回出门的感受。
>
> 好，下面就请大家听听具体的内容。
>
> ……

串联词的写作也可有所创新，根据稿件内容的需要，不但可以用直叙式的写法，也可以用提问式、设问式的语言来写。如：

> 听众朋友，您听说过青藏铁路吗？您想知道这条世界上海拔最高的铁路沿线有什么高原美景吗？如果您不知道，那就请听接下来给您播送的这篇录音访问记——《天路沿线的别样风光》。

以上这段串联词，就是用向听众发问的方式来引出下文的。而下面这段串联词，则是用假设加描写的方式来把听众引进稿件要展现的现场情境中去的：

> 听众朋友，一说起农牧场，您或许就会联想到天高云低、牛羊成群的大草原或一望无垠、麦浪翻滚的大平原。可是，六月初，我们到胶东半岛的荣成县去采访，却看到了一种奇特的农牧场，那就是蓝色的海上农牧场。
>
> 下面，就通过我们的现场采访录音，向您介绍海上农牧场的所见所闻。
>
> ……

此外，串联词还可以用引语、引文或抒情等方式来开头，然后再把将要播出的文章带出来，这里就不一一列举了。

在节目的串接中，当一个节目或一篇文稿播完后，在串联词出现之前，除了新闻节目或与新闻节目关系比较密切的某些专题节目和对象节目之外，一般要先插播一小段音乐来让听众放松一下，这样既可以减轻听众的听觉疲劳，又可使节目增色。这种连在串联词前面的音乐就叫"过渡曲"。

过渡曲也称"间奏乐"。它既可以是一段音乐旋律，也可以是一首完整的歌曲。为了使节目串接得更富艺术性，过渡曲不但可在串联词出现之前使用，有时也可把它当做串联词的一个组成部分，让乐曲与播音员的解说共同配合来实现上下文间的过渡连接；甚至有时在某首歌曲能够恰好地将下文的内容引出时，也可只用歌曲来作为上下两篇文章之间的串接而不必再用串联词。如在播出介绍哈尔滨建设新貌或文明新风或风土人情之类的稿子之前，如果使用《浪花里飞出欢乐的歌》来作为过渡曲，由于这首歌曲的歌词已经描绘出了哈尔滨的美，因而就可以不再用串联词而让稿子紧接在歌声之后即可。

3. 新闻提要

在电台所播出的新闻节目中，清播新闻稿是没有标题的。虽然记者在写稿时都给文章写上了标题，但编辑在改稿时，都要把稿子上的标题去掉，这是因为广播与报纸不同：在报纸上，为了使版面显得条理清晰，需要采用标题、线条或花边来把各篇文章分隔开来；而广播因为是通过声音来传播信息的，为了使听众听得顺畅，文章和文章之间不但不宜分隔清楚，而且还要用串联词把它们连接起来，使之浑然一体才好，不然，在前后两篇稿子之间如果插上一个文章的标题，尤其是一些写得比较特别的标题，那就会让听众感到突兀和莫名其妙。

在新闻稿不带标题的情况下，为了让听众在不全部听完整个节目的情况下也能大致了解节目的内容，在每次新闻节目播出时，都要先安排一个"新闻提要"来向听众预先作个简单介绍。例如中央人民广播电台2013年6月27日《新闻与报纸摘要》节目的开头：

> 各位听众，早上好！今天是六月二十七号，星期四，农历五月二十。北京晴转多云，三十四度到二十二度，以下是内容提要：
> 中共中央政治局进行第七次集体学习　习近平发表讲话
> 习近平分别会见苏里南总统和塞拉利昂总统
> 天宫一号与神舟十号载人飞行任务圆满成功　中共中央、国务院、中央军委发贺电
> 李克强主持召开国务院常务会议
> 十二届全国人大常委会第三次会议举行　张德江主持
> 俞正声会见刚果（布）经社理事会主席
> 中国高速公路交通广播开播满一周年
> 黑龙江省伊春市平安建设铺就百姓幸福路
> 蛟龙号今天将再次下潜作业
> 中方已就中国公民在巴布亚新几内亚遇害案件启动应急机制
> 以下是详细内容……

在这里，从"以下是内容提要"之后至"以下是详细内容"之前的内容就是"新闻提要"。

新闻提要就是把整个新闻节目中各篇文章的标题集中到一起，并把它们改成通俗的口头语言一起进行播出，让听众能像看报纸一样先"浏览"一下标题，预先知道本次节目中有些什么适合自己的内容，以便根据自己的需要和兴趣去确定听不听各篇文章。

由于广播新闻节目的文稿一般都较简短，除通讯、特写外，一般每条消息只有两三百字；而简明新闻才几十至一百来字；就是长消息稿，也不过六七百字；而每次新闻节目所用的稿子篇数都比较多，一般都有十几二十篇甚至三四十篇，若每篇稿子的标题都要提到，就得花费较多的时间，这样就容易导致急于知道稿子内容的听众听得不耐烦。因此编辑在编写新闻提要时，应是只"提"其"要"而不是每篇稿子的内容都要点到。一般来说，一次新闻节目的新闻提要中所包括的内容，一般以提到二分之一的文章标题为宜。

新闻提要的编写，虽然是把各篇稿子的标题集中到一起，但又不能只是将一大堆的标题按播出的顺序来简单地进行排列堆砌。在把它们连接起来时，也同样要求连接得自然顺畅，能让播音员"读来顺口"并让听众"听来顺耳"。新闻提要是整个新闻节目内容的浓缩，因而有时也不一定是原原本本地把各篇稿子的标题集中到一起而要由编辑来另拟，这就要求编辑在熟悉整个节目的全部稿件的内容并且吃透全部稿件的精神实质的前提下，对稿件内容进行提炼。

编写新闻提要，在"提"各篇稿件的"要"时，必须要把握好稿件的原意。对各篇稿件内容所作的介绍，应起到"画龙点睛"的作用，让听众能借此获得"窥一斑而知全豹"的效果才好。同时，由于新闻提要又是一个新闻节目的"门面"，它还兼有吸引听众

往下收听整个节目全部稿件的职能，因此，在编写中，在反映好整个节目全部稿件的大致内容和把握各篇稿件的精神实质的前提下，还应有所侧重，尽可能将各篇稿件中最新鲜、最精彩或最能引起听众关注的内容写进新闻提要，从而使新闻节目的宣传能够赢得更多的听众来收听。

4. 回报和结束语

电台广播，为了让那些没能从头收听整个节目的听众也能知道正在收听的是什么节目，当一个节目或一篇较长、较重要的稿件播完时，还得要对已播出的节目名称或文稿题目进行回报。

如在对节目进行回报时，应先报出台名呼号，然后再报节目名称。如：

> 湖南人民广播电台，这次的《潇湘纵横》节目播送完了，谢谢大家收听。
> （间奏乐）

如是对某篇稿件进行回报时，可以是只回报稿件题目或内容提要而不用报出台名呼号。如：

> 刚才大家听到的是，本台记者张瑞华和本台通讯员刘德光采制的录音通讯《大山的回响》，接下来请收听……

在对一些较长的文章进行回报时，除了要回报稿件题目或内容提要外，也可加上电台的呼号和节目的名称，这样更有利于听众知道所收听的是哪一个台的节目。如：

> 刚才大家听到的是，本台记者张瑞华和本台通讯员刘德光采制的录音通讯《大山的回响》，说的是湘西山区人民积极投身改革开放大潮的动人事迹。湖南人民广播电台，在这次的《潇湘纵横》节目里，接下来给大家播送的是……

如所回报的文章是整个节目中的最后一篇，则对该文的回报也可叫做整个节目的"结束语"。在结束语中，都应该要加上电台的呼号。如：

> 刚才大家听到的是，本台记者张瑞华和本台通讯员刘德光采制的录音通讯《大山的回响》，湖南人民广播电台，这次的《潇湘纵横》节目播送完啦，谢谢大家收听。
> （间奏乐）

如果是全天播音结束时的结束语，还要对本台的频率和波长进行回报和预告次日的节目开播时间。如：

> ……

刚才大家听到的是，《电影歌曲选播》。南通人民广播电台，中波：一二三三千赫，调频：九十二点九兆赫。

听众朋友，本台今天全天的播音到此结束，谢谢收听。明天早上五点三十再会，祝大家晚安。

（乐曲，压低，渐隐）

思考与练习

1. 广播新闻编辑人员应怎样做好稿源的组织工作？
2. 决定一篇广播新闻稿件的取舍，大致应从哪几个方面来考虑？
3. 怎样分析一篇稿件中所述事实的真假？
4. 稿件修改中需要注意的问题主要有哪些？
5. 广播新闻节目的编排有些什么基本要求？
6. 在广播新闻节目的编排中，按听众的心理效应规律来对稿件进行排序有什么好处？
7. 新闻类专题节目和对象节目在节目的编排上与新闻节目有何不同？
8. 试述内容提要及各种串联词的写作要领。
9. 认真收听当地省（市、区）广播电台的新闻节目，分析其节目编排的特点。

第十二章　广播新闻的现场 实况直播与录播

第一节　新闻现场实况直播

广播新闻现场实况直播也叫做广播新闻现场实况转播，最早创造这种节目播出形式的是美国哥伦比亚广播公司的节目主持人爱德华·默罗。

第二次世界大战期间，德国军队于 1940 年 8 月 18 日凌晨突然出动了大量的轰炸机袭击英国，对英国首都伦敦进行狂轰滥炸。当时，为了以最快的速度将德军的这一暴行公之于世，爱德华·默罗独辟蹊径，他冒着生命危险手持话筒站到伦敦市英国广播公司的楼顶上，以《这里是伦敦》为题，把现场上的所见所闻直接向听众播出。连爱德华·默罗本人也没想到，他的这一次播出，居然创造出一种广播新闻宣传的新形式，首开了新闻现场实况直播的先河。

爱德华·默罗的《这里是伦敦》的现场实况直播不但形式新，而且语言运用生动准确，能给听众以强烈的现场感。如：

　　……我想大概不出一分钟，在我们周围附近就会听见炮声了。探照灯此刻正向这一带移动。你们会听到两次炸弹声。听，炸弹响了！我想过一会儿，这一带又会飞来一些弹片。

弹片飞过来了，越来越近了。

飞机还是飞得很高。刚才我们也能听到一些爆炸声……又响了，那是在我们上空爆炸的。早些时候，我们似乎听到许多炸弹落下来，落在附近几条街上。现在我们头顶上就是高射炮弹的爆炸声……

新闻现场实况直播由于能将正在发生和发展的新闻事件同步向听众播报，并能将事件进程中的各种现场音响、环境气氛通过记者手中的话筒真实地传播给听众，因而深为听众喜爱。爱德华·默罗创造的这种节目播出形式，在二战后不久，便在全球风行开来。

一、现场实况直播工作的特点

新闻现场实况直播这种节目播出形式虽能在事件发生之时，即时将新闻事件向听众播报并能给听众以现场感，深为听众所喜爱，但这种报道形式的运用，所受的制约比较多且实际操作的技术性也较强，运用起来比较困难。因而一般情况下很少采用这种形式。

现场实况直播工作的特点是：

①开展现场实况直播，必须要有比较重大的事件作为题材，并且现场上还要有较多能够体现出新闻事件发生和发展进程的音响。因此它只适用于报道场面热烈的重大事件和大型的庆典、文艺晚会、体育运动会等活动或重大工程的现场施工实况。

②开展现场实况直播，需要有足够的设备和足够的时间做准备才好进行。

③现场实况直播极难用于突发性新闻而较适用于预知新闻，事前应要有足够的时间做准备才好开展。

④现场实况直播对记者和参与人员的素质要求较高，并且没有一定实力的电台无法开展。

⑤现场实况直播的过程受事件发展的进程制约，事件持续多久，直播就得持续多久，即使事件进程中有些过程单调乏味也无法"剪"掉。

⑥现场实况直播对现场的音响素材无法进行精心选择取舍，并且在一些远离话筒的地方发生的声响，很难让听众听清甚至无法让听众听到。

⑦现场实况直播是一种即时采制、即时发布的报道形式，因其采制与发布共始终，即使有失误或出现差错也无法修改。

二、开展现场实况直播所需提前做好的准备工作

广播新闻现场实况直播虽是即时采制、靠临场发挥来实现的报道形式，但记者要想在现场上发挥得好，事前同样也有许多准备工作要做。如对有关部门举办的活动进行现场实况直播，事先要做的准备工作大致有如下几个方面：

①预先向有关单位采访，摸清该项活动的性质、目的、意义和活动的进程安排；

②查阅在报道中有可能作为背景材料的各种有关资料；

③在把握好对该项活动进行现场实况直播的目的的前提下，按直播负责人制订的直播方案，来具体考虑直播中各个环节的操作方法；

④根据对事件进程的预测写出预用稿。

三、现场实况直播预用稿的写作

现场实况直播用的预用稿也叫基础稿，它是作者事前根据对事件过程的预测撰写，拟到开展现场实况直播时，若事件进程与事前的预测相一致时便进行使用的文稿。

预用稿由于是作者事前根据对事件过程的预测来撰写的，而对尚未发生的事件进行预测，很难保证估计得很准确，因此在撰写预用稿时，凡是那些有可能出现多种情况的问题，都应做好多手准备。

现场实况直播预用稿的写作，与录音通讯稿的写作在写作方法上基本一样。只是录音通讯稿多是在采录到现场上的音响素材后，根据已有的录音素材来考虑稿件内容的取舍和文稿的篇章结构；而现场实况直播预用稿的写作，却是在事件尚未发生之前，预先根据已了解的情况和估计到时候会出现的情况来写的，上场时若现场上的事件进程大体上是按原计划发展也即与预先所估计的情况一致时，就可基本上按事先写好的预用稿来播出。

但是，由于事件的发生和发展情况往往很难准确预料，因而事先所写的预用稿内容很难与事件发生和发展的实际进程完全相符。因此，为了便于在现场能够方便地进行临场发挥，在写作预用稿时，应当充分做好多种准备。

考虑到现场上的事件进程往往会出现多种可能性，因而在写作预用稿时，应把文稿内容划分为必播部分和机动部分两大块。对于那些在上场时无论事件如何发展都能采用的内容，可把它定为必播部分，到预期的时机即可按稿播出；而对于那些还得要视事件的发展来随机进行相应改变的内容，则应把它列为机动部分，在写作时，对于机动部分，应用笔把它框起或做好标记，以便在场上播出时，能注意到随机对其进行的改变。

在写作机动部分中，若事件的发展变化只有两种可能性时，最好是能把可能出现的各种情况在出现时应如何进行解说的文稿都写出来，这样届时才能"左右逢源"，应对自如地把直播工作顺利开展好。如 1994 年中央人民广播电台在直播国际奥委会对 2000 年奥运会的主办城市进行最后表决的实况时，因我国北京也申办了这一届奥运会并且入围参加了最后一场的角逐，北京能否夺得这场奥运会的主办权，关键就在这一场表决，而表决的结果又只有成功或失败两种可能性。因而在预用稿的机动部分的写作中，就可以把成功和失败时该如何解说的两套稿子都准备好，这样无论表决的结果如何，记者就都可以应对自如了。

事实上，在当晚国际奥委会的表决中，北京虽然失败了，但当晚我国中央电视台与中央人民广播电台的直播节目却做得十分成功，这与主持人事前充分的准备工作是密不可分的。

四、新闻直播现场上的即时发挥

有了考虑周密的预用稿，还不等于就能做好现场实况直播，因为预用稿毕竟是作者事先根据自己对事件的发展情况所作的预测来写的，内容很难与现场上的情况完全吻合。并且，现场上即时出现的各种细节，也不可能事先预知，因而想要直播得形象、生动、感人，关键还要靠记者在场上的即时发挥。

对于记者（或播音员、主持人）来说，新闻现场实况直播就像一场紧张激烈的战斗，记者（或播音员、主持人）手握话筒在场上进行现场解说时，既要看稿，又要"眼观六路、耳听八方"，同时还要根据即时的所见所闻，随机改变解说的内容和对所见所闻进行评论乃至抒情。因此，现场实况直播虽然事先可以准备预用稿，但真正的"创作"，可以说还是与事件的发生、发展共始终的。所以，从事这一工作的新闻记者，要胜任这一工作，除应具备广播记者所应具有的一般新闻业务素质外，还要具有较强的逻辑思维能力、临场应变能力和较强的口语表达能力。而要具备所需的这些能力，就要在平时注意练习。只有这样，才能在临场时发挥得得心应手和在遇变时处变不惊。

第二节　新闻现场实况录播

广播新闻现场实况录播，在广播界又有人称之为现场报道。它与广播新闻实况直播十分相似，都是由记者（或播音员、主持人）拿着话筒在新闻事件发生的现场随着事件的进程随机向听众进行即时的解说。但两者之间又有着诸多的不同，其不同之处主要是：

①实况直播时话筒采录到的混有解说的现场音响是即时放大后直接由发射机同步对外播出；而实况录播则是先将话筒采录到的混有解说的现场音响录制出来过后才对外播出。

②实况直播与所报道的事件的发生及发展过程共始终，完整地表现出该事件的全过程；而实况录播则不一定要对事件的全过程都完整表现，而是可以对其中的某些过程进行压缩删节，因而它的内容比实况直播报道显得更为精练。

③实况直播自始至终都如实地表现出现场上的实有音响；而实况录播对现场上的实有音响则可根据需要进行取舍和适当做些加工，因而在音响的运用上可更富艺术性。

④实况直播的时效性与事件的发生、发展进程完全同步；而实况录播的时效性则略差一些。

⑤实况直播除同时进行录音外，它对新闻的报道一般是属于一次性的报道；而实况录播的内容则可以保存起来，根据需要进行反复重播。

⑥实况直播节目的采制与事件的发生、发展和结束共始终，而实况录播节目的采制既可以在事件发生、发展的过程中进行，也可以是先把音响素材采录到手，事后再进行节目的制作。

除了以上这些区别之外，实况录播节目的采制方法与实况直播的各项操作方法基本上是一样的，因而在此就不再赘述。

思考与练习

1. 试述预用稿的写作原理。
2. 了解本校或当地近期即将举行什么大型活动，利用课余时间提前把该项活动的安排计划摸清，然后写出该项活动的现场实况直播预用稿。
3. 自己找机会，开展一次现场实况录播节目的采制练习。

第十三章 广播主持人节目

第一节 广播主持人节目的出现

传统的广播节目设置，基本上是借鉴报纸版面的栏目设置形式。广播宣传的栏目和体裁，均是从报纸的栏目和体裁中脱胎而出。

20世纪50年代，西方国家激烈的新闻竞争，尤其是电视的普及，迫使广播电台不得不改变原有的新闻宣传形式以求生存。为了闯出一条符合广播传媒特点、能充分发挥广播宣传优势、唯有广播宣传可行的新路子来，广播新闻界经过不断摸索，终于创造出一种报纸无法效仿的开展新闻宣传的新形式——广播主持人节目。

一、广播主持人节目的表现形式

广播主持人节目是一种以节目主持人为中心，集采、编、播、议于主持人一身，不受任何新闻体裁写作规范的约束，完全由主持人即时发挥、随机应变，以朋友间的交谈、聊天的方式来开展宣传的新形式。这种形式的宣传，既可由主持人从头至尾包揽整个节目，也可以让听众随时参与。

广播主持人节目一般没有事先写就的稿子，而是在引出话题之后靠主持人以随机构思、随机调整、即时发挥、"到什么山头唱什么歌"的方式来开展广播宣传。

广播主持人节目出现以后,报纸由于受版面容量的限制和书面文体的体裁规范的制约,更由于报纸是印刷品,白纸黑字无法随意更改而无法让受众临时参与,因此报纸对这种广播媒介创造出来的宣传新形式,只能是"望洋兴叹"而再也无法效仿。于是就决定了这种宣传形式只能是以声音为信息传播工具的广播媒介的"专利"。

广播主持人节目的出现,令人耳目一新。尤其是它有着可以让听众随时参与、能够当场给听众解难析疑和可让听众随时发表议论的优势,是各种传统的新闻宣传形式无法企及的,因而这种节目形式一出现,就深受广大听众的欢迎,显示出强大的生命力。

二、广播主持人节目在我国的发端

从 20 世纪六七十年代开始,西方国家的许多广播电台就普遍采用了主持人节目这种形式来开展广播宣传,而在我国,广播电台采用这种节目形式来开展宣传起步较晚,虽然早在 20 世纪 60 年代也曾有电台在这方面做过一些尝试,但当时所试办的"主持人节目",还未以"主持人"的真实身份出现在节目中而是以虚拟的人物身份出现,当时所主持的节目,也仅仅是科技、卫生类的内容,如《刘教授谈高能物理》、《张医生谈预防脑脊髓膜炎》、《知心姐姐信箱》等,其内容与广播谈话或广播对话差不多。因而,我国内地的广播电台真正采用主持人节目这种形式来开展广播宣传,应该说是从 20 世纪 80 年代才开始起步的。

1981 年元旦,我国中央人民广播电台率先开办了由徐曼主持的广播主持人节目《空中之友》;同年 4 月,广东人民广播电台开办了由李一萍主持的主持人节目《大众信箱》;随后,各省市区的广播电台也陆续进行了这方面的尝试,至此,我国的广播宣传才全面开始致力于摆脱报纸的宣传模式,走上寻找适合广播传媒发展道路的探索之路。

1986 年 12 月 25 日正式开播的广东珠江经济广播电台,一开播就以全新的面貌出现,该台每天播出 18 小时 15 分钟,以新闻、信息为骨架,把全天节目分为《珠江晨曲》、《游戏一百分》、《朝朝新节拍》、《热线电话》、《午间快语》、《农村天地》、《南国艺苑》、《莺歌夜话》八大板块,其中的《南国艺苑》又内含"少年乐园"、"七彩黄昏"、"长篇连播"、"万家灯火"等小栏目。

当时珠江经济广播电台的每个板块节目,分别由两名主持人来主持,一个板块的播出时间为 1~4 小时不等;每逢整点播出一次信息,逢半点播出一次新闻。并且,各个板块都各具特色,均含有新闻和信息以及具有教育性、知识性、娱乐性的话题和广告;说说唱唱,既谈论问题又播放音乐,既发布新闻和传播信息又夹进广告,整个节目显得既轻松活泼又赏心悦"目"。

珠江经济广播电台的开播,一开始就把听众引进了一个豁然开朗的新天地。

珠江经济广播电台的节目格局,在摆脱报纸宣传模式方面的重大突破,很快便引起了各地同行的关注,许多电台也竞相效仿,整个广播界很快便掀起了一场"珠江模式"热潮。

第二节　广播主持人节目的种类

广播主持人节目也在发展中,其发展的方向,是由单向传播向双向传播发展,由事先演练向临场即席发挥发展,由单一的电话参与向多种通讯工具参与发展,由主持人设定话题向听众自由挑起话题发展,由少数人参与向大众参与发展。

广播主持人节目的种类,从便于了解这种节目形式的需要来划分,大致有下列几种分法:

一、从节目的题材类型来分

如果要从节目的题材类型来分,就目前各地电台所开办的节目来看,广播主持人节目的种类大致有时政新闻类主持人节目、经济信息类主持人节目、科教类主持人节目、文娱体育类主持人节目等几种类型。

二、从节目的表现形式来分

如果从节目的表现形式来分,广播主持人节目目前常见的形式主要有:

(一) 主持人唱"独角戏"型

主持人唱"独角戏"型的主持人节目,就是只有主持人在以聊天式的口气向听众叙说新闻,中间也常穿插一些音乐或主持人对所说的事的见解、观点乃至心理感受之类而无听众参与的节目形式。这种节目形式,在主持人节目刚出现的时候比较流行,但大约只过五六年之后,就已逐渐演变成了互动型的节目形式了。

(二) 互动型

互动型的主持人节目又因所用的互动工具的不同而分为热线电话互动和手机短信、QQ 信息和微信交流式等几种形式。

1. 互动型的主持人节目的样式

(1) 热线电话式

我国内地的热线电话互动节目发端于上海东方广播电台。1993 年 10 月 28 日,上海东方广播电台开播,该台每天的节目分为新闻、专题、文艺三大板块,采用每天 24 小时全天候滚动播出的方式进行,各个板块均让大量的听众电话介入,让听众大量参与节目的播出,把广播宣传由以播音员按稿播出的传统模式改变为以听众为中心的新的传播形式,使广播宣传越来越体现出自身的优势,更加符合广播传媒的固有规律。上海东方广播电台让听众介入到节目中来的这一做法,首开了我国在广播宣传中实现播收互动的先河。

(2) 手机短信、QQ 信息和微信交流式

进入 21 世纪以后,由于手机、QQ 的空前普及,广播主持人节目又出现了手机短信和 QQ 互动节目的新形式,听众在收听节目中,随时随地都可以通过向主持人发送短信来参与节目。这一新的节目形式的出现,使广播这一传播媒介又增添了新的活力,尤其是2011 年微信出现之后,更使得这种节目形式在互动上"如虎添翼"。

2. 互动型的主持人节目的几种播出形式

从播出方式来分，互动型的广播主持人节目常见的播出方式主要有即时发挥式、按稿直播式和事前录播式三种。

（1）即时发挥式

即时发挥式的主持人节目，一般是主持人只准备提纲和有关资料而不事先准备讲稿，临场时按提纲进行，遇到听众提问便查看资料来做解答。

（2）按稿直播式

按稿直播式的主持人节目，是主持人按照事先准备好的以第一人称写成的、具有主持人节目特色的稿子来即时向听众直接播出。

（3）事前录播式

事前录播式的主持人节目，就是按照设计好的内容事先把节目录制好，到播出的时候才用录音带的形式向听众播出。

3. 互动型的主持人节目的各种播出形式的适用对象

在这三种节目形式的播出中，按稿直播和事前录播的方式只适用于主持人唱"独角戏"型，即主持人在整个节目中从头到尾全部包揽的节目。如有听众参与，也只能是平时先将各种听众来电的通话过程录制下来，在直播时将它穿插到直播中播放，或经剪辑后插录到录播节目中播放，否则就必须是采取即时发挥的方式来进行播出。

（三）记者连线型

进入21世纪，在手机短信互动节目日益火爆的同时，还出现了一种叫做"记者连线"的主持人节目，这种节目的表现形式是：节目主持人既可以向听众播报事先编辑好的新闻，还可以通过连线互动的方式，随时接通本台派驻在各地的驻地记者，让他们在驻地即时播报当地的最新消息；而对于一些没有记者派驻的地方，电台也在当地建立了自己的通讯员网。这样一来，哪个地方发生了什么事，或者是主持人想要让听众获知哪个地方有什么最新消息时，只要将电话一拨通，就可以让驻在当地的通讯员给听众播报出该地的最新新闻。

在记者连线节目的运用上，由于中央人民广播电台的记者网遍及全国各省市自治区，甚至在国外的不少国家和地区都有该台的新闻报道通讯网络，因而，该台的记者连线节目因信息源最广而大受欢迎。

记者连线节目不但形式新颖，而且由于能给人以最鲜活的即时新闻且新闻的题材多种多样，加上众多记者的不同口音又能给人以更为真切的感受，因而这种节目形式一出现，就深得广大听众的喜爱。

由于广播主持人节目的这几种节目形式一出现就能赢得广大听众的喜爱而被广泛运用到新闻、资讯、文艺、体育、时事和综艺类节目中，甚至就连一些广告节目、天气预报节目等也使用这种形式。因而，在现今广播电台的节目中，可以说它已经是无时不有、无处不在。

各家电台都竞相采用这种形式来做节目之后，电台之间、台里各个栏目之间又出现了争夺听众的竞争，在这样一种新形势下，有的电台为了吸引更多的听众参与到节目中来，甚至还采取了随机抽奖、送手机充值卡、送手机、送美容化妆品等办法。

第三节　广播主持人节目的运用

主持人唱"独角戏"型、互动型和记者连线型这三种不同类型的主持人节目，在运用上也各有不同。

一、主持人唱"独角戏"型的主持人节目的运用

主持人唱"独角戏"型的主持人节目的运用，原则上应当以主持人为中心，采、编、播合一。即在一个板块中，新闻、信息的采写、文稿的编辑和节目的播出全都由主持人包揽下来。这样一来，由于主持人本身就是记者，在节目主持中所提到的情况都是本人到事件现场向当事人和知情者采访所得，拥有原汁原味的第一手材料，因而叙说起来心中有数，可以左右逢源而不至于把事实说得走样。

事实上，要完全做到采、编、播合一并不容易，因为在广播电台里既能采能编又能播的新闻"通才"并不很多，并且具有这种"通才"的人员，要天天都独立去应付好一个板块的节目主持，也很难支持得了。

因此，目前许多广播电台的主持人节目，其实也还不是每个板块都由主持人去全部包揽，在主持人的背后，还得要有众多的记者、编辑人员的支持和配合。而在这种需要众多记者、编辑配合的主持人节目中，真正的核心人物其实还是幕后的节目编辑人员而非出场主持节目的节目主持人。

由众多记者、编辑共同配合来开展的主持人节目，与常规的新闻节目的形成方式大体一样，即也是由记者去采写稿件，编辑进行审改，然后由主持人在节目的主持中，依照稿子的内容，按照自己的语言表达习惯和口气来进行播讲。

主持人唱"独角戏"型的主持人节目的设计，首先是要选好话题，应抓住社会生活的热点、焦点以及那些能够激起听众普遍关注的问题作为话题，这样才能使听众对节目感兴趣。节目的选题既可由主持人（或记者、编辑）来定，也可通过事先向听众征题，这样一来，在这种由听众来点题的主持人唱"独角戏"型节目中，尽管听众不能通过互动来参与，但由于事前是向他们征题的，因而所说的话题就更贴近听众，能让听众有共同参与之感，因而听众也是比较欢迎的。

除了要选好听众所普遍关心的节目题材外，作者还要精心构思好谈话的内容，选好观点的佐证，力求用事实说明观点，用道理来服人。

此外，在新闻类主持人节目的设计中，主持人除了要按第一人称来设计讲话内容外，还要通过对问题的见解、对事实的陈述、对观点的表达和在说话中的遣词造句方式及说话的语气等方面，把主持人的文化素养、性格气质体现出来，这样听众才会获得亲近感，才能使所主持的节目具有不同于主持人节目的个性来，使自己的节目独具特色。

主持人节目虽是以主持人为中心，由主持人信马由缰、即时发挥的节目，但又不完全是主持人想怎么说就怎么说的节目。因为电台毕竟是党和政府及人民的喉舌，主持人节目只不过是广播宣传的一种节目形式，因而，在节目主持人所主持的节目中，尽管主持人对各种问题都会说出自己的见解和表明自己的态度，但这些见解和态度，又不能仅仅是

"自己"的，它应符合党和政府的立场和观点，符合人民的利益需要，与党中央保持一致而不得偏离党的路线方针政策。

二、互动型的主持人节目的运用

主持人唱"独角戏"型的主持人节目在运用上的上述各项要求，也同样适用于互动型的主持人节目。

此外，由于互动型的主持人节目的听众是当场直接参与到节目中来的，因而在工作准备上还要做得更全面、更充分才行。这些另外的要求主要是：

（一）对所提及的各种情况要掌握得更翔实

例如对节目中所提及的各种情况，必须掌握得很翔实和具体，这样才能够经得起听众的发问和能够满足听众探究某些细节的需求。同时，也只有主持人对情况掌握得很扎实，应对起来才有可能做到成竹在胸，应付自如。

（二）要做好应对听众的准备

互动型的主持人节目的准备工作，除了要做好主持人唱"独角戏"型的主持人节目所要做的各种准备工作之外，还要做好应对听众的准备，办法是结合自己的讲话或讲话提纲来分析看看听众有可能会有什么问题听得不明白、可能会对什么问题有疑问、可能会在什么问题的见解上提出和自己不一样的观点来，把这些有可能会遇到的问题都列出来，并一一拟出解答和应对的办法来，只有这样有备无患，在做节目时才不至于会陷入被动的境地。

三、记者连线型的主持人节目的运用

记者连线型的主持人节目的准备，与前两种节目的准备差异较大。这种节目，主持人事先不需要写出内容很全面的讲稿，因为即使写了也用不上，但却需要收集较多的相关资料、记住较多的相关情况和列出比较全面的提纲。

（一）收集好较多的相关资料

记者连线型的主持人节目，多是用于对一些新发生的比较重大的事件的报道上，像2003年爆发的美伊战争，2008年我国发生的汶川等地的地震，还有各地所发生的比较大的洪水灾害，每年春运和"黄金周"期间在一些人流量特别大的地方所发生的拥堵等。

以记者连线的形式来报道这样一种比较大的事件，虽然主持人是处在"后方"的电台直播间或演播室里开展工作的，不能叙说现场上所发生和所出现的各种情况而得要通过与前方记者连线，由前方记者来叙说，但对于该事件的很多背景情况，却是需要主持人进行交代的。如对2003年爆发的美伊战争的连线，主持人就要掌握好关于这场战争的起因，双方的军事实力，事发地伊拉克的各种基本国情，例如地形、气候、环境，物产、人口、民族、政治、经济、文化、历史及当时的国际形势等方面的背景情况；对2008年我国发生的汶川等地的地震的连线，主持人就要掌握好关于汶川、北川及整个四川省的地理、地质情况和当地的人口分布、交通条件、气候环境情况及历史上曾发生过什么自然灾害尤其是地质方面的灾害，此外，还应掌握一定的地质和地震方面的专业知识等。只有所掌握到的相关情况全面和翔实，做起节目来才能挥洒自如。

而要真正把这么多的相关情况都"烂熟于心"并不容易，但如果能把这些相关的资料都收集好来分门别类地备于案前，在用到的时候能够随时"信手拈来"，这样做起节目来就方便多了。

（二）记住较多的相关情况

除了需要收集较多的相关资料之外，在主持记者连线型的节目中，前方记者随时都有可能会报告现场所出现的各种新情况，而对于记者所报告的情况，有时主持人还得要对其提问。如记者在说到某地因地震导致某条道路中断，许多救援人员被滞留在当地时，要是主持人事先已对那地方的交通情况很了解，那就可以想想看除了那一条路外还有没有别的路可走，然后马上问前方记者为什么不走另外的一条路或那一条路现在怎么样了；又如前方记者说到当地被困群众已经多久没吃东西了，要是主持人事先已了解到此前有关方面已经送去了多少的救灾粮或知道空军部队已出动了多少架飞机去给那地方空投过食品，那么就可马上向前方记者提问，那地方的群众是否没有收到救灾粮或空投的食品，或者是因为什么原因而没能吃上东西等。

（三）列出比较全面的提纲

主持记者连线型的节目，为了能够有条不紊地把节目做好，事先还应把所打算说到的内容和所打算向前方记者提出的各种问题都分别列成提纲，只有这样，到节目开展的时候，才有可能有条有理地开展，而不至于想到什么就说什么、想到什么就问什么了。

当然，由于前方现场随时都有可能出现各种主持人事先所无法估计的情况，因而主持人在主持连线节目时，既需要备有提纲，但又不能完全被提纲所束缚，而应根据当时的实际情况来灵活调整自己在节目中所要说和要问的内容，只有随机应变，才有可能把节目做好。

思考与练习

1. 目前的广播主持人节目，大致有哪几种类型？
2. 目前的广播主持人节目，有哪几种播出方式？
3. 利用课余时间，收听各台近期播出的一些热线电话互动节目、手机短信互动节目和记者连线型互动节目，从中体会这几种节目的主持方法。
4. 自找题材，以小组为单位，以纸条代替手机短信，轮流练习主持一个"手机短信互动节目"。

参考文献

[1] 广西人民广播电台. 广播稿选 [M]. 南宁：广西人民广播电台，1979.

[2] 章宗栋. 美国之音录音报道选介 [M]. 北京：北京广播学院，1981.

[3] 北京人民广播电台农村部. 广播对话 [M]. 北京：中国广播电视出版社，1981.

[4] 李宜. 怎样做好广播编辑工作 [M]. 北京：中国广播电视出版社，1985.

[5] 赵玉明. 中国现代广播简史 [M]. 北京：中国广播电视出版社，1987.

[6] 程道才. 广播新闻写作 [M]. 北京：中国广播电视出版社，1989.

[7] 中国国际广播电台. 世界各国的广播电视 [M]. 北京：中国广播电视出版社，1991.

[8] 任文礼. 录音报道基础 [M]. 北京：中国广播电视出版社，1995.

[9] 陆文锡. 广播新闻编辑教程 [M]. 北京：中国广播电视出版社，1995.

[10] 张舒. 音响报道 [M]. 北京：中国广播电视出版社，1989.

[11] 张舒. 音响报道教程 [M]. 北京：中国广播电视出版社，1995.

[12] 陆锡初. 主持人节目学教程 [M]. 北京：中国广播电视出版社，1995.

另外，本书还参考了以下一些期刊：《广西广播》1970—1987 年各期（广西人民广播电台编印）、《新闻界》1985 年各期（《四川日报》社主办）、《广播电视业务》1983—1984 年各期（浙江省广播电视厅主办）、《中国广播》2006 年各期（中央人民广播电台主办）、《科技传播》2011 年各期（中国科技新闻学会主办）、《中国广播电视学刊》2000—2012 年各期（中国广播电视学会主办）。